JN161280

神話・狂気・哄笑——ドイツ観念論における主体性

Markus Gabriel and Slavoj Žižek
Mythology, Madness, and Laughter: Subjectivity in German Idealism
©2009 by Bloomsbury Publishing Plc. All rights reserved.
This translation is published by arrangement
with Bloomsbury Publishing Plc, London, UK

神話・狂気・哄笑

——ドイツ観念論における主体性

マルクス・ガブリエル
スラヴォイ・ジジェク
［監訳］大河内泰樹
斎藤幸平

堀之内出版

目次

凡例

・原文でイタリック体で強調された箇所には傍点を附した。
・［ ］は原著者による註、【 】は訳者による註とした。
・訳者による訳語の補足・説明などは〔 〕とした。
・原語を〔 〕でかこっている場合は訳語に対応する原文の表示、（ ）でかこっている場合は、原文からの転記である。

日本語版へのまえがき

マルクス・ガブリエル

今回日本語へと訳されたこの本のプロジェクトの発端は、スラヴォイ・ジジェクと私の出会いにまで遡ります。それがきっかけとなり〔二〇〇七年一〇月に〕まず私たちは一緒にハイデルベルク大学で講演会を企画することになりましたが、その時のテーマは「神の死の神学者としてのヘーゲル」でした。ヘーゲルは『精神現象学』において、有名なニーチェの「神の死」という診断を先取りしていたのですが、ただし、ヘーゲルはこの診断に特殊な転換点を〔示すものとしての地位を〕与えています。つまり、ヘーゲルにとって、神の死は、それ以降の哲学が自らのメタファーの主人になるということを意味しています。ヘーゲルによれば、近代以前の哲学は、〔自らのメタファーのために〕芸術、あるいは宗教という形式を持っていたわけですが、それに対して、ヘーゲル自身は概念的な知をその必然的、つまり内在的な連関において完璧な形でくまなく明らかにしようとしたのです。この「絶対知」への要求は、今日アメリカ合衆国のヘーゲル・ルネッサンスにおいてその隆盛を極めているわけですが、そこでは、この要求が自律性への要求として理解されています。しかしながら、その際に見逃されているのは、ヘーゲルは絶対知そのものを歴史的なものとして理解しており、つまり、絶対知は、神の不在に依拠する近代的な自律した主体とは、まったく異なった仕方で内的に作用する意識の諸形態を記述することによってのみ到達できるということです。

ヘーゲルとドイツ観念論全体を、芸術と宗教という疎遠な力に抗する近代的主体の自己主張として理解するとあまりにも簡単に見逃されてしまうのですが、このこと〔絶対知への要求〕は、純粋に概念的な分析で形而上学と存在論を置き換えてしまうことを意味するわけではありません。むしろ、フィヒテ、シェリング、ヘーゲルのプロジェクトの中心的な関心事として理解すべきは、理性があらかじめ〔与えられたものとして〕目の前に見いだす環境、そして理性がそこから生じてきた環境〔Umgebung〕のうちへと、理性がどのようにして埋め込まれているかという問題なのです。つまり、問題は「どのようにして主体はあらかじめ与えられているように思われるあらゆるものから解放されうるのか？」というものではありません。したがって、ジョン・マクダウェル、ロバート・ピピン、ロバート・ブランダムたちが、ウィルフリド・セラーズに倣いながら行っている主張とは異なり、認識論的な「所与の神話」を乗り越えることが〔ドイツ観念論にとって〕問題になっているわけではないのです。むしろ、ここでの問いはずっとラディカルなものです。つまり、所与の神話をそもそも結果としてもたらす問題提起を過去のものにすることが彼らにとっての問題なのです。こうした問題提起の仕方は、人間をはじめから、一種の原《プロト》—自然科学者として理解するものです。原—自然科学者たちは、はじめ数世紀にわたって自然現象を神話的・宗教的言語を用いて説明しようとしてきましたが、それから最終的には十五世紀になって、脱魔術化された宇宙を理解するためには、要はセンスデータだけを正しく解釈すべきであるということをはっきりと認識するようになったというわけです。

ここ二、三十年ほどのアメリカにおけるヘーゲル・ルネッサンスの人間学的・主体理論的な前提に対して、本書は、そのようなヘーゲル解釈自体もまた神話素、つまり自律性という神話素の上に築かれているという反論を行いました。とりわけ、この自律性という神話素は、ドイツ観念論のなかにある精神分析を先取りしていた次元をまったくもって見逃してしまっています。つまり、オイディプス、アンティゴネー、シェリングの『神話の哲学』、さらにはフィヒテの一七九四年の『全知識学の基礎』における「憧憬」と「衝動」といったものです。すでに八十年代後半からスラヴォイ・ジジェクはドイツ観念論についての著作の中で、ドイツ観念論全体を主体の存在論として把握し、主体は、構成的アンチノミーの形式において自らの不整合さを示す不透明な環境に属しているということを示してきました〔1〕。ジジェクのヘーゲル弁証法解釈によれば、このアンチノミーは（カントが考えたように）人間の理性の弱さ〔に起因するもの〕ではなく、物そのものの真正なの矛盾なのです。この物の矛盾の要点は、理性が決して完全には認識可能なものにすることができないカテゴリー構造を物が示している点にあります。シェリングが有名な箇所で述べているのはこのことです。

〔1〕 Vgl. etwa Žižek, S.: *The Sublime Object of Ideology*. Verso, London/New York 1989〔『イデオロギーの崇高な対象』鈴木晶訳（河出書房新社、二〇〇一年）〕; *For They Know Not What They Do. Enjoyment as a Political Factor*. Verso, London/ New York 1991〔『為すところを知らざればなり』鈴木一策訳（みすず書房、一九九六年）〕; *Tarrying With the Negative. Kant, Hegel & the Critique of Ideology*. Duke University Press, Durham NC 1993〔『否定的なもののもとへの滞留』酒井隆史ほか訳（ちくま学芸文庫、二〇〇六年）〕;The *Indivisible Remainder. An Essay on Schelling and Related Matters*. Verso, London/New York 1996〔『仮想化しきれない残余』松浦俊輔訳（青土社、一九九七年）〕; *Less Than Nothing. Hegel and the Shadow of Dialectical Materialism*. Verso, London/New York 2012. ジジェクとの関連で、以下の私の著作も参照されたい。Gabriel, M.: *Das Absolute und die Welt in Schellings Freiheitsschrift*. Bonn University Press 2006; *Der Mensch im Mythos. Untersuchungen über Ontotheologie, Anthropologie und Selbstbewußtseinsgeschichte in Schellings „Philosophie der Mythologie"*. De Gruyter, Berlin/New York 2006.

自己啓示の永遠の所行の後では、すなわち我々がいま眺める世界においては、すべてが規則であり、秩序であり、形式である。しかしその根底には常になお無規則的なものがある。いつか再びそれが突如としてもう一度現れ出るかのような仕方で。秩序や形式が根源的なものであるとは、どこを見ても見えない。そうではなく、最初にあった無規則的なものが秩序へともたらされたように見える。この最初にあった無規則的なものこそ、諸事物における実在性の把握しがたい基底である。決して割り切れることのない余りである。最大の努力を払っても悟性に解消し尽くされることなく、永遠に根底に残り続けるものである。この悟性なきものから、本来的な意味において悟性が生まれたのである。〔2〕

真なる思考において物〔事柄〕の秩序として我々に現れるものは、或る背景（シェリングはそれを簡潔に「根底〔Grund〕」と呼んでいます）を前提としており、そこから恩恵を受けています。この背景は、物を前景において探求することによって、認識論的にアクセス可能になるようなものではありません。それゆえ、物はいつでもいま我々に現象しているものとは、違ったものでもありうるのです。その理由は、主体の認知能力上の弱さのせいではなく、物そのもののうちにあります。というのも、さまざまな文脈のうちで現れるということは物の存在〔Existenz〕にとって構成的だからです。

本書において検討されているドイツ観念論の諸相は、ジジェクと私が今日においても重要なテーマと考えているものです。「神話」、「狂気」、「哄笑」という諸相はどれも、いかなる哲学的な理論形成もいわば無意識的な側面を表わしているということを示しています。無意識的な側面とは、つまり、哲学的反省〔さえ〕も、偶然的な秩序との接触によってもたらされる歴史的に伝承された言語に頼っているということです。そして、現代哲学において「思弁的実在論」あるいは「新実在論」として登場してきたものも、こうした〔歴史的言語の〕源泉へと由来しているのです[3]。本書において、ジジェクと私は、思弁的実在論に対する反論として、形而上学への回帰の要点は主体とあらゆる理性的秩序の偶然性について単に沈黙することとみなされるべきではないということを展開しました。主体性の理論は無視したところで乗り越えることはできません。どのような観点から見ても主体が存在することなしに生じる宇宙の秩序を記述しようとしているという点で、メイヤスーは批判されるべきなのです。メイヤスーのやり方では、どのようにしてそのような〔主体なき宇宙の〕秩序からそもそも主体が登場することができるのかは理解可能にはなりません。それゆえ、メイヤスーもまた専断的に〔per fiat〕「宣言する」ことしかできないのです。このようなメイヤスーの立場にドイツ観念論のプロジェクトは対立しています。ドイツ観念論によれば、すでに物の存在論的秩序のうちに主体のパラドクスがあり、そのために、自らにとって構成的な偶然性と不透明さのうちにある主体は、コスモス、つまりよくできた秩序にとっての部外者

[2] Schelling, F.W.J: *Über das Wesen der menschlichen Freiheit*. Felix Meiner, Hamburg 2011, S.32.〔『シェリング著作集4a』(燈影社、二〇〇一年)、一〇八頁〕

[3] Meillassoux, Q.: *After Finitude. An Essay on the Necessity of Contingency*. Continuum, New York 2009; Harman et al. (Hg.): *The Speculative Turn. Continental Materialism and Realism*. Re.press, Melbourne 2001; Boghossian, Paul A.: *Fear of Knowledge. Against Relativism and Contructivism*. Oxford University Press, New York 2007; Gabriel, M.: „Nachwort. Abgesang und Auftakt“, in: Paul A.: *Angst vor der Wahrheit. Ein Plädoyer gegen Relativismus und Konstruktivismus*. Suhrkamp, Berlin 2013. S.135-156; Gabriel, M.: *Warum es die Welt nicht gibt*. Ullstein, Berlin 2013; Ferraris, M.: *Manifest des neuen Realismus*. Vittorio Klostermann, Frankfurt/M. 2014; Gabriel, M. (Hg.): *Der Neue Realismus*. Suhrkamp, Berlin 2014.

ではありません。むしろ、秩序が埋め込まれている偶然性の彼岸にあるような秩序は存在しないのです。

いずれにせよ、このことが私とジジェクが本書のドイツ観念論解釈として擁護しようとした主要テーゼの一つです[4]。その際の私たちの関心はまずもって哲学的な動機付けによるものであり、哲学史的な関心は二次的なものでした。つまり、ドイツ観念論のテキストとプロジェクトをそれが私たちに語りかけてくるような仕方で再構成することを目指したのです。こうした再構成に価値があるのは、これほどまでに高度な理論的反省の水準と哲学が人間の知と自己意識の歴史に埋め込まれていることに対する、そうした包括的な考察をまとめて記すことのできる哲学の時代はいまだかつて存在しなかったからです。ドイツ観念論の諸テーマがまだ過去の遺物になっていない以上、私たちは依然としてそこから学ばなければなりません。

ドイツ観念論から今日学びうることについての私の簡単な描写は、〔本書の翻訳によって〕日本の読者の手元に届けられることとなりました。日本には長きにわたる、複雑なドイツ観念論の受容史がありますから、このことは私にとってもとりわけ喜ばしいことです。というのもそれは、それぞれに異なった神話と、諸々の神話秩序の偶然的組み込みについての異なった叙述方法を持つ〔日本とドイツとの〕思想的伝統の間に活発な交流がさらに進展することを期待させるものだからです。

二〇一五年九月　ニューヨークにて

［4］我々の解釈のさらなる発展としては次の諸著作を参照されたい。Gabriel, M.: *Transcendental Ontology. Essays in German Idealism*. Bloomsbury, London/New York 2011; Žižek, S.: *Less Than Nothing. Hegel and the Shadow of Dialectical Materialism*. Verso, London/New York 2012.

緒論　ポスト・カント的観念論への回帰を求めて

マルクス・ガブリエル、スラヴォイ・ジジェク

カントの批判哲学とそれを継承した観念論者たち（フィヒテ、シェリング、ヘーゲル）との間に克服しえない溝があるように見えるとしても、すでにカントの『純粋理性批判』のうちに、ポスト・カント的観念論を可能にすることになる座標を見て取ることができる。哲学するにあたっての最初の動機は、形而上学的な動機、つまり、ヌーメノン〔叡智的なもの〕としての実在性の総体についての説明を与えるという動機である。だが、そうした動機付けは、それ自身幻想〔仮象 illusion〕であって、果たしえない課題を課すものである[1]。それゆえ、カント哲学の明確な動機は、すべての可能な形而上学の批判である（この批判そのものはまだ〔体系としての〕学ではない）。かくして、カントの試みは必然的に形而上学という事実の後に来ることになる。なぜなら、形而上学の批判が存在するためには、まずもって〔批判の対象である〕元々の形而上学が存在していなければならないし、形而上学的な「超越論的仮象」の無効宣告を下すためには、あらかじめこうした仮象が生じていなくてはならないからである。まさにこの意味で、

［1］ Henrich (2008), p. 32.

カントは「哲学的哲学史の創案者」[2] だった。哲学の展開にはいくつもの段階が必要である。つまり、人は直接真理に到達することはできず、真理から始めることもできない。哲学が形而上学的な仮象から始まったのは必然だったのである[3]。ポスト・カント的観念論者たちは超越論的仮象についてのカントの強い関心を共有しているが、〔そればかりでなくむしろ、〕このような仮象（現象）が真理（存在）にとって構成的であると主張しているのである。本書全体で我々が論じようとしているのは、まさにこのことに他ならない[4]。

ポスト・カント的観念論者たちによれば、仮象から出発し、それに対して批判的に無効宣告を下すまでの道程こそが哲学の運動に他ならない。このことが意味するのは、成功した（「真の」）哲学は、もはや存在の総体についての真理にかなった言説的説明（ないし表象）によって定義されるものではない、ということである。むしろ、哲学の成功が定義されるのは、諸々の仮象についての説明に成功することによってであり、つまり哲学の成功は、なぜ仮象が仮象であるのかだけでなく、なぜ仮象が構造的に必然的で不可避であり、単なる偶発事〔偶有性〕ではないのかをも説明することによって定義されるのである。最終的に真理が現れるためには、必然的に仮象が生じていなければならない。これが、フィヒテ、シェリング、そしてヘーゲルがカントから受け継いだ考えである[5]。それゆえ、哲学の「体系」は、もはや実在性の存在論的構造と言われているものを表象するのではなく、むしろ、あらゆる形而上学的な言明についての完全な体系になるのである。伝統的な意味において形而上学的な命題が仮象に満ちた本性をもっていることの証明は、これらの命題が必然的にアンチノミー（相矛盾した二つの結論）を生み出すということの論証のうちにある。我々の形而上学的なコミットメントを徹底的に明確にしようとする時に生じるアンチノミーそのものを形而上学は避けようとしているのだから、批判哲学の「体系」は、形而上学的な概念や命題の完全な——それゆえ、自己矛盾的で、「アンチノミー的な」——系列からなる。「形而上学のもつ仮象を見通すことができる者だけが、もっとも首尾一貫した整合的な形而上学の体系を作り上げることができる。なぜなら、形而上学の整合的体系は、矛盾したものでもあるからである。」[6]——つまり、形而上学の体系は不整合なものに他ならない[7]。

結局のところ、批判的な「体系」とは、あらゆる可能な/思考できる「誤謬」の、体系的でアプリオリな構造を、その内在的な必然性において叙述（Darstellung）することであり、かくしてヘーゲルの言う「現象知の叙述（Darstellung des erscheindenden Wissens）」[8]の基礎を準備することになる。つまり、この叙述によれば、最終的に我々が到達するのは、先行する諸々の仮象を克服／止揚するような〈真理〉ではない——〔むしろ〕唯一の真理とは、あらゆる可能な仮象相互の論理的な関連からなる、不整合な大建造物なのである……。形而上学的〈真理〉の表象から、誤謬から誤謬への移行という真理へとこうして移行することこそ、ヘーゲルが『精神現象学』において（また別のレベルでは『論理学』においても）、提起し

[2] Ibid.
[3] 『第一批判』の終わりでなされた「純粋理性の歴史」についてのカント自身の簡潔な描写を参照のこと。Kant (2003), B880－884.
[4] 原稿に多くのコメントをくれ、また出版に際しての準備を手伝ってくれたことについて、トム・クレル（ニューヨーク）に感謝したい
[5] これによって、なぜポスト・カント的哲学の理論活動の動機そのものの中に懐疑主義が統合されているのかも説明される。Gabriel (2007); Franks (2000), (2003), (2005)を見よ。
[6] Henrich (2008), p. 32.
[7] この点を見事に論じたものとして、Brandom (2005)がある。
[8] Hegel (1977), §76.〔邦訳、上巻八〇頁〕英訳者のミラーはこれを（不正確にも）「an exposition of how knowledge makes its appearance〔いかにして知が自らを現象させるかについての叙述〕」と訳している。

た事柄である。〔その際の〕カントとヘーゲルの唯一の（だが決定的な）違いとは次のようなものである。カントにとって、先行する仮象に対して批判的に無効宣告してゆくものとして現れる、真理のこうした「対話的」プロセスは、我々の知の領域、つまり認識論に限定され、我々の知や認識に対して外的で没交渉に留まるヌーメナルな実在とはなんら関わりを持たない。これに対して、ヘーゲルにとっては、〈事柄〔物〕〉そのものがこうした過程の展開にとっての適切な場なのである。最終的には、後期フィヒテやシェリングも、ヘーゲルと同じようにヌーメナルなものそのものの中に真理の必然的な転位や誤謬の必然性を位置付けている[9]。言い換えれば、相対的なものが絶対的なものの内部で生じているのであって、絶対的なものは自らの偶然的な顕現から区別されない。絶対的なものは仮象に満ちた現象の背後に横たわる実体という地位を失い、それなくしては実体という仮象が生じることのできない、自己の他在化の運動になる。こうして、実体と偶有性の間の伝統的ヒエラルキーは完全に転倒させられ、偶有性が実体にとって代わるとともに、誤謬をもたらす現象へと実体を解消してしまうのである。

我々の見解によれば、こうした認識論的な二項対立（現象と物自体、必然性と自由、等々）を存在論的に乗り越える理由は、現象という様態そのものがヌーメナルなものの内部で生じているというポスト・カント的洞察によってまさに動機付けることができる。知の有限性の説明に際して、我々がヌーメナルなものとフェノメナル〔現象的〕なものを対置するならば、この対置が、仮説上、ヌーメナルなもののうちで起こっているという事実を見逃すことになる。別の言い方をすれば、世界（それを心、精神、言語、意識、その他どう呼ぼうと）の領域全体はそれ自体、世界の内部での出来事あるいは世界に属する出来事として理解される必要がある。思考は決して存在に対立したものではなく、むしろ自らの内部における存在の折り重なりが思考なのである。

それでは、カントとポスト・カントとの断絶はいかなる点にあるのだろうか。カントは我々の認知能力から始める。我々の認知能力の器官は（ヌーメナルな）諸物によって触発され、認知能力の能動的な綜合を通じて、触発をフェノメナルな実在性へとまとめあげる。ところが、ひとたび知の批判の存在論的な帰結（フェノメナルな実在性と〈物自体〉のヌーメナルな世界との区別）にカントが達すると、「自己への回帰はありえず、二つの世界のうちの一方の構成員として自己を理解するもっともらしい解釈はない」[10]。この点において、実践理性が重要になる。つまり、存在論から〈自己〉の領域へと戻る唯一の道は自由なのである。自由は二つの世界を統合するとともに、自己の究極的な格率「あらゆるものを自由に従属せしめよ」[11]を提供する。

ところがこの点において、カントとその継承者との溝が生じてくる。カントにとって自由とは「非理性的なもの」、説明不可能な「理性の事実」である。つまり、自由とは、単純に、説明不可能な仕方で与えられているのであり、我々の経験を未知のヌーメナルな実在へとどういうわけか根付かせているへその緒のようなものである。カントなら、自由を実在性の体系的な概念をそこから練り上げるための理論的な第一原理と見なすのを拒絶するだろう。これに対しフィヒテ以降のポスト・カント的観念論者たちは、さらに進んで、カント的な意味でのヌーメナルな自由に不可欠な構成的な限界を超えて、自由その

［9］後期フィヒテやシェリングにとって、こうした必然性は、もちろん、高階的偶然性であることが明らかになる！

［10］Henrich (2008), p. 52.

［11］Ibid., p. 59.

ものの体系的な説明を提供しようと努めている。そうした場合には、自由の自己解明は別の様相を呈することになる。自由はもはや必然性に対立せず、超越的要請に留まりはしない。むしろ自由は、存在それ自体に備わった固有の性質になるのである。まさにこの理由から、シェリングは『自由論』において自由の「より高次の実在論」を称揚する。

しかしカントが、まず最初、物自体を現象からただ消極的に、時間からの独立性ということを通して区別したのに対し、その後『実践理性批判』の形而上学的な究明において、時間からの独立性と自由とを、実際、相関する概念として取り扱ったにも拘らず、この自体的なものの唯一可能な積極的概念〔自由〕を、諸事物にも移すという思想にまで進んで行かなかったということは、いつまでも奇妙なこととして残り続けるであろう。もしそうしていればカントは、直ちに、より高い考察の立場へと、彼の理論哲学を性格づけている否定性を超えて高まったことであろう。〔12〕

ドイツ観念論とともに、知の限界の地位は変わることになる。形而上学的ナンセンスを生じさせることなくしては正当に乗り越えられないような理性の認識論的有限性は、観念論者たちにとって、カントの反省の限界を意味するのである。観念論者たちは、カントが中途半端なところで行き詰ってしまった、と信じている。他方で、徹底したカント的パースペクティヴからすれば、観念論的継承者たちはカントの批判的なプロジェクトを完全に誤解し、前批判的形而上学に、あるいはさらに悪く言えば神秘的狂信〔Schwärmerei〕に退行していることになる。

それゆえ、カントからドイツ観念論への道程には大別して二つのバージョンがあるが、どちらも現代哲学における、不幸で、しばしば敵対的ですらある分断から生じている。分析的伝統（これは、実際のところ、せいぜい方法上の家族的類似を示すにすぎない用語である）に属すると称する哲学者たちは、往々にして、カントは少なくとも部分的には「理解可能な」最後の伝統的哲学者であると考える傾向がある。つい最近まで、分析哲学者たちはドイツ哲学のポスト・カント的転回に対する心からの敵意でもって、自らの立場を説明し、（ムーアとラッセルに倣って）こうした転回を最大の惨事の一つ、ないしは無意味な思弁への無節操な後退等々と見なしていた。これに対し、哲学的思考へのポスト・カント的な思弁的・歴史的アプローチを、我々がまだ完全に理解していない最高の哲学的到達点と見なす哲学者のグループもある。彼らは、ドイツ観念論の中心的洞察が、まだなお現代哲学へと翻訳されていないと信じている。しかし、この後者の見解を採用する哲学者たちは、一見したところ現代哲学へと翻訳されえないように見える、ドイツ観念論のいくつかの特徴を無視するきらいがある。しかし我々は、ドイツ観念論における主体性の問題への独自のアプローチを通じて、新しい表現の可能性をつくり出すことこそが現代哲学の課題であると信じてやまない。

大まかに言って、カントからポスト・カント的観念論への転回については二つの見方がある。（一）第一のアプローチによれば、カントは的確にも、有限性のもつ隙間はヌーメナルなものへの否定的な接近しか認めていないと主張しているのに対して、〔ポスト・カント的観念論者の〕一例を挙げればヘーゲル

〔12〕 Schelling (2006), p. 22.〔邦訳、九七頁〕

の絶対的観念論は、カント的隙間を独断的に埋めて、前批判的観念論に退行してしまっている。（二）第二のアプローチによれば、カントによる形而上学の破壊は、到達不可能であるにせよ外的な存在者としての〈物自体〉という参照点を依然として維持している以上、十分に成功しているとは言えない。後者の観点からすれば、〈絶対者〉への否定的なアクセスから、否定性としての〈絶対者〉そのものへの移行を提起することによって、ヘーゲルはカントを徹底化しているにすぎないということになる。

本書では、（二）の線に沿った読みを擁護したい。しかし、だからと言って我々はカントからヘーゲルへの移行についての別の見方を提示するだけではない。むしろ我々が焦点を当てたいのは、ポスト・カント的観念論の一般に無視されてきたいくつかの特徴である。そして、それらの特徴は、我々の次のような総論的テーゼを支持している。ドイツ観念論は、単に前批判的形而上学に退行してしまうことなしに、認識論から新しい存在論への移行を成し遂げることを目指したのであった。ドイツ観念論は、いわゆる絶対的なもの（物自体）と相対的なもの（フェノメナルな世界）との隙間を絶対的なものそのもののうちに位置付ける。第一哲学としての認識論の乗り越えに寄与するべくカントからポスト・カント的観念論への移行を理解することこそ、現代のポスト・カント的観念論に課せられた決定的な責務に他ならない。

我々が真理から誤謬を切り離すという見方をやめない限り、総体性が現に存在するとしても、それは不完全なものに留まる。誤謬、仮象、誤解、否定性、有限性等々は、規定された（有限な）対象が現れる領域を拓くものとしての絶対者を、適切に、客体化せずに理解するための必然的な前提条件なのである。

スラヴォイ・ジジェクが主張するように、ヘーゲルの決定的な一手は次のような弁証法的洞察に依拠したものである。その洞察によれば、物〔事柄〕についての我々の不完全な知は、（有限な規定された対象として）それ自体不完全で不整合な、物〔事柄〕の積極的な特徴に転化するのである。これこそ、認識論的な障害としての現象から積極的な存在論的条件としての現象へのヘーゲル的な移行に他ならない。別の言い方をすれば、ヘーゲルはカントの枠組みを「再存在論化」したのではない。むしろ反対に、カント哲学が有限性の隙間を単に認識論的なものとみなし、まただそこに存在する完全に構成されたヌーメナルな領野という見解をカントが前提（ないし要請）し続けている以上、カント哲学は適切に「脱存在論化」される必要があるのである。ポスト・カント的観念論は、まさに実在性の織り目のうちへと隙間を移し入れることによって、潜在的に有害な存在論の残余を破壊したのである。つまり、フィヒテ、シェリング、そしてヘーゲルの一手は、カントによる分断を「乗り越える」ことではなく、むしろこうした分断を「そのままに」擁護し、対立項をことさらに「和解させること」への要求と手を切ることなのである。純粋に形式的でパララックスな転回を通じてポスト・カント的観念論が獲得する洞察は、有限なものを成り立たせている区別を反省的に措定することがすでに和解なのだ、というものに他ならない[13]。それゆえ、有限な対立という限界のうちに留まっていたり、無限なものに到達できなかったりすることがカントの欠点であるというよりも、むしろカントの欠点は逆に、有限な対立の彼岸、あるいは背後に超越的領域を求めることとそのもののうちにある。つまり、カントは無限なものに到達できないのではない。というのも、発見されるのを待ち続けているような無限としての「物」は〔そもそも〕存在しないからである。こうして、カント的反省は、常にすでに自由のいわゆる超越的領野のうちにいる

[13] Žižek (2006) は「パララックス」概念について詳細な説明を行っている。

のだ。我々の自由は、有限性に対して構成的な区別を行う能力のうちにある。

ポスト・カント的観念論の独自性について、より正確な洞察を得るには、歴史のもう一端、つまりポスト・ヘーゲル的反哲学——ならびに、「自然の鏡」という考えに対する批判（ローティ）、つまり表象主義そのものに対する批判——という観点からポスト・カント的観念論にアプローチしてみることもできる。ポスト・ヘーゲル的反表象主義は、その様々な装い（脱構築、ポスト構造主義、ネオ・プラグマティズム等々）において、表象・現象といった言葉の正体を完全に暴露しているように見える。代わりに、反表象主義が強調するのは、〈存在〉ないしは自然の前概念的産出性の、その表象に比しての過剰さである。こうして、表象は、本当に存在するものを産出する根拠に根付いた、真理にかなった言説へと還元される。世界を産出する力を絶対的主体性に帰するという見かけのもと、ヘーゲル主義が依然として、超越論的な次元で動いているように見える一方で、ポスト・ヘーゲルの反哲学は、絶対的主体性が行う自己の他在化の運動には解消されえない自己規定という規定性を導入した点に特徴がある。ヴァルター・シュルツがその重要な著作『後期シェリングの哲学におけるドイツ観念論の完成』で述べたように、後期フィヒテとシェリングとともにすでに始まっているポスト・ヘーゲルの反哲学は、「媒介された自己媒介（vermittelte Selbstvermittlung）」として規定される[14]。主体は、最終的には自分が統制するのでも、誘発するのでもないような自己媒介の過程の中へと投げ込まれているのである。換言すれば、主体とは、透明な仕方で自分自身を管理するものとされていた能力から主体を疎外する転倒の帰結であることになる。後期シェリングは主体の「脱自」という観点から、あるいはより根本的には「一・転＝宇宙〔universio〕」つまり〈一者〉の転倒としてのこうした過程に言及している。

我々がここで要請している過程〔Vorgang〕、あるいはむしろ、我々が一般に可能なものとして示した過程を考慮してみると、この過程は、転倒の過程として、それも一者の転倒過程として現れる。言い換えれば、現実に先行する存在者の転倒過程、ないしはあらゆる現実存在の原型の転倒過程として現れるのである。なぜなら、この過程において主体であるもの（-A）は客体になり、客体であるもの（+A）は主体になるからである。したがって、この過程は一・転〔universio〕と呼ぶことができ、この過程の無媒介的な結果が、転倒した一者——Unum versum、つまり宇宙〔Universum〕である。[15]

ポスト・カント的観念論についての我々の見解に従えば、確かにヘーゲルの弁証法もまた弁証法的運動の真の駆動力として転倒に依拠している。『精神現象学』でヘーゲルが言及する、哲学の「転倒された世界」[16]を思い出してみれば、このことは明らかであろう。ヘーゲルの弁証法はまさに自己転位の運動に他ならない。これは、前もって確立されている絶対的主体性によって遂行されるようなものではないし、なんらかの超越的な絶対的主体などというさらに馬鹿げたものによって遂行されるというようなものでもない。我々の議論の総論的な主題は、哲学の「ポスト・ヘーゲル的」と称される転回は、実のと

〔14〕 Schulz (1975), p. 279.
〔15〕 SW, X, p. 311
〔16〕 Hegel (1977), §§ 155-165.〔邦訳、一五四―一六七頁〕

ころフィヒテ、シェリング、そしてヘーゲルの作品において生じているということであるが、しかもそれはヘーゲルを乗り越えたと自称している大概の二十世紀の分析哲学や大陸哲学よりもずっと反省的な仕方で行われているのである。

例えば、いわゆるポスト構造主義において、二項対立（フェノメナルとヌーメナル、主体と客体等々）の両項の関係は転倒される。対立によって分割され、またそのために必要とされる現前（空間）は、決して現前化されえない産出的過程の仮象的帰結として無効宣告を下される。しかしながら、脱構築を遂行する中で提示される二項対立の自己の他在化は不在を生み出すのだが、しかしこの不在は、対立の転倒に先行するなんらかのものの不在とは違うのである。別の言い方をすれば、転倒を免れた絶対者を規定するべくドイツ観念論は二項対立の項の一方を他方に対して特権化しているといって、ポスト構造主義は我々のドイツ観念論の読解に反対するかもしれない。我々のドイツ観念論の読解が根源的な〈一者〉を指一本触れられないままにし、根源的な〈一者〉は単に偶然的な一者の転倒〔uni-versio〕〔という過程〕の主体に留まらせている、とポスト構造主義は主張するかもしれない。絶対者の概念を自己の他在化の活動として解釈するポスト・カント的観念論よりも、一層ラディカルに絶対者を処理するように見えるかもしれない転倒の中で生ずる転換についての説明をポスト構造主義は引き合いに出してくる。

しかしながら、我々はこの種の抗弁にこそ反対したい。ドイツ観念論者が唱える絶対者はあらかじめ存在する総体性ではないし、自らの妨げられざる自発性によって世界の出来事の流れを生み出すような絶対的主体でもない。こうしたドイツ観念論解釈は実体から主体への決定的な転換を見逃してしまうだろう。ヘーゲルが念頭に置いている主体は、事実の後にしか自己を構成することができないような絶対的否定性である。この主体は、顕現することなくしては、つまり、有限なものなくしては、何物でもないようなものなのだ。それゆえ、「絶対者」は、論理空間を成り立たせている遅延そのものである。世界のうちにある何か規定されたものを指示する我々の概念的能力は、事実の後でのみ成立しうる。事実はこの「後で」によって、つまり主体の遅延によってのみ構成されるのだ。

そこで、「存在論的過剰」が、表象に対する産出的現前の過剰を、つまり表象を通じた総体化を逃れるXを示していると考えてみよう。産出的現前の空間そのもののうちにある隙間へ向かって我々が歩みを進めるやいなや、こうした過剰は、常に、すでに産出的現前を補完する表象の過剰になる。この点を明らかにするためには、政治についての簡単な例を引き合いに出すだけでよい。社会的共同体の中心にある主人〈王〉、〈リーダー〉、つまり社会的共同体を総体化する〈一者〉は同時に、外部から社会的共同体に対して課せられた過剰である。権力の安定性を脅かす周縁的な過剰に対して権力中枢が行う闘争は、ひとたび我々が視覚のパララックスな転換を達成すればたちどころに明らかになる事実、つまり根源的過剰とは中心的な〈一者〉そのものの過剰なのである、という事実をぼやけさせてしまうことは決してできない。すべてのヘゲモニーはそれ自体が壊れている、とライナー・シュールマンなら言うだろう[17]。我々は同様にラカンの用語を用いて次のように言うこともできる。〈一者〉は常に、すでにそれが統合するものに対して外-密〔ex-timate〕であると。自らが統合する場を〈一者〉が総体化するのは、この場を脅かすような過剰そのものを〈一者〉自身のうちで「濃縮する」ことによってなのである。

[17] 彼の大著Schürmann (2003) を見よ。

言い換えよう。完成という総体化のあらゆる身振りのためのエネルギーは、その身振りそのものによっては構成されえないようなある物からのみ得られる。完成を、つまりは完全に規定されたすべてを包括する構造を目指す企図が失敗するのは、包括する構造を構成する活動それ自体はこうした活動の帰結であるところの理解可能性の全体によっても構成されえないからである。

この点を説明するために、イタロ・カルヴィーノの「耳をすます王Un re in ascolto」〔18〕を考察してみよう。ある名もなき王国の中で王宮が巨大な耳となり、反乱の恐怖に取り憑かれ、何もすることができなくなってしまった王は彼の王宮に鳴り響くありとあらゆる音を聞こうとしている。仕えの者の足音、ささやき、会話、旗を掲げるファンファーレのトランペット、式典、王宮を囲む街の音、群衆の騒ぎの音、銃声等々を、王は聞き取ろうとする。王はそれらがどこから聞こえてくるのかわからず、ただ音の意味とそれらが予告する運命を解釈するのに躍起になるばかりである。こうした解釈をし続けるパラノイア状態がおさまるのは、王を完全に魅了する何かを彼が聞く時だけだ。例えば、風に乗って歌う女性の声が窓辺から聞こえてきたり、まったくユニークでかけがえのない純粋に美しい声を聞いたりする時のように。これらの音は王にとっては自由の音である。王は宮殿から広場に出て、人ごみに加わる……。ここでまずもって気に留めておかねばならないのは、王は伝統的な専制君主ではなく、近代の全体主義的独裁者だということである。伝統的な王は身の回りを気にしたりせずに、傍若無人に無視し、よからぬ企みを気にしたり防いだりする役回りは、大臣に任せきりにしておくものである。よからぬ企みを気にするのは近代の指導者だけなのだ。こういうわけで、スターリニズムの完璧な定式化、つまり終わりなきパラノイア解釈学の体系の定式化は「支配するとは解釈することである」ということになる。だから、王が目下の人生の楽しみを歌いあげる女性の声に誘われるとき、これは明らかに（残念ながらカルヴィーノ自身にとってはそうではないのだけれども）幻想〔fantasy〕である。つまり、表象の閉じた円環を破って、女性の声の無邪気な存在という純粋な外部と再会するという幻想に他ならない。しかしながら、純粋な外部という幻想、転倒ないしは象徴的秩序による逸脱に先行する根源的〈一者〉という幻想などは、自己鏡像的な表象の監獄の過剰以外の何物でもない。この幻想が見逃しているのは、声という無邪気な外部が、すでに解釈的表象という鏡によって反省的に刻印されている仕方である。だからカルヴィーノの明示的な語りのうちには存在しない、この物語の本当の結末がどんなものか想像できるだろう。声に誘われて王が王宮を後にすると、すぐに王は逮捕されてしまう。なぜなら、女性の声は、企みの首謀者たちが王を安全な王宮から外におびき出すための道具だったからである。

もしこの物語の教訓を哲学の言葉に翻訳してみると、〈一者〉つまり理解可能性という「神の才」を持つはずの主人のシニフィアン〔ですら〕総体化の過程を免れるものではないということが明らかになる。ここで問題となるのは、〈一者〉の多くのシミュラークル〔模造〕が存在するということ、根源的〈一者〉という幻想によってのみ維持されているがゆえに、本来的に不安定な総体化の機会がいくつも存在するということである。換言すれば、ヘーゲル的な真無限は総体性の自己関係によって生み出される無限性、つまり総体性を自身の要素とし（あるいはむしろ類を自身の種とし）、再現前〔表象〕を現前そのものの一部とするような短絡によって生み出される無限性なのである。〈一者〉は〈一者〉自身を排除する行

［18］ Calvino (1993).

為のうちに含まれている。〈一者〉は排除の包含に、つまりそれ自身の転倒になるのである。こうした転倒は総体性の内部で起こる。まず逆説的な要素（これはここで問題になっている一見すべてを包括するかに見える集合構造に固有の要素ではない）が超越的なものと呼ばれ、次いでこの逆説的な要素は閉鎖する行為において総体性のうちへ引き込まれる。超越と閉鎖性とを和解できないということが動機となって、ヘーゲルは、総体性は完全なものではないし、総体性は常に自分が有限なものの中で現実化するのを求めているのだ、と主張する。無限なものは、常にすでに確立されているわけではなく、むしろ無限なものは理解可能性の過剰の帰結であることが明らかになるのである〔19〕。

この構造は、真に弁証法的な「抽象」概念についても適用可能である。ヘーゲルの「具体的普遍」が無限であるのは、それが「抽象」を自らの内在的な構成要素として具体的な実在性そのもののうちに含んでいるからである。ヘーゲルによれば、還元不能な多様な性質を備えた、具体的な経験的実在性の豊かさから遠ざかることとして〔抽象を〕理解する常識《コモン・センス》経験論者の「抽象」概念を捨て去ることが、哲学が抽象に関して行う第一歩である。〔常識経験論者の「抽象」概念によれば〕生は緑色で、概念は灰色である。概念は具体的な実在性を切り裂き、抑圧してしまう（この「常識」的な〔抽象〕概念にさえその似非弁証法版があって、それによれば、そうした「抽象」は単なる〈悟性〉の性質であり、これに対して「弁証法」は実在性の豊かさを回復するのだという）。そうした「抽象」のプロセスがいかに実在性そのものに内在的かということに我々が気付く時、真の哲学的思考が始まる。経験的実在性とその「抽象的な」概念規定との間の緊張関係は実在性に内在したものであって、物そのものの性質なのだ。この点に弁証法的思考の反唯名論的なアクセントがある（ちょうど、商品の価値という抽象が商品の「客観的」構成要素である、というマルクスの「経済学批判」の基本的洞察のように）。

こうして我々は、概念の弁証法的自己展開とは何か？　という問いに行き着く。まず出発点として、我々がある複雑で混乱した経験的状況に巻き込まれていて、我々はその状況を理解し、それに秩序を与えようと試みている場合を想定してみよう。純粋な前概念的経験というゼロ地点から出発することは不可能なのだから、この状況に対して我々は、抽象的普遍という利用可能な概念を直接当てはめるという二重の運動を始めることになる。我々は［この状況に対して］一般化を行い、経験的普遍を練り上げることで、その状況を分析して、その要素を以前の経験と比較する。遅かれ早かれ、この状況を理解するために用いる概念図式の中に不整合な点があることに気付くだろう。下位種であったはずの何物かが場の全体を包括し、支配するように思われるのであり、様々な分類やカテゴライズが、どちらが「真」であるかなどを我々が決められないままに衝突しあってしまうのである。

それではヘーゲルの独自性はどこにあるのだろうか？　ヘーゲルの思想が表しているのは、〈主人〉の言説としての哲学（数多性を総体化する〈一者〉の哲学）と反哲学（〈一者〉の把握を逃れる〈現実界〉があると主張する哲学）との間の移行の瞬間である。ヘーゲルは一方で〈一者〉として数える［counting-for-One］形而上学的な論理とは明確に決別するものの、他方では概念的表象の場に対して外的であるようないかなる過剰の余地をも残しはしない。ヘーゲルにとって〈一者〉における総体化は常に失敗するし、〈一者〉は常に自分自身との関係において過剰状態にあり、それ自体、総体化が達成すると称するところのもの

［19］　この点を裏付けるものとして、Gabriel (2009c) を参照。

の攪乱である。〔しかしながら〕〈一者〉に内在的なこの緊張関係、あるいはこの二者性こそ、〈一者〉を〈一者〉たらしめると同時に〈一者〉の場をずらすものに他ならず、弁証法的プロセスを動かすものに他ならない。言いかえれば、概念的表象のネットワークにとって外的な〈現実界〉が存在するということをヘーゲルは事実上否定している（だからヘーゲルは〈概念〉の総体性の自己完結した円環という意味での絶対的観念論者だという誤解をいつも受けるのである）。しかしながらここで、象徴的表象の全体的な自己関係的戯れにおいて〈現実界〉が消えるわけではない。〈現実界〉は内在的な隙間ないし障害として、猛烈に還帰してくる。そして、この隙間のために表象は決して自らを総体化することはできず、「非-〈全体〉〔non-All〕」になるのである[20]。

我々の自然発生的な心の枠組みにおいては、このような不整合性は我々の悟性の欠陥を示すものとして片づけられてしまう。実在性は我々の持つ抽象的なカテゴリーにとってはあまりに内容豊かで複雑なので、実在性の豊かさ全体として捉えうるだけの概念ネットワークを駆使することなど決してできはしない……というわけである。しかしながら、ひとたび我々が洗練された理論的なセンスを持ち始めるやいなや、遅かれ早かれ何かおかしな予期せざる事柄に気付くことになる。つまり、或る対象についての我々の観念の不整合性と対象そのものに内在的な不整合性をはっきりと区別するのが不可能であることに気がつくのだ。物事そのものが不整合で、緊張に満ちていて、その様々な規定性の間で奮闘している。そしてこうした奮闘、すなわちこれらの緊張状態が展開していくことで、物は「生きいきとしたもの」となるのである。或る個別の国家を考えてみよう。もしその国家が機能不全を起こしていたら、それはその国家の個別的な（特殊な）性質が国家の普遍的理念と緊張状態にあるようなものである。あるいはデカルトの「我思う」を考えてみよう。個別的な生活世界に埋め込まれた個別的人格としての私と抽象的主体としての私自身との差異は、私の個別的な同一性の部分をなしている。なぜなら、抽象的主体として振る舞うことは近代西洋社会の個人を性格付ける性質だからである。概念的実在性は経験的実在性とは対立しない。我々がまず単純にそれ自体として整合的な世界の中に取り入れて、次いで命題的に構造化された信念の体系を我々がその世界に適用するというのは正しくない。こうした考えそれ自体がすでに概念的構造を適用したもの、つまり世界における我々の位置付けを記述する一つの方法に他ならないのである。この方法を、ガブリエルは第一章で「構成的神話」と呼ぶことになる。

カントからヘーゲルへの移行は、実体的な〈現実界〉の概念から純粋に形式的な〈現実界〉への推移として定式化することができる。形式的な〈現実界〉は表象の座標内部にある内在的な隙間である。十九世紀の哲学における鍵となる人物には他にショーペンハウアーがいるが、ヌーメナルなものを意志として解釈することを通じて彼も先述の移行に寄与した。我々の認識による把握を逃れる、カント的な不可知物は、認識の存在論的本質であることが明らかになる。志向性、つまり世界における規定的対象への指示は、意志というヌーメナルなものそのものによって方向付けられている。そして、こうして我々

---

[20] 哲学の揺籃期に、『パルメニデス』においてプラトンも、このロゴスの場の非-〈全体〉にアプローチしている。だから『パルメニデス』は初期プラトンと後期プラトンの過渡期をなすユニークな作品なのである。後期対話編ではプラトンがなんとかして埋めようとする隙間が、この『パルメニデス』では姿をあらわしている。『パルメニデス』はヘーゲル『論理学』の原型であり、ヘーゲル『論理学』の視点から振り返ってみることによってのみ正しく読解されうる。『パルメニデス』の八つ（あるいは九つ）の仮説はカテゴリーの完全な（それは非-〈全体〉であり、「完全な」というのは「例外なしに」という意味である）集合の最初のバージョンである。そして、ヘーゲル『論理学』と同様に、どの仮説が「真」か、と問うのは無意味である。「真」であるのは結果（何も存在しない……）であって、それはそこに至るまでの運動全体へと我々を投げ返すものである。

が規定された対象を指示することにおいてヌーメナルなものは自らを客体化するのである。ヘーゲルにおいて生じているのは、〈現実界〉の徹底的な脱実体化である。つまり象徴的表象に抗うのは超越的Xではなく、表象の空間そのものにおける内在的な隙間であり、裂け目、不整合性、「歪み」なのである。

もっとも優れた反ヘーゲル的議論の一つは、ポスト・ヘーゲル的断絶を思い起こさせる。ヘーゲル以後何かが変わり、絶対的な概念的媒介についてヘーゲル自身が行った解説によってはもはや説明されえないような新しい思想の時代が始まったということは、もっとも熱狂的なヘーゲル支持者ですら否定しえない。こうした裂け目は、前論理的意志という深淵のシェリングによる強調（これは後にショーペンハウアーによって通俗化される）や、信仰と主体性が持つ唯一性へのキルケゴールの固執から、現実の社会・経済的な生活過程のマルクスによる強調を経て、あらゆる弁証法的媒介を超えて持続する反復としての「死の欲動」というフロイトの概念に至るまで、様々な外観のもとに生じている。ヘーゲル以後何かが起こったのであり、ヘーゲル以前とヘーゲル以後の間には分断があるのだ。ヘーゲルはすでにこうした断絶の到来を知らせていたのであり、最後の観念論的形而上学者で最初のポスト形而上学的歴史家である、と言うこともできるにせよ、この断絶以後に真にヘーゲル主義者であることはできない。ヘーゲル主義はもう永遠に、その無垢さを失ってしまったのである。今日、完全なヘーゲル主義者として振る舞うのは、シェーンベルクの革命後に調性音楽を作曲するのと同じようなものなのである。

〈絶対的観念論者〉というこけおどしのヘーゲル像に対抗して、或るヘーゲル主義の戦略が広く行われるようになってきている。この戦略は、存在論的・形而上学的なコミットメントから解放されたヘーゲル、言説の一般理論や言説の構成的規範性へと還元されたヘーゲルという「デフレ化された」ヘーゲル像を提示する。このアプローチの格好の例が、いわゆるピッツバーグ・ヘーゲル主義者たち（ブランダム、マクダウェル）である。ハーバーマスもまた「大きな」存在論的問い（「人間は本当に動物の下位の種なのか？」とか「ダーウィン主義は真か？」とか）や神や自然についての問い、観念論や唯物論についての問いを回避しているのだから、彼がブランダムを称賛するとしてもなんら驚くことではない。ハーバーマスが新カント主義的な仕方で存在論的コミットメントを回避することが、それ自体必然的に両義的であることは容易に証明できるだろう。一方でハーバーマス主義者たちは公に認めてはならない触れるべからざる秘密として自然主義を扱う（「もちろん人間は自然から発達してきたものである」、「もちろんダーウィンは正しかった」云々）。ところが実際にはこの隠れた秘密は嘘であって、彼らの思考の非常に観念論的な形式（自然的な存在者からは演繹されえないような、コミュニケーションのアプリオリで超越論的なもの）を覆い隠している。真理はこの形式のうちで隠されていると同時に露わにされてもいる。ハーバーマス主義者たちは自分たちが本当は唯物論的であると密かに考えている一方で、真理は彼らの思考の観念論的な形式のうちにあるからである。挑発的な言い方をすれば、ハーバーマス主義者らは共和主義的な形式をとりながらも、王党派であろうとしているのである。彼らが自然主義を還元するところの実り豊かな仮定は、現代の言説が科学的世界像へとコミットしている以上不可避に思われるものである。しかし、真の自然主義者であるということは、不可避のフィクションを受け入れることではなく、むしろ唯物論を信条とすることとなのである。つまり、次のように主張するだけでは不十分である。カントとヘーゲルは我々に対して規範性の領野について何がしかのことを教えてくれるに違いないのであって、しかもこの規範性は自然の領野というより広い領域において生じているのだ、と主張するだけでは不十分なのだ。反対に、むしろ大切なのは、最大限ドイツ観念論を再びわがものとして用いることである。言説、表象、心、あるいは思考一般が、概念を扱う生き物〔concept-mongering creature〕としての存在者の現実存在とは独立してあらかじめ与えられていると思われている実体的実在に一貫して対立しえないならば、我々は観念論の置かれた苦境に毅然と立ち向かわなければならない。自らのうちで折り重ねられた実在性を説明しうる、世界ないし現実的なもの〔the real〕についての概念が我々には必要なのである[21]。

世界についての我々の理論は、それ自体世界の一部である。我々の信念の（諸）体系は、物理学の言語でもっともよく記述される存在論的空間とはまったく異なる義務論的〔deontological〕空間を占めるような超越的存在者ではない。我々は、「デフレ化された」ヘーゲル像では十分ではないと固く信じている。現代の哲学的言説の多くに広がっている、量化ならびに論理形式のフェティシズムは、それがいかに構成されているのかについての反省を欠いているという点に特徴がある。こうした欠陥を埋め、二一世紀のポスト・カント的観念論の必要性を訴えていくことが我々の目標である。当然この観念論は、地理的に限定されるものではない。ドイツ観念論の時代は終わった。しかし、ポスト・カント的観念論の時代は、（新ヘーゲル主義という第一の不可避な過ちを伴いつつも）まだ始まったばかりである。

第一章　反省という神話的存在
ヘーゲル、シェリング、必然性の偶然性について

マルクス・ガブリエル

我々が世界の中で出会い、なんらかの単称名辞によって指示できるあらゆるもの、すなわち、我々がその存在を認めているあらゆるものは、或る特定の領域の一部分である。ルネッサンス時代の絵画は、我々の感情や心的状態とは異なった領域に属している。国民国家は物理学の素粒子、あるいは、例えばアマゾンの植物相や動物相とは異なった領域に属している。それゆえ、もし「世界」あるいは「宇宙」と呼ばれるものが、〔すべてを包み込む〕なんらかの総体性であるとするならば、それはまずもって、いくつもの部分集合、あるいは、いくつもの対象領域からなる総体性であるということに同意しなくてはならない。「世界」が単に諸要素（例えば、時間空間上の素粒子）の総体であることはできない。なぜなら、様々な記述を通じてアクセス可能であるということが、世界の本質的特質だからである。世界を一つの

〔21〕現在のヘーゲル主義的規範論において採用されている自然主義の諸形態を概観し注釈したものとして、拙著Gabriel (2007) を参照されたい。そこで、ヘーゲルは現代の多くの読者がヘーゲルにそうあってほしいと願っているような自然主義者ヘーゲルではないことをはっきりと示した。

対象領域に還元しようとするどんな試みも――つまり、どんな種類の素朴な存在的一元論も――必ず失敗する。というのも、そうした試みは自らの理論形成過程――世界の部分集合を一つ選び出し、その要素を特定の（したがって偶然的な）仕方で配置するという自らの操作――についての説明を与えることができないからである。この解決不可能な論理的分離を乗り越えるためには、この試みは要素を叙述する活動を自らの要素のうちに内包しなければならないが、要素が或る所与の領域のうちで規定されるもの、つまり固有要素〔proper elements〕である以上、そのような内包は不可能である。

もし我々が或る物について、それが存在すると言うなら、我々は必ずなんらかの規定された対象を指示している。曖昧な述語でしか示されない捉えにくい対象であっても、高階の意味においては規定された対象である。つまり、捉えにくい対象も、〔高階では〕無規定的なものとして規定されているのである。この単純な考察から明らかなこととして言えるのは、世界はいくつもの対象から成っており、その規定性は関連対象領域を量化する適切な言説のもとで考察されるということである。

しかし、こうした一連の考え方の問題点は、それが高階対象としての対象領域を常にすでに指示しているという明らかな事実を考慮し忘れているということである。我々は言説によって諸領域を区別することができるが、その言説そのものが、これらの領域の高階領域を生み出す。この〔さらなる高階領域への〕後退が必然的に停止するのは、全領域の領域という水準、すなわち「世界」の概念に到達する時である。この地点において、我々はなんらかの存在論的一元論〔*ontological monism*〕、すなわち、世界はただ一つしかない（全領域からなる一つの究極的領域）というテーゼを受け入れなければならない。この存在論的一元論のテーゼは、存在的一元論〔*ontic monism*〕に対立する。存在的一元論は、自分好みの領域を選び出し、それを唯一の現実に存在する領域として定義する。そして、そうすることにより、現象（自分以外のすべての理論）と実在（唯一の真なる一般理論）の間に、はっきりとした線引きを行う。それに対し、存在論的一元論は究極的には、世界内部の様々な世界観に折り合いをつけるが、それは、心から独立したいわゆる外的世界と、有限な思考者がその外的世界について持つ表象の間の境界を取り壊すことで実施される。存在論的一元論が引き合いに出す事実とは、様々な世界の表象形式は世界のうちで生じており、したがって世界の存在論的二重化が可能でなければならないという事実である。つまり、世界は自分自身の内部で自分自身を折り重ねる。存在論的一元論の古典的バリエーション（いくつかの例を挙げるとすれば、パルメニデス、プラトン、プロティノス）は、「存在と思考は一つの同じものである」と述べることで、こうした思考を言い表している。存在は、必然的に思考の中で自らを「表現する」のであり、自己を意識化する[1]。ヘーゲルはこの存在論的二重化を再措定しようとして、第三項、つまり反省のうちにこの二重化を導入した。二重化は、常にすでにうちなる二重化である。存在は有限な思考者のうちで（偶然的に）自己を顕現するのではなく、逆に、存在は、自らが存在と現象へ二重化することに依拠している。存在は「物」、あるいは、物を指示する我々の活動から独立しているとされる絶対者に対する名であることをやめる。存在は存在と現象への分離の固有名となる。

もし存在するということが、或る領域において対象として存在するということを意味するなら、つまり、もし存在が規定性を前提とするなら、全領域からなるこの領域は存在することができない。さもな

[1] 存在論的一元論についてのより包括的な歴史的説明については、Gabriel (2009a) を見よ。

ければこの全領域の領域は、全領域の領域とされたものを含む全領域の高階領域を形成して、或る領域内の一対象となってしまい、したがって、全領域の領域にはならないだろうからである。

別の言い方をすれば、日常の（命題的）言語には全領域の領域を指示する方法がない。日常の（命題的）言語は実体を、すなわち単称名辞（「「この」犬」、「モナリザ」、「ローマ」というような）によって指示可能な対象を前提とする[2]。しかしながら、全領域の領域、したがって世界は、世界であるという自らの存在論的地位を失うことなしには、単称名辞によって指示されることができない。世界は我々が語ることのできる対象ではないのだとすると、我々はいかにして、本章の冒頭で私が展開した一連の思想を理解することができるというのか？　ここまでの五段落で、私は世界を指示してきたのではなかったか？

すべてのものが生起する究極的領域それ自体は場所ではなく、固有な空虚そのものであるという思想は、我々を直ちに不安にする。我々は、ヴィクトル・ペレーヴィンの小説『ブッダの小さな指』〔邦訳『チャパーエフと空虚』〕で、見事に表現されているような眩暈の経験に直面することになるのだ。チャパーエフ（明らかにロシア内戦中の有名な赤軍指導者であるヴァシーリイ・イヴァノヴィッチ・チャパーエフをほのめかしている）という名の登場人物との皮肉な調子の哲学議論において、主人公のピョートル・プストタ（プストタは「ロシア語で」「空虚」の意！）は、全領域の領域が「実際には場所でない」ことに気がつく。宇宙はどこにあるのかという問題に直面し、ピョートルは、それはどこにもないことを理解するのである[3]。

ハイデガーが述べるように、我々の対象への関係、すなわち志向性は、究極的には無に晒されている[4]。しかし、この無が世界そのものなのだ。だが、もし世界そのものが存在しないとするなら、世界のうちに含まれる諸領域が存在できるということをどうやって信じられるというのか？　存在論的ニヒリズム、つまりあらゆるものはどこにも生起しておらず、それゆえ、まったく生起していない以上、現実には何も存在しないという主張に陥るのを避ける方法はあるのだろうか？

本章を通じて見ていくように、すべてを包摂する無に直面して言語が失敗するという事実は、最終的には、無を覆す創造的エネルギーを放出する。それゆえ、無〔何も存在しないわけ〕ではなく、何かが存在するのだ。空虚を名指そうとする我々の絶え間ない活動において、無は何物かになる。より正確に言えば、空虚はもちろん空虚でさえない。というのも、「空虚」はシニフィアンの連鎖における別の単称名辞の一つにすぎないからである。もし空虚なるものを指示する方法がないとすれば、つまり、もしいかなる超越へのアクセス方法もないとすれば、それを空虚として記述することで、空虚を指示することすらできないのである。「空虚」は（二つの項の間の適当な関係ではないようなこの関係を、好みのどんな仕方で呼ぼうとも）いかなる命題として語られる環境にも先行し、それを超越し、越えていく。いかなる理解可能性の圏域の内部でも、あるいは私が宇宙論的モデルと呼ぶものの内部でも、「空虚」を捉えることはできないのである［5］。

言語と、（伝統的には「絶対者」の名のもとで扱われてきた）全領域の領域という逆説的な領域との間にある

［2］実体の存在論は単称名辞の使用に基づいているというブランダムの議論を見よ。Brandom (2000), chapter 4; Brandom (1994), pp. 360-404.

［3］Pelevin (2001), pp. 139-141.〔邦訳、一九〇〜一九五頁〕

［4］Heidegger (1997), p. 51.〔邦訳、八〇頁〕「そしてその場合、われわれが自分から対立させるものは何なのだろうか。有るもの〔存在者〕はそれではあり得ない。しかし有るものではないとすれば、その場合まさに無〔*ein Nichts*〕である。ただ……対立させることが自らを無の中に引き入れて保持することである場合にのみ表象作用は、無の代りに、そして無の内部において無ではないもの〔*ein nicht Nichts*〕、すなわち――もし万一そのようなものが経験的に示されるとすれば――有るもののような或るものを遭遇させることができる。」

差異が言説を生み出す。言説は特定の領域内で妥当するものを発見することを目指して、様々な領域の中から一つの領域を選択する。しかしながら、他の領域ではなく、この一領域を選択することによって、言説は絶対者を退隠させ、そのことによって絶対者を生み出す。世界内での我々の位置を規定しようとするいかなる試みも、それゆえ、言語によって世界に追いつこうとするいかなる試みも、ヴィトゲンシュタイン的な意味での一連の背景としての(客観的)確実性〔background (objective) certainties〕、つまり言説を支配するアクセス不可能な一連の諸前提を生み出す。なんらかの対象領域についての言説を支配する諸前提を規定しようとするなら、我々はまさにその行為によって、メタ言説を支配する高階の前提を必然的に生み出すことになるのであり、それゆえ、我々は決して完全に自己透明なメタ言語を定式化することができない[6]。にもかかわらず、言説は、絶対的無規定性という恒常的脅威から自らの身を守るために、絶えず自らの前提条件を安定化させる必要がある。

絶対的無規定性の脅威は、世界の起源についての神話的語りの起源である。そうした語りはどれも言語の可能性の条件をはっきりと述べようと試みて、言語と絶対者の間にある(すなわち、形式と内容の間にある)言語の内的差異をなんらかの自然的秩序——そうした秩序は言語を外部から規定するとされる——へと移す。この文脈でヴィトゲンシュタインが述べているように、どんな信念体系、つまり諸信念からなるどんな体系も、背景としての「神話」あるいは「世界像」を創出する[7]。別の神話を作り出すことなしに、既存の神話を超越することはできない。このため、あらゆる言語は(ヴィトゲンシュタイン自身の「叙述形式(Darstellungsform)」を含めて)、神話を含んでいる。「われわれの言語においては、その基底にひとつの完全な神話がある」[8]。

ハイデガーも『世界像の時代』において、規定性の必要条件としての世界像の不可侵性に言及している。我々の世界像の時代においては、我々の経験の神話的条件付けはそれ自身、脱神話化という神話の背後に隠れてしまっている。世界は完全に脱魔術化されているように見える。例えば、我々は、権威に基づいた価値観を捨て去って、伝統社会を飛び越えたというように。こうした物語は科学的、操作的合理性が歴史性を超越できると信じる我々の神話の土台の一つをなしている。しかし、ここで見えなくなっている可能性とは、我々の時代が想定している自在に操れる像としての世界そのものが一つの世界像であり、つまり、世界像の世界像になっているという可能性である。

シェリング、ハイデガー、ヴィトゲンシュタインが同意しているのは、反省は不可避的に自らについての一連の有限な、言説的表現になり、その結果、架空の枠組み、つまり神話を生み出すということである。これらの枠組みは通常反省されることがなく、また完全に反省されることもできない。つまり、そのような総体化を行う反省を目指すいかなる試みも、遅かれ早かれ我々を捕えて離さないことになるであろう、もう一つの神話、別の想像物、もう一つのイメージを、生み出してしまう［9］。不完全性を

［5］この観点から見ると、バディウの「空虚」概念も結局は、（彼の意図するところと裏腹に）空虚を現実にそこにあるものとして描いてしまっている。自らの主張しているようには、バディウは宇宙論を捨て去っていないのであり、むしろ空虚の存在論に頼ることで、宇宙論を再び主張してしまっている。空虚を名指すことは、空虚を転移させることである。しかし、空虚は固有の名を持たないのであり、「空虚」という名さえ持たない。それゆえ、空虚の存在論というものはありえない。空虚とは、さらなる必然性の撤回へと我々を絶えず強制する退隠〔withdrawal〕に他ならない。

［6］私は「メタバシス」が必然的に不完全であること、つまりメタ言語を構築する活動が必然的に不完全なものとならざるを得ないことを、別のところで展開した。Gabriel (2008), pp. 209-215.

［7］Wittgenstein (1969), § 93-97, 162, 167, 233, 262.〔邦訳、三一—三二頁、四七頁、四八—四九頁、六一頁、六八頁〕

［8］Wittgenstein (1979), p. 10e.〔邦訳、四〇六頁〕

乗り越えることができないのは、それが規定性の可能性の条件であり、したがって――逆説的なことに――完全性の条件であるからである。シェリング、ハイデガー、ヴィトゲンシュタインは、この意味において、究極のメタ理論は存在せず、言語の限界の外に位置する立場はないと述べたのだった。

しかしながら、多くの哲学者たち――例えば、ヘーゲル、そして今日ではバディウ――は、自分たちが「叙述の絶対形式」を表現することができると信じている[10]。ヘーゲルの反省もまた、それが有限なものの領域内での自然と精神の発展に依拠していることを発見する限りで失敗しているにもかかわらず、それでもヘーゲルは自分が「覆われることなく、それ自体自身である真理」を露わにしたと主張している[11]。間違いなくヘーゲルはこの反省の失敗を認めようとはしない。ヘーゲルによる反省の説明には、反省の失敗が含意されていると主張することができるにもかかわらず（実際、私は以下でそのように主張する）、ヘーゲル自身はこの失敗を意に介さないのである。なぜなら、ヘーゲルは反省の失敗にこだわることを――ヘーゲルの目には不完全性に頑固に固執しているように映る――ロマン主義者たちの反抗的姿勢に結び付けて考えているからである。

本章の目的は、体系的な性格のものであり、歴史的な性格のものではない。私は、シェリングやヘーゲルが異なった言葉ですでに述べていることを繰り返そうとはしない。そもそも、そうしたことが可能だとも思わない。シェリングあるいはヘーゲルの哲学なるものがテキストとしてそこにあって、哲学史家によって発見されるのを待っているわけではない。テキストとその意味の関係についてのそのような見方は一種の素朴な解釈学的・形而上学的前提に基づいているが、私は幸運にもそうした前提を共有していない。哲学的発想は石のようにそこにあるわけではなく、言説によって生み出されるものである。

哲学とは、ニーチェやドゥルーズによって簡潔明瞭に打ち出された洞察が示すように、極めて創造的な営みなのである。そして、このことは、我々が哲学の様々な伝統の古典テキストから引き出す発想についてもあてはまる。哲学的テキストのいかなる読解も、むしろ「反復」のドゥルーズ的な意味で、テキストを繰り返すのだ。つまり、読解は遡及的に我々の理解における最小差異を生み出すのであり、それゆえ、理解するということは常に別様に理解するということを含んでいる。あるいは、ガダマーの有名な一節を借りれば、「そもそも理解する時には別の仕方で理解していると言えばそれで十分である」[12]。

私はシェリングのヘーゲル批判の概要を再構成するが、その際、注意しておくべきなのは、シェリングの批判は英米圏の哲学の文脈ではほとんど知られておらず、ましてや哲学的に正しく評価されてなどいないということだ。プラグマティズムや意味論的アプローチによって復活するという見込みによって、ヘーゲル哲学はかつてないほどの好評を博しているが、他方で、シェリングは依然としてほとんどが周縁的なものに留まっている。ヴォルフラム・ホグレーベ『述定と発生』という画期的な作品に始まる最近のドイツ語圏のシェリング研究によるいくつかの試みにもかかわらず、シェリング版の存在論的一元

---

〔9〕 Wittgenstein (1953). ヴィトゲンシュタインは次のように述べている。「像は、我々を摑んで放さなかった。そして我々は、それから脱却する事が出来なかった。何故なら、像は我々の言語の中にあり、そして我々の言語は、像を我々にただ容赦なく繰り返すのみのようだから。」(PI, §115.〔邦訳、八八頁〕)

〔10〕 Badiou (2007), p.30.「存在論、つまり多様体の特殊な不整合性の公理系は、すべての不整合性を整合性に、そして、すべての整合性を不整合性にすることで、多の自体を把握する。それによって、存在論はどんな一の効果〔effet d'un〕も脱構築する。存在論は一の非存在に忠実であるが、それは、現前化の絶対形式、したがって存在があらゆるアクセスに対して自らを提示する際の様態に他ならないような統制された多のゲームを、はっきりと名指すことなしに展開するためである。」

〔11〕 Hegel (1969), p. 50.〔『論理の学』第一巻、三二頁〕

〔12〕 Gadamer (2004), p. 296.〔邦訳、四六五頁〕

論は現代の用語に翻訳不可能であるとして、評判が悪い[13]。そのため、後期シェリングのヘーゲル批判を再構成しようとする試みはわずかしかない[14]。しかも、ほとんどの論者が、『近世哲学史講義』におけるヘーゲル体系についての明らかに表面的な議論ばかりを扱って、シェリングによる批判を浅はかなもの、あるいは的外れなものとして退けてしまっている[15]。だが、こうしたアプローチは後期シェリングの哲学に広がる――つまり、ミュンヘンとベルリンで行われた『神話の哲学』と『啓示の哲学』の講義に広がる――より豊かな題材と深い洞察を捉え損なっている[16]。

マンフレート・フランクが説得力ある形で述べているように、シェリングとヘーゲルの差異とは、究極的には存在と反省の関係の把握における相違である[17]。ヘーゲルによれば、存在は反省の一契機（Moment）であり、最終的には徹頭徹尾自己言及的〔自己参照的〕な概念のうちで完全に透明になるのに対し、シェリングによれば、反省は「思考以前の存在（unvordenkliches Seyn）」と呼ばれるものに依拠しているため、必然的に二次的なものである[18]。別の言い方をすれば、シェリングが強調する事実とは、反省は必然的に、実存〔existence〕という無情な〔brute〕事実を指し示しており、この事実はそれ自身では論理的用語によっては決して説明できない（規定できない）ということである。それゆえ、反省は決して無制約者ではない。結局のところ反省は「自分自身と等しくないもの（das sich selbst Ungleiche）」に依存しているのであり[19]、シェリングはこの依存形式を「不気味な原理〔unheimliches Prinzip〕」とも呼んでいる[20]。この不気味な原理は古代（エジプト、ギリシャ、インドなどの）神話から、科学〔主義〕の空想物に基づく現代のイデオロギーに至るまで、神話の様々な擬装のもとで表現されてきた。

まさにこの意味において、シェリングのヘーゲル批判における神話の重要性を理解しなくてはならない。神話は論理空間の存在という無情な事実を名指すものであり、この事実を論理的タームによって説明することはできない。神話が扱うのは、経験の諸要素の間に結びつきを作ることで、我々の経験の場を組織する潜在-意味論的（非-意味的〔a-semic〕）なエネルギーである。実際、これらの諸要素は結びつきが作られた後にのみ、経験の要素となる。したがって、要素は遡及的に生み出される。いったん（一つの）論理空間が確立されるなら、おのずとその空間の及ぶ範囲内の要素を識別することができるようになるのである。

それゆえ、シェリングの要点はバディウの考察に似ている。つまり、論理的変項の値（したがって論理的見地から見た実存）をこれらの変項そのものによって規定することはできない。馬、石あるいは象が本当に存在するのかどうかは、我々の概念に訴えるだけでは規定できない。しかし、たとえ論理の存在論的条件を指示するための論理的に一貫した方法がないとしても、そのことは反省の絶対性を必ずしも含意するわけではない。客観性をそもそも理解するために我々が認めなくてはならないのは、反省の自己閉鎖のうちへと回収されることのできない何かがあるということである。自分の真理概念から可謬性を排

［13］Hogrebe (1989). 私は近年のシェリングについての論争を Gabriel (2005), pp. 271-301 ならびに Gabriel (2006b), §§1-3 で概観している。

［14］ミシェル・コッシュは、キルケゴールとシェリングのヘーゲル批判の関係についての優れた説明を行っている（Kosch(2006)）。またMatthews (2008), pp. 1-84, とりわけ pp. 54-68、そしてHogrebe (1999) を見よ。優れた入門としてはBowie (1993) が挙げられる。

［15］アンドレ・ボーウィーによる優れた翻訳に序文と注釈がつけられた版である Schelling (1994) を見よ。

［16］いくつかの資料がついに英語でも利用可能になった。Schelling (2007) と Schelling (2008).

［17］Frank (1975). この点についてのボーウィーの議論も見よ。Bowie (1994), pp. 23-35.

［18］Schelling, *Sämmtliche Werke*, XIII, 353; XIV, 343, 347-351.

［19］SW, X, 101, 309; SW, XIII, 230.

［20］SW, XII, 649.

除する客観性の説明はどれも擁護されえない。

とはいえ、バディウが極めてプラトン主義的なやり方で、数学と存在論を同一化していることを考慮するやいなや、シェリングとバディウの類似性はもはやどこにも見出されなくなる。実際、絶対的言説という（集合論に基づく）バディウの考えとは反対に、シェリングは反省の神話的他律性を唱えている。シェリングにとって、反省は拭い去ることのできない神話的残滓（Rest）を持っている。つまり、反省は神話的起源を持っており、それを完全に取り除くことは決してできない。別の言い方をすれば、シェリングは、自らの前提条件を捉えようとする理論形成過程はどれも必ず失敗すると主張するのである。そして、この必然的な失敗は、まさに反省の本性から生じるのである[21]。

さらに、反省が自らを把握することができないのは、反省は、常にすでに特定の記述のもとで、すなわち、数多くあるうちの一つの意味の場の作用範囲内において［のみ］自らにアクセスできるのだからである。しかし（ここで私が言葉にしようとした）反省の遅延についての記述は、そうすることによって再度失敗することとなしにはなされえない。反省の有限性についての究極的な説明は存在しない。というのも、そのような説明は、逆説的な無限性への要求を含意しているからだ[22]。

反省は常にすでに一つの規定された枠組みの結果であるが、それに対して、この枠組みの規定性は反省の結果ではない。存在は反省に先行する。なぜなら、反省はヴォルフラム・ホグレーベが「神のトラウマ（Gottesschock）」という造語で呼んだ経験に基づいているからである[23]。このトラウマは、意識が自らを捕えようとするやいなや生じる。この自己構成の行為において、意識が自らの他者となるがゆえに、意識は自らを喪失する。この他者は神という形式で回帰し、意識の歴史を通じて意識にずっとつきまとうのだ。

反省の本質――つまり、反省がただ「そこに存在すること〔being there〕」――についてのシェリングによる批判的再評価を吟味するために、競合するヘーゲルの主張、つまりヘーゲルが「反省」という題目のもとで目論んでいる、理論形成過程の外部には何も存在しないという主張を体系的に再構成することから始めるべきである。ヘーゲルにとって、存在は反省の一側面にすぎず、反省の盲点であり、残余にすぎない。存在とは、反省が完全に自己を反省することができないことの結果なのだ。もし「存在」を、「自体的なもの〔in-itself〕」、つまり、真理に適した言説において発見されるものとして理解するのなら、我々は『精神現象学』の重要な教えを学ばなくてはならない。つまり、自体とは我々にとっての自体でしかないということだ。我々にとっての存在が反省の凝固物であることが判明するというように、存在を反省に対して規定するのは我々なのである。もし、反省に先行して存在がなければならないと主張し続けたとしても、この自体は、相変わらず、我々にとっての自体である。こうして、反省は自らを存在と反省へと二分化するのであるが、その際、反省はまさしく自らの存在を守るために、この二分化の操作に気がつかないでおこうとする。しかし、より注意深い分析は、反省は自分以外には決して出会わないということを明らかにする。こうして、反省は「無の無への、したがって自分自身に還帰する運動」なのだ〔24〕。

〔21〕シェリングがこの点をどのように扱っていたかについての包括的な再構成としては、Hay (2008) を見よ。

〔22〕Gabriel (2007) および Gabriel (2008) を見よ。

〔23〕Hogrebe (2007b). Bataille (2005) によっても同様の点が指摘されている。

〔24〕Hegel (1969), p. 400.〔『論理の学』第二巻、一三九頁〕

それゆえ、ヘーゲルにとって、存在は決して説明できないものではない。もし現実を理解できないと思うならば、それはあなたが適切に反省していないからだ！　驚きは誤った反省から生じるにすぎない。反省は自らの前提条件を不断に領有していくことで、それらを所有しようとする。したがって、ヘーゲルにおける反省とは近代的主体性のプロジェクトを徹底化し、存在を表象の限界内へと取り込もうとするものである。カント、ラインホルト、そして初期フィヒテと同様に、存在は表象の座標上に措定された存在へと還元される。「存在は実在的《レアール》な述語ではない」というしばしば引用されるカントの主張は、彼の「物の措定」としての存在概念によって支えられている[25]。存在するということは、（可能な）経験の対象として措定されることである。経験の場の外に、現実的に何かがあるのかどうか、つまり、感覚の限界を超える何かがあるのかどうかは、肯定されることも否定されることもできない。というのも、我々は超越的な存在論的コミットメントを裏付けるいかなる手段も持ち合わせていないからである[26]。表象の座標は、何が存在することができるかを決定する。「経験一般の可能性の諸条件は、同時に経験の諸対象の可能性の諸条件であるために、アプリオリな綜合的判断において客観的妥当性を持つと、その時、我々はいう」[27]。カントにとって、このことが意味するのは、「可能的経験一般のアプリオリな諸条件は同時に経験の諸対象の可能性の諸条件でもある」ということだ[28]。

近代的主体は妨げられることのない自己反省として自らを措定し、それによって、神律〔theonomy〕は言うに及ばず、あらゆる他律〔heteronomy〕の脅威を排除する。だが、シェリングとヘーゲルのどちらもが指摘するように、近代的主体は自らの実存という事実を適切に説明することができない。実際、世界を無から構築する、自由に漂う独我論的自我という考え方そのものが、次のことに気がつくやいなや、本来的に一貫性を欠いたものであることが判明する。つまり、主体自身が世界の一部分になるということ、つまり無を世界へと変形しなくてはならないはずの主体が無そのものの一部分になることである。主体自身、自らが無から構成する世界の一部なのである。なぜなら、主体は経験の客観性を説明する認識理論の文脈内で表象されるからである。無制約な主体は、自分の無制約な主体としての措定を主張することで、自らを構成し、それによって、自らを条件付ける。

主体は自己に向けられた認識活動によって、自らを他のすべての諸表象と並んだ一つの表象へと還元する。それゆえ、自己を把握しようとする行為において、自己を捕え損なうのである。ヴィトゲンシュタインに倣って言えば、「世界の中のどこに形而上学的な主体が認められうるのか。君は、これは眼と視野の関係と同じ事情だと言う。だが、君は現実に眼を見ることはない。そして、視野におけるいかなるものからも、それが眼によって見られていることは推論されない」[29]。

反省の問題が映画（理論）において重要な役割を果たすとしてもそれは驚くべきことではないだろう。

---

［25］ Kant, (2003), B626.

［26］ Ibid., A601/B629.「それゆえ、たとえ或る対象についての私たちの概念が、何を、またどれほど多くのものを含んでいようとも、しかし私たちは、その対象に現存をあたえるためには、なんとしてもその概念の外へと越え出てゆかなければならない。感官の諸対象の場合にはこのことは、私の諸知覚のいずれかのものと経験的な諸法則にしたがって脈絡づけられることによっておこなわれる。しかし純粋思考の諸客観にとっては、それらの諸客観の現存在を認識するいかなる手段も全然ありえない。というのは、そうした現存在は全面的にア・プリオリに認識されなければならないだろうからであるが、しかし、すべての現存に関する私たちの意識は（それが知覚による直接的なものであるにせよ、あるいは或るものを知覚と結びつける推論によるものであるにせよ）、あくまで経験の統一に属しており、だから、経験というこの分野の外にある現存は、なるほど断じて不可能であると宣告されるわけにはゆかないにせよ、しかしそうした現存は一つの前提であって、この前提を私たちは何ものによっても正当化しえないのである。」

［27］ Ibid., A158/B197.

［28］ Ibid., A111.

［29］ Wittgenstein (1961), prop. 5.633.〔邦訳、一一六頁〕

原則的に、映画を現に撮影しているカメラを見ることは不可能である。たとえカメラが映画に映ったとしても（それは映画の標準的な自己言及的な表現法である）、そしてたとえシーンを撮影しているカメラが鏡に映ったとしても、我々がそれを映画の中で見る時には我々は実際のカメラを見ているわけではない。映画内のカメラは、象の心的イメージが象でないのと同様、映画を撮影しているカメラではない。一つの映画の世界の現象を可能にしている現実の装置は、映画の世界の内部に現れることができない。

とりわけ、ディーター・ヘンリッヒ、マンフレート・フランクそして、ディーター・シュトゥルマらが論じているように、自己に向けられた認識のジレンマを解決するためには、反省的自己認識に先行する根源的な非概念的自覚の優位を適切に説明しなければならない。「知的直観」という初期観念論の中心概念は、この見解を支持するように思われる［30］。しかし、フィヒテ、シェリング、ヘーゲルがすぐに気がついたように、知的直観の要請によって問題は解決されない。なぜなら、「知的直観」それ自身が、言説的で、非直観的言語、つまり理論の枠内で定式化されているからである。自覚の無媒介性と根源的統一とされるものはその基礎にある主観と客観の二重性によって媒介されており、完全には自己言及的でないどんな理論もこの二重性を前提している。そして、たとえ或る理論が完全に自己言及的になることに成功したとしても、それは依然として内なる亀裂を前提することになるだろう。このことが意味するのは、無媒介性が重要になるのは、それが失われた時であるということである。というのも、無媒介性は、それについて語り、考え、理論化しようとする、まさにその行為によって、失われてしまうからである。無媒介性は転移してしまっている。つまり、（判断の）概念的分離の領域に先行する根源的統一〔以下九一頁の議論を参照〕の措定に留まる代わりに、無媒介性は超越についての空虚な約束に転化する。すなわち、ヘーゲルが『差異論文』において、説得力ある形でフィヒテを批判したように、無媒介性は要請に転化するのである。主体は自己を把握しようと決意した結果として、当為（Sollen）の領野へと歩みを進める。主体は、まだ自分がなっていない何物かであるべきである。主体が世界の内部で示そうと試みている自らの失われた統一を、主体は前言説的に把握する。主体は、世界の一部になりたい、世界において自己を顕現させたいという「衝動」(Trieb, Sehnen) を感じていると言ってもいいかもしれない。それはちょうど、一九六〇年代、七〇年代以降の映画が世界——その世界の要素が創造行為そのものを表象する世界——を創造する可能性をめぐって実験することを強いられたのと同様である。

ヘーゲルにとって決定的なポイントは、概念的に媒介された差異性の領野を超越するとされるいかなる実在性も、概念的媒介の副産物にすぎず、反省の自己把握の試みが失敗したことを表現しているにすぎないということである。ジジェクが次のように書く時、この問題を適切にまとめている。つまり彼の言うところでは、ヘーゲルによれば、

> 非概念的実在性は、概念の自己展開が不整合性に陥り、自己に対して不透明になった時に現れる何かである。要するに、限界が外部から内部へと移転させられている。つまり、〈実在性〉があるのは、〈概念〉が不整合で、自らと相容れないからであり、その限りのことである。[31]

[30] Henrich (1967); Sturma (1985); Frank (1991) を見よ。

[31] Žižek (2008), p. XXIX.

一般的な読解によれば、初期フィヒテと初期シェリングは、ヤコービがそう診断したことで有名なニヒリズムのパラドクスに巻き込まれている。それによれば、主体はなんら規定されたものではなく、超越的で逆説的な消尽点になってしまうか、あるいは、主体自身が他のものと並んだ対象の一つになってしまうかのどちらかである。もし主体がなんら規定されたものではないなら、我々はそれを把握することがまったくできず、無制約者として把握することさえできない（そうすれば、規定することになってしまう）。もし主体が規定されたものなら、主体は自ら自身の産物へと完全に解消してしまう。対象世界が空間と時間の純粋に因果的な領野として規定されていても（カント）、あるいは、対象世界が創造的主体との比較において、もはや無として規定されるとしても（フィヒテとドイツロマン主義）、自我は純粋な創造的中心としての自己規定行為そのものにおいて、自らを無化してしまう。すなわち、規定性が依存するとされているところの創造的中心が規定されるやいなや（それが「規定不可能な創造的中心」という規定であったとしても）、自我は失われる。自我は自己対象化によって、自らが作り出した規定された世界秩序の一部分になってしまうか、あるいは、自己の客観性の永続する否定に避難場所を見いだそうとすることで、一切の規定性を――無規定であるという規定性さえも――失ってしまうかのどちらかでしかありえない〔32〕。

自我の超越が両義的なままであるのは、それが決して主張されることができないためである。絶対者をなんらかの安定した原理として把握できるという根深い信仰は、根絶されなくてはならない。そして、その代わりに、我々は概念的媒介の脱構築を実践しなくてはならないのである。フィヒテはそれを「概念の破壊（Vernichtung des Begriffs〔概念の無化〕）」と呼んだ〔33〕。こうした（原則的に完遂不可能な）実践は終わりのない先延ばしというポストモダン状況を予期するものである。結果として、絶対者は先延ばしの行為となる。フィヒテの要点は、絶対者（自体）の把握可能性への信仰を根絶することではなく、むしろ、絶対者は先延ばしそのものであるという鋭い洞察である。概念的相対性を媒介にした絶対者の歪曲が絶対者そのものなのである。この洞察を基礎として、フィヒテは存在的一元論の代わりに、方法論的一元論を打ち立て、物化の罠を避ける。フィヒテによれば、絶対者の統一はその不在を叙述する行為そのもののうちにある。したがって、絶対者それ自身は、不在で、超越的で、隠されたものなのではなく、あらゆる叙述の盲点そのものなのだ。絶対者が自らを顕現させるのは退隠においてだけであるが、この退隠は退隠よりも先に存在しているなんらかのものの退隠として実体化されてはならない。退隠は、捕えどころのなき物が現れるかもしれない空間を構成するのである。

近代的主体は一連の反省のパラドクスに巻き込まれている。そのことを明らかにするのがヘーゲルとシェリングによる反省の反省という、二階の反省の理論なのだが、この理論は、カントと初期フィヒテの、対象に方向付けられた理論化を克服する試みとして読まれるべきである。カントとフィヒテは依然として、デカルトのパラダイムをモデルにした反省概念を用いていた。このパラダイムにおいては、思

〔32〕 物化という袋小路を避けるために、後期フィヒテは一八〇四年に行われた「知識学」の講義において、「事実性」と対立するものとして「生成（Genetisieren）」の方法を提唱した。それによれば、根源的統一であると思われたなんらかのもの（根源的事実、それゆえ「事実性」）を把握したと考える時はいつでも、我々は必然的に根源的統一を捉え損ねているという事実を反省しなくてはならない。「生成」という用語で、フィヒテは事実領域の構成についての高階の反省行為を指示しているのである。

〔33〕 Fichte (2005), p. 42.〔邦訳、二七三頁〕「絶対に把握不可能なものがただそれだけで存立するものとして明らかになるべきだとすれば、概念は否定されねばならない。しかも、否定されうるためには、それは措定されねばならない。なぜなら、概念を否定することに即してのみ、把握不可能なものは明らかとなるからである。」

考は〔物質的〕存在に対立させられているのである。主体は、外的世界に対する自らのラディカルな他者性を経験するために、自らのまなざしをうちへと向ける。彼らの意図したところにもかかわらず、カントとフィヒテは、一義的には認知的な主体の想定にコミットしていたのであるが、そうした主体はその認知能力が限界づけられているがゆえに、実践的〔倫理的〕であった。つまり、実践的なものの優位は初めから想定されたものではなく、知の必然的有限性の結果であることになる。しかし、ヘーゲルとシェリングが説得力ある形で論じているように、カントとフィヒテにおける実践の優位を構成する隙間は、主体が自らを世界から区別する行為よりも底深い。〔というのも、〕この隙間は反省に対して、認識論的操作としてだけではなく、存在論的操作としても作用するからだ。それゆえ、ヘーゲルとシェリングにとって、有限性とは存在論的出来事なのである。

本章第一節の中で、私は、ヘーゲルが〔『大論理学』〕「本質論」「仮象」章において近代的主体性の弁証法を明らかにし、近代的主体の認識論的ジレンマに対する解決法も提示したということを論証するつもりである。だが、同時に私が主張するように、それにもかかわらず、ヘーゲルは有限性についての反省を自らの反省に対しては適用しなかったために、彼自身が近代的主体性の弁証法の餌食となった。ヘーゲルが反省論で展開した反省の有限性そのものは、〔ヘーゲルにおいては〕「概念」の明晰性へと解消される。それによって、「存在は仮象である（das Sein ist Schein）」〔34〕という革命的テーゼによって彼自身が発見した有限性の道を、ヘーゲルは最終的には見失ってしまうのである。

そして、本章第二節では、後期シェリング『神話の哲学』の概要を再構成する。この著作において、シェリングは「理念（Idee）」とはパラドクスを孕んだ主体の起源を主体が忘却した結果であると述べている。「理念」は理解可能性の領野である。絶対的自律性の伝統に反対して、主体は自らを生み出さないとシェリングは主張し、それによって、世界内存在としての我々の「被投性」を強調した。さらにシェリングが主張したのは、主体の規定的活動はそれ自体、シェリングが「思考以前の存在」と呼ぶ、決して到達できない存在の出来事の退隠によって規定されているということである。しかし、ハイデガーとは異なり、シェリングは神話のうちに出来事の根源的退隠を位置付ける。理解可能性を成り立たせている神話の不可欠性は反省、思考、詩作によっても、決して完全に透明なものにはされえないのである。

したがって、シェリングによれば、存在は、神話的イメージと語りを不完全な歴史へと転化する。別の言い方をすれば、存在はディオニソス的であることが判明する。実際、シェリングが「ディオニソス」という名のもとで考察する神話の過程は依然として続いていると私は論じるだろう。ハイデガーやヴィトゲンシュタインがそれぞれ「世界像」や「神話」について語る際に行おうとした作業は、現代的反省という神話的存在についての理論化に必要な概念的道具を作り出すことにつながっている。

構成的神話の不可欠性は、メイヤスーの主張とは異なり、絶対者を思考することを排除しない。むしろ、それは相対性を絶対化することを許してくれる。相対性の絶対化は、（この言明を含めた）あらゆるものが相対的であると主張するような素朴な相対主義に帰結しない。反対に、相対性の絶対化とは、すべてが絶対者、つまり相対化されることのできない何かに対して相対的であるということなのだ。それは知の関係に対してすら相対的ではない。したがって、メイヤスーが、我々が本章で扱っている思想家た

［34］ Hegel (1969), p. 395.［『論理の学』第二巻、十二頁］

ちを「相関主義」――反省の存在との同一化という循環には何も先行することができないという主張――と見なす時、彼は間違っている[35]。本章第三節では、メイヤスーの「偶然性は必然的である」という主張に反対し、それを「必然性は偶然的である」という、より強い主張で置き換える。私見では、必然性の偶然性、つまり高階の偶然性は新しい神話（の哲学）にとって適切な様相カテゴリーである。

1 仮象――ヘーゲルの反省論

近代的主体の行き詰りに対するヘーゲルの解決策を論じる前に、以下の議論のための下地を準備しておかねばならない。そうすることで、実際にヘーゲルが先行者たちよりもずっと正確に、（デカルト、ヒューム、カントによって提起された）主体の問題を理解していたことがわかるようになるだろう。フィヒテ哲学は主として、現象の可能性の条件を探求していた。〔しかし〕結果的には、後期フィヒテは「絶対的現象」、つまり「その下にはいかなる実体的存在もない現象」についての理論の概要を展開するようになった[36]。フィヒテが絶えず反省し、我々に自覚させる事実とは、彼自身の理論に（そしてこの事柄についてのどんな理論にも）含まれているあらゆる主張は、理論形成過程――それをフィヒテは「事行（Tathandlung）」と呼んでいる――が硬化し、物化した対象化作用にすぎないということである。もちろん、ヘーゲルの『大論理学』における「仮象」章を分析する際には、必ずこのフィヒテの指摘に注意を払わねばならない。というのも、「仮象」章はかなりの程度、ヘーゲルがフィヒテ哲学の弁証法に取り組んだ結果であるからである。ここで、ヘーゲルは絶対者になろうとする反省の試みの内的弁証法を明らかにしている。

　思考を世界の本質として定義するのは近代哲学に特徴的である。近代的な反省の立場によれば、我々は世界から完全に遮断された状態で、世界に出会いたいという満たされない欲望のうちに永遠に囚われたままでいることもまた可能であるのかもしれない。規定性の真理性についての問題に対するデカルト以来の近代的回答は次のようなものである。たとえ我々は外的世界が存在するかどうかを知らなくとも、それでも、我々は、表象の志向的構造（つまり、内的世界の存在）についての意識を持っている。事実、デカルトが心的世界と外的世界の間に認識論的な非対称性を設けたことはよく知られている。それは思考と肉体の非対称性であり、この非対象性が、表象作用があるということ、つまり、表象的意図があるということを、絶対的確実性をもって肯定するのを実際に可能にしてくれる。しかし、そのことによって、まさにそうした意図そのものの成功条件がいずれ満たされるのかどうかを知ることはできない[37]。したがって、たとえ我々は何が実在的であるかを知ることができないとしても、我々は少なくとも、「全世界は我々の頭のうちにある」ということを知ることができる。これが、私が近代的反省の立場と呼ぶも

[35] Meillassoux (2008), pp. 3-7. 本章第二節において、なるほど、私はメイヤスー（そしてシェリング）の側に立ってなんらかの「絶対的外部」(p. 7) について理解する必要はないと述べる。『神話における人間』(Gabriel (2006b)) ですでに論じたように、シェリング哲学は理性の絶対的外部の問題を扱っている (p. 113、そして§9全体)。しかしながら、メイヤスーとは異なり、このことは彼の目指す「前批判的」思考 (*After Finitude*, p. 7) への回帰を含意していない。

[36] 本書二四一頁を見よ。

のである。

非常に注目に値するのは、現代の映画が、経験の持つ夢のような構造を再発見し、この構造によってポストモダン的断片化という終わりのないアイロニカルな自己否定を置き換えていることが見られることである。ポストモダニズム（その美学的表現であれ、哲学的表現であれ、すべて含めて）はいかなる形而上学的立場を主張することも避けてきた。反対に、現代の映画は広く形而上学の回帰によって特徴付けられている。もし現代のアート・映画が、現代の一般的「心理状態」と呼ばれるものを実際に反映していると想定するならば、世界とその意味についての確信が我々に欠けているということについての、よりもっともらしそうで、より理解しやすく、より受け入れやすい回答を我々が再び探し求めているのだということを我々は受け入れなくてはならない。

多くの映画がこうした超越的観点から撮影されているが、ラオウル・エッシェルマンはこの現象を「有神論的創造」と呼んでいる[38]。この一般的傾向を示す最近の例の中でも、とりわけアリー・ポジン監督の『ザ・チャムスクラバー』(二〇〇五年）や、ミルチャ・エリアーデの神秘主義をモチーフにした小説に基づいたフランシス・フォード・コッポラの新作『若さなき若さ』(邦題『コッポラの胡蝶の夢』)(二〇〇七年）が挙げられる。

『ザ・チャムスクラバー』の終わりで、アメリカ郊外の夢のような現実を超越する視点が、青いイルカの象徴的絵画によって描かれる。物語の途中で、市長のマイケル・エブズは郊外世界の有神論創造者と自らを同一化する自分の芸術的エネルギーを発見する。エブスは突然の衝動に駆られ、壁一面を青いイルカの絵でいっぱいにするが、それは我々が映画の最後のカットで神の視点に立って見た時にわかるように、文字通り（彼が市長を務める）町の構造を表すものである。これは、神秘的統一、あるいはすべての有限なものの隠された調和への渇望を示すものとして解釈可能である（ロマン主義の青い花、ピカソの青の時代、『ブルーベルベット』、ウォレス・スティーヴンスの『青いギターをもった男』などが示すように、青色は常に超越の象徴である）。この発想はチャーリー・カウフマンの『提喩、ニューヨーク』〔邦題『脳内ニューヨーク』〕（二〇〇八年）にも継承されている。この映画では、神秘的統一は提喩であることが判明する。つまり、それは主人公の断片的人生における想像上の階層が無限に折り重ねられたものである。我々は個人的な生活において不穏な亀裂を経験するにもかかわらず、また、我々が演じる役割が完全に偶然的であるにもかかわらず、究極的には、我々が営む人生には一つの背景があるのである。

　ポストモダンの騒ぎの後、現代映画は形而上学的調和へ回帰している。しかし忘れてはならないのは、この「新たな調和」が一九八九年以降、つまりポストモダニズムの断片的で相対主義的な世界の見方以降に現れた資本主義の一元論的自己主張を反映〔反省〕しているかもしれないということである。それゆえ、この調和はデヴィッド・O・ラッセル『ハッカビーズ』（二〇〇四年）のように、必然的に砕かれ、引き裂かれ、アイロニーに満ちている。この映画の中では、資本主義の「万人の万人に対する闘争」からヒーローを救済するために二つの力が競合しあう。二つの力とは、（バーナードとヴィヴィアンの「仏教的」儀式によって象徴されている）宇宙との形而上学的調和と、（カトリン・ヴォーバンによって示されている）――形而上学に避難所を求めることを乗り越えて有限性を肯定する、攻撃的で、快楽主義的な態度という意

[37] この区別はBrandom (1994), p. 72で展開されている。

[38] Eshelman (2008).

味での――フランス実存主義である。この映画がなんらかの形で指摘している事実は、この映画は自己充足的でなく、その究極的には暴力的な調和によって抑圧されている差異性によって条件付けられているということである。

コッポラの『若さなき若さ』では、夢と現実の境界が破られている。七〇歳のルーマニア人の東洋言語学者である主人公は雷に打たれた後に若返る。再び若くなった主人公は、一度は亡くなりながらも数奇な転生をとげた彼の婚約者に再会する。この婚約者は、主人公が言語の（諸）起源を探すのに全人生を捧げていたために、彼のもとを去ったのだった。よみがえった婚約者は偶然にも、サンスクリット語を母語とする古代インドの女性哲学者の生まれ変わりでもあった。不思議なことに、彼女の魂は言語の起源へと遡ることができ、こうして、教授は彼の愛する人の魂を通じて有史以前の資料へのアクセスを手に入れる。明らかだと思われるのは、婚約者が戻ってきたことと、ルーマニア人の教授が（性的に）若返ることは、彼が病院で死にかけている間に見た空想の中で生じているにすぎないということだ。落雷後に起きる出来事は、すべてまったくの幻影であるように思われる。時空を超えた旅の終わりに、主人公はルーマニアに戻り、王と胡蝶についての荘子の哲学的寓話を語る。王は自分が王だという夢を見ている胡蝶であるか、自分が胡蝶だという夢を見ている王なのかがわからないのである。

ここで言及された映画の解釈に深入りせずとも、少なくとも一つのことは明白であるように思われる。すなわち、デカルトの夢の問題は今日でも未だに我々を思い悩ませているのである。たとえ我々がどれだけ自然主義的になることを望んでいるとしても……。その理由の一つは、自然主義的で科学的な世界観は逆説的なことに自らの不可能性を生み出すからである。この世界観は、全体を把握するために科学的手続きに頼る結果、認識論的懐疑主義に陥る。事実であるものはすべて（最良の科学理論によって記述された宇宙における事実という意味で）自然的であると主張することによって、科学的世界観は思考を現実の帰納的構成に基づいて定義する。卸売りの真理〔wholesale truth〕がなく科学的な結果しかないとするなら、この事実が卸売りの真理となり、それは非常に大胆で無批判的な形而上学的主張を重ねることになるであろう。それはともかく、デカルトの夢問題はポピュラーカルチャー、芸術、認識論において永劫回帰的に繰り返されているが、その際には重要な哲学的ポイントが見逃されているように思われることに注意が必要である。見逃されているのは近代哲学で支配的となり、カントやカント以後の観念論者たちによってはっきりと説明された点である。その点に再び着目しなくてはならないのだが、それはつまり、外的世界の問題に続いて生じる内的世界の問題である。

デカルトから出発し経験主義を通じてカントに至る近代哲学の流れの中で、主体の把握に先行し、あるいは、それを超越する「実体」概念は失われた。或る地点、とりわけヒュームにおいて、自我もまた単一の魂としての実体的地位を失い、諸表象の束へと解消されそうになる。この展開の背後にある考えは単純であるが、夢と現実、つまり、外的世界の問題をめぐる現代の論争の多くはこの点を見逃している。もし自己が自分自身を表象するなら、まさにそのことによって〔自己は〕夢のような経験、つまり自分自身の現象になる。したがってここでの問題は、現象界が幻想かもしれず、全能の独我論的自我による夢のような構成物であるかもしれないということではない。超越論的孤独についてどのように考えようとも、それは少なくともナルシシズムの想像的措定の原初的満足を約束してくれる。外的世界についての本当の問題の所在は、それがよりラディカルな問題を含んでいるという事実のうちにある。その問題とはつまり、内的世界の問題である。この問題は、経験主義では暗示されたにすぎなかったが、ついにカントとその後継者たちによって明示化されることとなった。

外的世界の問題が生じるのは、我々の世界の志向的把握についての特定の解釈からである。世界における規定的対象に対する我々の関係、つまり、実体に対する我々の関係が概念的に媒介されており、したがって、正しくあるいは誤って理解するという可能性を前提しているとするなら、実体なるものについてのいかなる想定可能な表象についても、我々がその現象によって惑わされているという可能性を排除できない。実体をその様態を通じてしか把握できないなら、一連の観念がある一つの実体に内属すると考えたとしても、それらが現実的に一緒になって一つの実体に属しているということは決して保証されない。いま潜在的に真である諸信念が絡み合う中で、もし我々が自分自身と自分の措定に関係するなら、つまり、もし自分自身についての信念を持つとすれば、その際には我々はそうすることによって自分自身に向けられた措定を想定しており、この措定において、我々は間違いを犯すかもしれないのである。

自己は表象の圏域へと引き入れられるやいなや、他のものと並んだ一つの対象になる。カントはこの問題を「第一批判」で展開したが、その議論は明解であると同時に、印象的である。もし自己が実体ならば、自我への認識上のアクセスは実体の把握でなければならないだろう。しかし、我々の実体へのアクセスというのは、問題となっている実体を表象しなくてはならない以上、誤っている可能性がある。自分自身を表象するのだとしても、経験する主体がいかなる可能な経験対象とも決して同一ではない以上、表象された自己は、表象する自己と同一ではない。我々が吟味する対象が何であれ、それは〔吟味に際しては」他のものと並んだ、一つの対象にならなくてはならず、それによって、より広い文脈のもとで、一つの対象として規定されることになる。経験の志向的相関物、つまり経験対象は、世界観というより広い枠組み、つまり相互に含みあったり排除しあったりしているような諸々の概念的媒介の絡み合いのうちで、一般的に規定されるのである。

知覚経験の志向性、すなわち知覚経験の対象に向けられた意図は一般に、――それが潜在的に知を産出しようとしまいと――［……］ここと今という視点を越えていくという意味で、世界を視野に入れることに依存している。関連する出来事〔episode〕が、より広い世界観に関係させられることなしに、ここと今という視点として呈示されるということは理解することができないだろう。[39]

カントによれば、世界という理念そのものが、世界が完全に規定されているということ、つまり世界が、その性質が判断の述語として表現されうるものからなることを要求している。しかし、そもそも判断するという活動は、判断、つまり述語機能を生み出すのだから、規定的述語によっては把握されえない。判断における諸要素を調和させるという生成的活動そのものは判断の要素ではなく、つまり――ラカンの用語を使えば――言表行為の主体は、言表内容の主体と決して同一でない。実際、世界は判断と

［39］ McDowell (1998), p. 435. マクダウェルの主著は『心と世界』であるが、マクダウェルの概念分析の努力のほとんどすべてが「心」に費やされており、「世界」はほとんど言及されないというのは注目に値する。

いう綜合的活動の結果にすぎないのだから、言表行為の主体は世界の一部ですらない。それゆえ、世界の規定性は世界の一部に決してなることのできない「論理的自我」の綜合的活動に依拠している。経験の構成的原理そのものは経験されることができないのである。

この洞察を強調することで、カントは旧来のデカルト的自己を規定因子Xという地位、すなわち規定作用の可能性の無規定的条件へと還元する。厳密に言えば、それは自我としてすら規定されず、「思考するこの自我、あるいは彼、あるいはそれ（物）」としてしか規定されない[40]。その結果、経験の構成的活動はアクセスできないものとなる。かの構成を遂行するのは我々であるが、それにもかかわらず、我々の世界を構成するものを我々は把握できない。不気味な見知らぬものが主体の圏域を充し始め、内部から主体の同一性を脅かす。このように、カントは匿名の超越論的主体性そのものに内在する、完全な意味論的統合失調症という恐ろしい可能性に気がついた最初の一人であった。主体はそれ自身何かが現れるかもしれない空間であり、ハイデガーのいう「開けた場所（offene Stelle）」である。そのため、主体それ自身は自らの世界像の舞台に現れることができない。それゆえ、自己は現象になる。主体は固有の空虚の逆説的な措定を前提しており、それは規定〈〈一者〉〉とその空虚（ゼロ）の間のうちにある内的な隙間を埋めることが決してできないままに、表象の領域へと入るやいなや、〈一者〉になるゼロである。

自己の捕えどころのなさ、つまり主体の無という不気味な構造は、カントにとって、最終的には慰めと希望の空間を作り出す。もし原理的に、我々が本当に誰であり、何であるのかということ（我々の実体）を理解することができないとしても、我々は少なくとも、神によって支配された純粋自由の叡智界に住んでいるかのように振る舞う権限がある……というように。もちろん、実際にはこの選択肢を文字通りに深刻に受け止める人はいなかった。もし有限性についての認識論的主張に関してカントが実際に正しかったなら、つまり、もし我々が自体について何も知ることができないとするなら、自体はなんらかの構造を持つかもしれないし、いかなる構造もまったく持たないかもしれない。自体についての真理は、なんらかのSFのシナリオや文学的実験が作り出すものと同様にこじつけであるように思われるかもしれない。厳密にカント的な前提のもとでは、超越論的楽観主義に賛成すべき適当な理由はない。もちろん、カントが思い描いている道徳的楽観主義を採用すべき理由もない。ショーペンハウアー、ニーチェ、マルクス、キルケゴール、フロイト以降の世界で、主体が本当に、良心と義務というプロテスタントの神を前にして、道徳的完成に向けて努力する身体なき純粋な魂であると想定するのは極めてナイーブであろう。

　そうであるとしても、カントが依然として正しかったのは、反省の盲点、つまり我々の無知の無規定的空間は反省によっても透明化されることができないという指摘である。だからこそ反省の盲点は厳密な意味で倫理的なものの次元へと我々を差し向ける。確かに、倫理的なものは、我々が意思決定を行う行為者として住んでいる空間を表しているが、その空間は我々が倫理的実体を与えることなしには、いかなる積極的実体をも持つことができない空虚な空間である。そして、まさにこの点こそが、『精神現象学』におけるヘーゲルの人倫的〔倫理的〕実体の概念に対応するのである。

　一九世紀後半の哲学の結果として、我々が学んだ主体性についての重要な教えとは、無知は必ずしも

［40］ Kant (2003), B404.

反復的ではない、つまり、我々は自分たちの無知について無知ではないということである。むしろ、無知の場は我々の欲望の座標によって占められている。つまり、我々はまさに我々の知らないものを欲するのだ。無知と欲望は同じコインの裏表である。ジジェクは以下のように述べている。

無知は許しの十分な理由にならない。この無知は享楽という隠された次元を密かに導き入れているからである。人が知らない（知りたがらない）でいるところでこそ、すなわち己れの象徴界の空白でこそ、人は享楽しているのであり、許してくれる大文字の父はいないのである。大文字の父‐の‐御名の権威を免れているものこそ、こうした象徴界の空白だからである。[41]

この考えは、シェリングの最も独創的なテーゼ――「意欲は根源的存在である（Wollen ist Urseyn）」――の根底にも見いだすことができる[42]。ポイントは、カントの叡智界は現象界の安定性を保証しないということだ。反対に、その捕えどころのなさにおいて、叡智界は合法則的とされる現象の総体性、つまり、象徴的秩序をむしろ不安定なものにする。知の逆説的有限性についてのあらゆる適切な洞察が示唆しているように、捕えどころのない物自体の想定そのものが、現象界における座標のリビドー的な不安定さを表現している。デヴィッド・リンチと同じくらい、シェリングもこの点について多くのことを教えてくれる[43]。リビドー的不安定さに基礎を持つ実存の不気味さを積極的に探求し、さらにはそれを奉じようとさえする姿勢が、まさにシェリング哲学を極めて現代的な思想にするのである。
しかしシェリングだけでなく、すでにフィヒテもまた『人間の使命』において、はっきりと内的世界の問題を診断し、それをカントの啓蒙的楽観主義から解放していた。もし表象する領域、つまり自己あるいは自我が実際に実体であり、理論の対象になりうるなんらかの安定項目であったとしても、自我は完全に捕えどころのないものであることが逆説的に判明するだろう。視野に入れたと思った時にはいつでも、自我はすでに退隠してしまっているのである。ディーター・ヘンリッヒが「フィヒテの根源的洞察」と呼んだことで広く知られているこの問題が含意しているのは、私が論じてきたように、近代的認識論は――多くの人が考えているように外的世界の問題によって特徴付けられているというよりも――内的世界の問題によって特徴付けられているということである[44]。表象する圏域、主体・自己・自我が実体としてそれ自体世界（思惟実体と延長実体からなる世界）の一部であるとするならば、実在性は夢の夢であることが判明する。フィヒテは次のように述べている。

あらゆる実在性はそれについて夢見られるような生もなき、また夢見る精神もなき、不可思議なる夢に変ずる。自己自身についての夢に凝集するところの夢に変ずる。[45]

[41] Žižek (2008), p. 2.〔邦訳、二頁〕
[42] Schelling (2006), p. 21.〔邦訳、九五頁〕
[43] シェリングとリンチの関係については、Gabriel (unpublished paper) で展開した。Žižek (2000) も見よ。
[44] 『古典古代における懐疑論と観念論』(Gabriel (2009b)) の中で論じたように、古代哲学は（バーナード・ウィリアムズやマイルズ・バーニエットとは異なり）外的世界についての懐疑主義の上に打ち立てられている。デカルト以降の近代哲学において変更されるのは、主体が徐々に自らが実体であることはできないということを発見するという点であるが、このことがよりラディカルな内的世界の問題を呼び起こす。
[45] Fichte (1987), p. 64.〔邦訳、四八一頁〕

表象された表象する圏域、つまり実体としての主体はそれ自体、近代認識論において展開された懐疑論的仮定に晒されている。実体としての自我は、認識論的には、世界で遭遇するあらゆる他の存在者と変わらない。なるほど、曖昧ならざる統一的な思惟実体はパラドクスから解放されているように思われたが、そのような実体は、いわゆる外的世界と同様に、仮象であることが判明する。このことがピョートル・プストタをも次の情熱的な問いに駆り立てたのである。「たかぶった意識が悪夢を生んでいるのか、それとも意識自体が悪夢の産物なのか」[46]。

より一般的には、いかにして本質と仮象、あるいはヘーゲルが言うように本質的なものと非本質的なものを配分するのかという深刻な哲学的問題がある。本質的なものと非本質的なものをめぐる問題とは、非本質的なものに対置して本質的なものを規定する時に、本質的なものを非本質的なものから分離する構成的行為は反省されないということである。〔こうした反省が行われないと〕本質的なものは、単純に本質的であるように思われる。ここでの重要なポイントは、本質、あるいは別の言い方をすれば、実在は、現象や仮象に対立させられえないということである。仮象そのものが実在の中で生じる。というのも、実在が存立するのは、それが仮象に対して規定される限りにおいてだからである。実在とは単にそこにあるのではなく、仮象と実在を区別する操作の結果である。この区別を行わないなら、「実在」という語は意味をなさない。

我々が真理や実在が存在するということを理解することができるのは、常に異議に直面することによってのみである。すべての事柄に同意することがないとしても、同意すべき主題（真理）があることを我々は知っている。しかし、真理が言説においてしか目立ったものとならないということは、真なる言明の指示対象が言説の副産物にすぎないということを意味するわけではない。そのこと〔真理が言説によって媒介されているということ〕が意味しているのは、世界への我々の認知的アクセスから離れて世界が個別的に存在しているあり方に、無媒介的にアクセスすることは我々には不可能であるということにすぎない。いまや世界への我々の認知的アクセスがうまくいくのは、対象領域に適した一連のアクセス条件があることを我々が前提した場合だけである。そして我々が関心を持つ領域内で現象するものに正しい述語を帰属させるためには、我々はこの対象領域を量化しなくてはならない。懐疑論的パラドクスに真摯に取り組めばわかるように、或る規定された対象領域（すなわち、客観性）についての特定の言説の真理条件と、その領域内の対象についての真理を同時に保証する方法は存在しない。我々が頼りにする真理条件は、我々がそれについての真理を発見したいと望む対象とは異なった論理的階層に存在している。これは超越論的なものと経験的なものの間の弱い区別につながっている。何がその対象領域に含まれるべきかを定義することによって、対象領域の規定性を構成する枠組みそのもの（言説）――つまり、「一者として数えられる」（バディウ）諸領域――はそれ自身、その領域内の対象ではない。対象をどこからともなく把握できると前提しない限り、対象を「経験的なもの」と呼び、領域を「超越論的なもの」と呼ぶことに問題はない。〔しかし、〕どこからでもない眺めというものは眺めではないのだから、そのようなものは存在しない。規定性は否定を前提しており、認識論的規定性ならびに、存在論的規定性を構成するまさにこの否定性が、言説の有限性を含意している〔47〕。

〔46〕 Pelevin (2001), p. 270. 〔邦訳、三六一頁〕

現象あるいは仮象と実在はどちらも実在のうちに現れるが、その際には、フィヒテ、シェリング、ヘーゲルによって擁護された、実在とはそれ自身の二重化の過程に他ならないという考えを扱わなければならない。実在あるいは本質とは——空間と時間に広がる心から独立した対象の総体のような——関係における一つの関係項ではない。そうではなく、それ自身が現象と実在へと分裂するのである。そのような仕方で自己分裂するものが、ヘーゲルが「本質」という見出しで取り上げているものである。実在は本質的に自己分裂し、それによって自らの表象を生み出す。

もし絶対者が相対性の圏域へと引きずり込まれるのを防ぎたいのなら、絶対者は相対性の中心部へと埋め込まれなければならない。絶対者を相対的なものに対立させてはならないなら（というのも、そうしてしまえば、相対的なものと絶対的なものの間に一つの関係性を打ち立てることになってしまうので）、我々が見つけなくてはならないのは、絶対者が相対的なものになることなしに相対的なもののうちで自らを顕現する方法である。そのための一つの方法が存在論的一元論である。それによれば、表象（内的世界）はそれ自身（外的）世界の一部である。我々は世界を外から眺めるのではなく、世界の内部に住んでいる。このことが含意するのは、世界は単に必然性の自然的領野へと還元されることはできず、世界内で噴出する様々な意味の場と両立可能なものでなければならないということである。世界のイメージを創り出す我々の活動において、世界は自分のイメージを生み出している。我々の世界像は現実に存在するものの安っぽいコピーではない。というのも、世界像そのものが現実に存在するものの本質的な一側面をなしているからである。

ジジェクはカントからドイツ観念論への歩みを次のように簡潔にまとめている。もし「〈現実界〉の純粋な数多性を「世界」――その座標〔co-ordinate 等位-秩序〕は世界の地平をあらかじめ規定する一連のカテゴリーにおいて与えられている――の現れから隔てる隙間が、カントにおいて、物自体を現象的現実――つまり物が経験の対象として我々に対して現れるその隙間から隔てるまさにその隙間であるとしたら、問いは次のようなものになる。「存在の純粋な数多性と世界の多様性における存在の現象との間の隙間はどのようにして生じるのか？　存在は自らに対してどのように現象するのか？」[48]。カントは、自体的なものへの我々のアクセスは複雑な概念装置によって媒介されているため、自体を知ることができないという前提から出発した。構造主義の用語で簡単に言えば、カントが述べているのは、我々は潜在的に欺く可能性のある無限のシニフィアンの網の目へと、常にすでに絡め取られているために、シニフィエ（ましてや、実在物）への無媒介的アクセスを持つことができないということである。シニフィアンの連鎖もその連鎖を打ち立て維持する諸規則も、気楽な超越行為を簡単には許してくれないのである。

この話――それは明らかにカントからあらゆる種類のポストモダニズムにまで続いている――の問題点は、それがヘーゲルが疑問視した反省の盲点を所与と見なしていることだ。仮定からいってフェノメナルな世界を超越することができないとしたら、そもそも何が我々にヌーメナルな世界、つまり自体が存在することを信じさせるのだろうか？　最終的に、自体は摩擦をもたらすこと請け合いの代替物とし

[47]　Nagel (1989) に倣って、私はこのことを最近出版された『認識理論の諸限界』(Gabriel (2008)) の中で論じている。

[48]　Žižek (2008), p. LXXXV.

ての実体に還元されているのではないだろうか？　存在が判断に先行するならば、存在についてなんら規定的なことは言えないのであり、「それどころか」我々が存在についてなんら規定的なことを言えないとさえ言えないことになる！　別の言い方をすれば、もし自体へのアクセスが不可能であるなら、それはアクセス不可能ですらないだろう。こうして、もしヘーゲルによる反省の弁証法的批判から超越を依然として守ろうとするなら、非命題的手段が必要になるのである。

『大論理学』「仮象（Schein）」についての章は、「存在は仮象である（das Sein ist Schein）」という画期的な主張から始まっている[49]。「仮象」とは、「存在の領域の残存物としてなお残っているもののすべてである（der ganze Rest, der noch von der Sphäre des Seins übriggeblieben ist）」[50]。仮象は純粋な空虚、「否定的なものとして措定された否定的なもの」であり、それによって自体から区別されているように思われる[51]。ヘーゲルがはっきりと述べているように、この構造はカントの現象界の概念だけでなく、古代懐疑論の現象概念にも見て取ることができる[52]。懐疑論の現象とカントの現象界が同じ構造を有しているというヘーゲルの主張は論争の余地が大いにあるものの、ここでのキーポイントははっきりしている。つまり、もしそれ自体であるところの諸物（本質、実在）と悟性の形式にしたがって把握する諸物（現象）を区別するなら、自体がそれ自身現象の一部でないということを何が保証するのだろうか？　ということである。自体はなんらかの高階の仮象、つまり単なるシミュラークルではないということをどうやって確信することができるのか？　もし現象の体系が真の超越行為に見えるような干渉を生み出しているだけだったとしたら？

ここで利用できる有名な哲学上の例は、カントの「超越論的感性論」におけるいわゆる「トレンデレンブルクのギャップ」である〔53〕。トレンデレンブルクはカントの論証における以下の誤りを正しく見て取った。もし空間と時間が直観の純粋形式なら、それらは我々による諸物の把捉〔apprehension 覚知〕にとって不可欠の形式である。しかし、もし我々が特定の形式において（あるいは特定の記述のもとで）物を捉えるとしても、そのことは物そのものが、まさにこの形式を示しているという主張を正当化してはくれない。青いサングラスをしているために、エンパイア・ステート・ビルが青色に見えるということは、ビルそのものを青くするわけではない。しかし、もし私が常に青いサングラスをつけているとしたら、一方でたくさんの実際に青いものにも出会うだろうが、他方で、現実には赤や白のものも存在するにもかかわらず、私の感覚知覚だけに基づいて、青い対象と赤い対象を区別することは全然できないかもしれない。もしカントが正しいなら、その時我々は物を自体的にあるがままに見るために空間と時間という眼鏡を外すことができないことになる〔54〕。だが、それにもかかわらず、カントは物自体は空間と時間のうちに存在しないとはっきり述べている。しかし、それは不当な超越行為である。

空間が示して見せるのは、なんらかの諸物自体の性質、あるいはそれらの相互関係における諸物自

〔49〕 Hegel (1969), p. 395.〔『論理の学』第二巻、一二頁〕
〔50〕 Ibid.
〔51〕 Ibid.
〔52〕 「仮象」の章で、ヘーゲルは「懐疑論の現象」を「観念論の現象」と同一視している（Ibid.）。

〔53〕 Trendelenburg (1867).
〔54〕 もちろん、眼鏡のメタファーはハインリッヒ・フォン・クライストによるものである。Kleist (1999), pp. 213-214.〔邦訳、二三五—二三六頁〕の、有名な一八〇一年三月二二日のヴィルヘルミーネ・フォン・ツェンゲ宛の手紙を参照。

体では全然ない。言いかえれば、対象自身に付着していて、だから直観のあらゆる主観的条件が捨象されても残るような、諸物自体の規定では全然ない。〔……〕したがって私たちは、人間の立場からのみ、空間とか拡がりあるものなどについて語ることができる。私たちが、そのもとでのみ、対象によって触発されるであろうように、外的直観をうることができるという、そのような主観的条件を捨て去るなら、空間についての表象は全然無意味となる。〔55〕

ここでカントは物自体について形而上学的主張を行うことで、端的に言って多くを主張しすぎている。カントは現象によって惑わされて、現象を超越しようと試みている。事実、あらゆる超越の試みはまさにこうしたやり方で人を誤らせるのである。我々の知が我々の認識的、社会的、あるいはどんな条件であれその条件に制限されているのならば、有限性についてのいかなる特殊な主張も超越という不当行為を犯すことになる以上、この〔我々の〕有限性を受け入れるための直線的な方法はない。我々が自らの有限性を画定する境界線を引くことができるのは、それによって境界線を無化することによってか、我々の有限性のうちで、我々有限者となんらかの無限者の間に架空の境界線を引くことによってでしかない。

その意味で、有限性の理論家としての我々の認識論的地位は温度計とたいして変わらない。温度計は華氏八〇度と華氏九〇度の区別を示すことができる。しかし、温度計はそれ自身で、温度の違いを示すことと、ピカソとボッティチェリの違いを示すこと、あるいは午前一時と午後二時の違いを示すこととの間の違いを表示することはない。温度計は自らを温度計として条件付けるものにアクセスできる位置に到達することなしに、現実を特定の仕方で切り取る。もし主体が主体に諸物の世界を開く特定の一連のアクセス条件からなるとしたら、主体はこれらのアクセス条件にすぐにアクセスすることはできないだろう。それゆえカントは有限者の他者についての神話的物語を通じて、我々の有限性を理解するために、無限の根源的直観を導入するのである[56]。しかし、カントがこれに続けて自由の内的構造の領野などについて語る話は、どれも我々の有限性を或る特定の仕方で規定する不当な超越行為の結果である。したがって、カント本人の意図するところに反して、カントの立場は超人間的である。我々のアクセス条件についてのカントの分析は、テキストで展開されているように、非人間的枠組み、叡智界を生み出すだけである。カント自身の言表行為の立ち位置は、奇妙にも言表された立ち位置からは除外されており、それによってカントはヌーメノンとフェノメノンの裂け目を作り出し、後者を人間的領野そのものとして割り当てる。この裂け目にアクセスする方法、この裂け目を解明するカントの方法は、或る記述のもとでこの分裂を示すのだが、その記述そのものがこの裂け目を歪めてしまうのである。

ヘーゲルは一般的に次のように結論付ける。なんらかの自体と現象、つまり我々にとっての自体を区別する理論設定はどれでも、彼が「本質」と呼ぶところの構造の事例である。ヘーゲルはこれに、本質はそれ自体、その中で現象と実在の区別が生じるところの隙間に他ならないという反省を付け加える。重要なポイントは、現象と実在の区別、非本質的なものと本質的なものの区別は、必然的にそれ自身へと折り返され〔反省され〕るということだ。非本質的なものが実際には、本質的なものの位置を占めるのは、それが、本質的なものを我々にとって利用可能にしてくれるからだ。非本質的なものが本質的な

[55] Kant (2003), A26/B42. — [56] Ibid., B72.

ものを媒介するのは、本質的なものが非本質的なものになるという仕方でである。本質的なものは間違いや異議を通じて我々にとって利用可能になるが、この間違いや異議が意味するのは、本質的なものは非本質的なものに付随的〔偶有的〕であるということである。こうして、非本質的なものが本質的なものに対する優位を獲得する。

同様の洞察は、ヨーロッパのニヒリズムの究極的起源はプラトン主義であるというニーチェとハイデガーの診断によっても表現されている。プラトン主義は可感的領野（非本質的なもの）をその根底にあってそれを組織化する原理（本質的なもの）よりも劣ったものと見なすことで、まさにその根底的な組織的原理を構成する反省操作そのものを隠蔽する。実際、それらの原理がエピステーメーにとって利用可能となるのは、まさにエピステーメーが超越を欲望するからである。プラトン主義は超越の試みによって駆り立てられているが、そうした意図が持つ有限性については反省していないのだ。

超越はなんらかの事態ではなく、常に超越化の行為と方向性に依存している。超越が獲得される方法は、諸要素が持つ現象構造によって前もって決められている。現象は、なんらかの根底にある基底的な実在を露わにするような仕方で組織されているように思われる。隠れた本質を明らかにするように思われる〔現象構造に現れている〕諸要素が遡及的に隠れた本質を生み出すのである。それゆえ、可感的領野の格下げ（つまりニヒリズム）は自らの反対物となる。つまり、このニヒリズムは現象の生活を送ることを忌避し、物の本質にしがみつく素振りを見せながらも、本質的には、否定、つまり現象の否定に基づいて現象の生活を送っているのである。それゆえ、ニヒリズムは自己を無化することとなり、諸物の「真の本性」という名において文明化の向こう見ずな力となるのである。

ヘーゲルは、現象【2】そのものが確かに存在あるいは実在を持つと主張することで、この弁証法を明るみに出している。つまり、〔ヘーゲルによれば〕現象〔仮象〕はまさしくその他者において、自分の規定にある隠れた本質を措定するのである。

仮象は存在を持つ否定的なものであるが、他のもののうちに、すなわちそれの否定のうちに存在を持つにすぎない。それは非自立性であって、それ自身において止揚されており虚しいものである。したがって、それは、自己のうちに還帰する否定的なもの、それ自身において非自立的なものとしての非自立的なものである。否定的なものないし非自立性のこのような自己への関係がその直接性である。この関係は、否定的なもの自身とは別のものである。それは否定的なものの自己に対する規定性であるか、あるいは否定的なものに対する否定である。だが、否定的なものに対する否定とは、自己にのみ関係する否定性、規定性自身を絶対的に止揚することである。〔57〕

仮象〔現象〕は、非自存的存在そのものである。別の言い方をすれば、現象〔仮象〕は「自己関係的否定性」の本質であり、その残滓は〈存在〉である。それゆえ、〈存在〉とは、現象の残滓に他ならず、現象がまさにそこにあることである。ヘーゲルの用語法において、「存在」が示しているのは現象〔仮

【2】これまでの議論を受け、ここでは原語のappearanceをそのまま「現象」と訳したが、ヘーゲル自身は「仮象〔Schein〕」としてここでの問題を論じている。

〔57〕Hegel (1969), p. 398.〔『論理の学』第二巻、十五頁〕

象〉という非自存的構造の逆説的存立である。それゆえ、〈存在〉は隠れた本質や、自体としてのあるがままの実在、あるいはそれに類似したものではなく、むしろ、〈存在〉とは偶然的に現象がそこにあるということなのである。

したがって、ヘーゲルが反省に割り当てている運動は、「否定の否定」である。第一の否定は単なる現象、現象界に対する本質の措定である。〔それは〕〈一者〉が存在の多数性に対立させられる、あるいは、無垢であった起源が罪深い堕落した世界に対立させられるなど〔といったものである〕。しかし、この現象の否定が、まさに現象の中核をなしているのである。現象の無媒介性、つまり、現象はにせものであるという、「事実」だと思われていることが、すでに現象の二重化を含んでいる。このことによって、現象は反省構造つまり「無から無への運動、そして自己への回帰」を示している。これが、ヘーゲルが「本質における生成」と呼ぶものである。

> したがって、本質のうちの生成、本質の反省する運動は、**無から無への運動**であり、**それによって自己自身に還帰する**運動である。移行ないし生成は、その移行の中で自己を止揚する。この移行の中で生まれる他のものは、存在の非存在ではなく、無の無であり、そして無の否定であるというこのことが、存在の本質なのである。――存在とは**無に至る無の運動**としてあるにすぎず、したがってそれは本質である。そして、本質はこの運動を自己のうちに持つわけではなく、運動は絶対的な仮象そのものとして、純粋な否定性なのである。この否定性は、それが否定するものをそれの外に持つわけではなく、その否定的な面自身を否定するだけであり、この否定的な面もこの否定作

用のうちにあるにすぎない。〔58〕

別の言い方をすれば、反省は絶対的否定性であり、それゆえ自由である〔59〕。反省とは彼岸を崩壊させることによって自律性を打ち立てる活動であり、つまり、ヘーゲル哲学の運動そのものである。それゆえ、「本質論」がヘーゲルの企図そのものに特有の弁証法的操作を明らかにしていると主張したヘンリッヒは正しかったのである〔60〕。プラトン主義の伝統とは異なり、もはや存在は生成に対立させられていない。反対に、存在は本質の生成（そして究極的には概念の普遍性）とはっきりと同一化される〔61〕。ヘーゲルのもっとも鋭い洞察の一つは、存在は「絶対的仮象」であるというものだ。この洞察の背後には、自己言及による転倒というヘーゲルの原則の適用というアイデアがある。同一性と差異、普遍性と特殊性、仮象と実在、法と犯罪といった哲学的二項対立は自ら自身へと適用され、二項間に暗に想定されているヒエラルキーが転倒される。その結果が、ヘーゲルの言う意味での「矛盾」である。あらゆる「反省規定（Reflexionsbestimmungen）」は、反省の否定の否定という範型を折り重ねている〔反復している〕ということに我々が気付くやいなや、矛盾が生じるのだ。我々は、「〔自立的な反省規定は〕自立し

〔58〕Ibid., p. 400.〔同上、十七頁〕〔なお、邦訳におけるSchein の訳語「影像」は、「仮象」に変更した。〕

〔59〕例えば、ヘーゲル『法の哲学』第七節を見よ。

〔60〕Henrich (1978), p. 228.

〔61〕もしこのことをフランス現代思想の逆説的ねじれ——とりわけ「出来事」という概念の登場——に当てはめてみるなら、その（否認された）ヘーゲル的起源と、他者にたいするメシア的開け（レヴィナス、デリダ）、あるいはそれは一見不可能であるにもかかわらず真理という出来事（バディウ）を擁護することによってヘーゲルの内在性を克服しようとする試みとを識別することができる。出来事の思想は、反省によっては説明されることのできない何かを思考しようとしている。もし出来事というものがありうるなら、それは反省の限界を超えていなければならない。

ているということにおいて、それ自身の自立性を自己から排斥することになる」ということを理解するようになる。つまり「自立的な反省規定は、それが他の規定を含むことによって自立的であるのと同じ観点において、他の規定を排斥する。このことによって、それはこの自立性を保ちながら、それ自身の自立性を自己から排斥することになる」[62]。自己内反省と他者のうちへの反省は一致し、こうして、両者に共通の根拠が明らかとなる。このことをヘーゲルは「zu-Grunde-gehen〔没落する・根拠に至る〕」という〔ドイツ語の〕言葉遊びを通じて示しているが、それはつまり、破壊による根拠への回帰である。反省において関連させられた両項の揺ぎなき同一性は、それらの根拠、つまり絶対者、反省の自己関係的否定性を明らかにする。根拠としての本質は「措定されていることであり、生成したものである（*ein Gesetztsein, ein Gewordenes*）」[63]ことが明らかになる。

厳密にいえば、無神論的なヘーゲルの内在性の自己閉鎖性に抗して、超越を達成しようとするなら、何か反省を逃れるものの痕跡を探さねばならないだろう。後に見るように、ヘーゲル自身の表現形式は、それが表現しようとする内容を表現することに成功していない。ヘーゲルは、形式の絶対的閉鎖を達成していないのである。ヘーゲルが考えるような論理的な「絶対的形式」は存在しない。というのも、肯定的なものすべてを包み込むという権利主張をする反省は、自分が常にすでに反省的であるわけではない過程によって条件付けられていることを十分に反省できないからである。

存在の反省と反省の存在は合致しない。というのも、〔合致を〕表現するための自己充足的媒体がないからだ。言表行為の措定（フレーゲの「意義〔sence〕」）と〈物〉あるいは事態の措定（フレーゲの「指示 reference 意味」）の同一性は不可能なのだ。我々が〈物〉に到達することができるのはその概念的擬装、つまりなんらかの記述のもとにおいてだけであり、〈物〉がそこに存在するということを〔概念を介さず〕一挙に確かめることは決してできないのである。なぜなら、「〈物〉」という指示詞〔designator〕でさえも意味の場の一部であるからだ。言語は自ら自身の最小差異である。

ヘーゲルの偉大な思想は、反省の論理によって表現されている。我々が一者――つまり判断の命題的構造によって歪められたと考えられる我々の表現の真の指示対象あるいはその意味――として指示するものが何であれ、それは、実際には、絶対的否定性の運動の副産物にすぎない。根源的な不変の一者などは存在しない。「実体は主体になる」という表現が示しているのは、超越的形而上学を乗り越えて時代を転換させようとするヘーゲルの一手である。つまり主体の実体は主体の自己構成の過程によって遡及的にのみ措定される。もしこの過程を、なんらかの根底的な形而上学的現実性が自己を顕現する過程として捉えてしまうなら、それは必ず失敗する。哲学史の教科書におけるヘーゲル――それによれば、絶対精神は神のような超越的精神であり、ヘーゲルが登場するまでは絶対精神が出来事の成り行きを操っているが、今度はヘーゲルがそれに代わって超精神の代弁者の役割を務めるようになるのであり、それによって、イエス・キリストという絶対精神についての混乱含みの表現さえも乗り越えられる、等々とされるのだが――この教科書的ヘーゲルはヘーゲルの「顕現」概念を無視している。実際、ヘーゲルの要点は「精神の規定性は顕示〔顕現〕である（die Bestimmtheit des Geistes ist die Manifestation）」[64]ということであった。重要なのは、「顕現」はここではなんらかの表象構造、つまり顕現に存在論的に先行する何

〔62〕 Hegel (1969), p. 431.〔『論理の学』第二巻、五八頁〕

〔63〕 Ibid., p. 434.〔同上、六三頁〕

物かの顕現を指し示しているわけではないということだ。ヘーゲルが述べているように、精神が啓示するのは「或るものではなく〔……〕、このように啓示することとそのことが精神の規定性であり、内容である（nicht *Etwas* ..., sondern seine Bestimmtheit und Inhalt ist dieses Offenbaren selbst）」のである〔65〕。ヘーゲルはこの啓示の構造（この啓示が啓示するのは、この啓示以外には、あるいはそれに先行しては、あるいはその彼岸には何もないという事実のみである）を「概念における啓示（Offenbaren im Begriffe）」とも、「創造（Erschaffen）」とも呼んでいる〔66〕。それゆえ、主体性は存在論的生成の根源的な審級である。主体性とは主体性が自己を措定するということ、意味の場、つまりこの意味で住まわれるべき世界を生み出すことに他ならない〔67〕。この過程は超越的領野に外的な足場を持っているのでなく、ただ自分自身に依拠し、自分自身のうちで安らっているのである。

こうした調子で、ヘーゲルはカントの自律性を概念的レベルでラディカルなものにする。我々は我々を導くものとして規則を受け入れているがためにその規則によって拘束されるような、自律的存在であるだけではない。我々の自由の真の深淵は反省である。我々が世界のうちで出会うものは何であれ、それ自体は世界のうちで出会われることのないより広い文脈によって、その枠組みが定められている。しかし、このより広い文脈が、我々が世界に入る際の規則を決定しているのだ。真理にかなった認識と言説において説明されるべき要素は、通常これらの要素には反映されない反省のより広い文脈によって規定されている。だから要素は措定されていないもの、つまり単にそこにあるものとして現れるのである。ヘーゲルは経験の条件付けを反省し、そうした条件付けは、アクセスできない物自体、「知ることのできない何物か」という弱められたカント的な意味における超越さえも排除するものだと結論づけた。

存在の領域では、直接的なものとしての存在に対して、同じく直接的なものとしての非存在が生じる。そして、それらの真理は生成である。本質の領域では、まず、本質と非本質的なものが見出され次に本質と仮象が対立するものとして見出される。その際、非本質的なものと仮象は存在の残余としてある。だが、非本質的なものと仮象が成り立つのは、それらと本質の区別と同じように、次の点においてに他ならない。すなわち、本質はまず直接的なものとして捉えられるが、それが自体的にあるとおりにではない。すなわち純粋な媒介ないし絶対的な否定性として直接性であるような直接性としては捉えられないのである。したがって、あの最初の直接性は直接性という規定性にすぎない。それゆえ、本質のこの規定性の止揚は、次のことを示すことにしかない。すなわち、非本質的なものは仮象〔である〕にすぎず、本質は、無限の自己内運動として、むしろ仮象を自己自身のうちに含むということをである。この運動は、本質の直接性を否定性として、本質の否定性を直接性として規定し、かくて自己自身のうちで本質が映現することに他ならない。このような自己運動のうちにある本質は、反省である。〔68〕

この一節でヘーゲルは本質がなんらかの規定的なものであることと本質の規定性を区別している。こ

〔64〕 Hegel (1971), §383.〔邦訳、二七頁〕
〔65〕 Ibid.
〔66〕 Ibid., §384.〔邦訳、三〇頁〕
〔67〕 Castoriadis (1997a), pp. 180, 190, 227.〔邦訳、三一、四七、一〇九頁〕そこでの「存在論的生成」、「絶対的創造」の概念を見よ。

の区別の背後にある考えは、本質は客観的様態で指示されるべきではないということだ。本質はなんらかの規定されたものではなく、いわば、［ただ］そこにあるわけでもない。本質は、反省に晒された他のものと並んだ一存在者として存在するのではない。本質（あるいは、自体）のそのような見方は存在の領域への退却を含意している。自体は我々がそれを概念化しようとする活動から独立して存在しない。それは純粋な理性的存在者［ens rationale］であり、現象の「ヴェール」を我々が見通したことの結果である。別の言葉で言えば、本質は、ハイデガーに特有な意味における「存在（Seyn）」に近付いてくる。まさに本質と現象の存在論的差異が、存在（Seyn）の歴史あるいは反省の歴史を通じて、様々な仕方で解釈されることとなったのである。もちろん、この文脈において、必ず強調しておかなければならないのは、ハイデガーは、その〈存在〉への我々のアクセスから独立した〈存在〉について語っているわけではないということだ（それは形而上学となるだろう）。〈存在〉の歴史は言説の彼岸にある〈一者〉を同定化しようとした誤りの歴史ではない。それゆえ、ハイデガーの存在はヘーゲル以前的なものではなく、ポスト・ヘーゲル的な「ヘーゲル以後の」ものである。ハイデガーは決してヘーゲル的反省よりも後退してなどいない。むしろ、ハイデガーはヘーゲルの反省をラディカルなものにし、歴史において自らを啓示する超越的行為者としての〈存在〉に対する根深い信仰を根絶しようとしている。ハイデガーの定式化に神学的響きがあろうとも、ハイデガーは存在神学と戦うというとりわけ現代的な態度――それはガダマーが「神に対して手をあげる（Handaufheben gegen Gott）」と呼んだ態度である――において神学に抗議している[69]。このようにして、ハイデガーが「神学は一個の実証的学であり、したがってかかる学として哲学とは絶対的に異なっている」と主張したことはよく知られている[70]。とりわけ、ハイデガーは自らの哲学をキリスト教神学と同一視することに対してはっきりと抗議し、この対抗姿勢を放棄することはなかった。『哲学への寄与論稿』において「最後の神」の復活を語る時にさえも、ハイデガーはいかなる曖昧さもなく、彼が「神」として指示しているものが「既在の神々に対する、とりわけキリスト教の神に対するまったく別の神」〔71〕であることを述べている。

存在とは、反省の運動が規定性を生み出すという事実に対する名である。反省という水準において我々は、我々が言説的枠組みを生み出すのであり、こうして生み出された言説的枠組みが言説のための、あるいは言説の規定的対象の特定の領域を開くということを理解するのである。言説は、導入規則と導出規則を配置する一連の〈文脈内規範〉を生み出す〔72〕。これらの規範が一つの言説の枠組みを決め、それによって対象領域を作り出す。この操作は単純なシステム理論的用語で再構成することができる。なんらかの対象を指示する際にはいつでも、我々は、対象、対象が属する領域（それが対象をあれこれのタイプの対象として規定する）、そして一連の他領域（我々が選択した対象領域はそれらに対して規定されている）を区別する。規定性は否定を前提する。しかし、規定性を作用させる行為そのもの、つまり選択行為はそれ自身何か規定的なものであることはできない。カストリアディスが述べているように、「定式化の行為はそれ自身定式化することができない」のである〔73〕。もし規定性というものが、対象をどのように選ぶか

〔68〕 Hegel (1969), p. 399.〔『論理の学』第二巻、十五～十六頁〕
〔69〕 Gadamer (1999), p. 1.
〔70〕 Heidegger (1998), p. 41.〔邦訳、五八頁〕
〔71〕 Heidegger (1999), p. 283.〔邦訳、四三七頁〕
〔72〕 クリスピン・ライトはWright (2004a) において、言説的規定性の構成に際しての〈文脈内規範〉が果たす役割についての非常に繊細な説明を展開している。この考え方がヴィトゲンシュタイン的起源を持つことについては、Wright (2004b) も見よ。

についてのなんらかの存在論的決定の結果であるなら、その時この決定それ自身は規定的であることができない。それゆえ、存在論的生成は規定性に先行する。

規定性の出来事が生起する究極的枠組みは「絶対的否定性」と呼ぶことができる。なぜなら、そのような枠組みは、なんらかの存在論的決定の結果としてその中で規定性が生じるすべての領域からなる一つの領域だからである。しかしながら、この領域そのものは規定されえない。それは、一として数えられない操作としての一者の自由そのものである。区別がなされるやいなや、反省は盲点を生成し、それによって必然的に、反省においては説明されることができない何かがあることになる。しかし、この何かは存在しない。それは古典的存在神学におけるような神秘的なものでも超越的なもの〔super-item〕でもない。ヘーゲルが正しく述べているように、反省の盲点は反省そのものの一部であり一片なのである。反省において説明されえないものとは、〈概念〉そのものであるが、ヘーゲルにとって〈概念〉とは論理空間を一纏めにする活動である。伝統的形式論理学の欠点（そしてこの点に関しては現代論理学にもあてはまる）は、自らが頼みにする枠組みの生成を、その枠組み内で説明できない点にある。「論理的に「そうでなければならない〔must〕」という硬直性」は、あらゆる前論理的エネルギーをあらかじめ排除してしまうように思われる。もし必然性を命題領域内部のなんらかの真理に帰属させるなら、その際に我々は、その領域の構成がそれ自体偶然的なものであるということを忘れているのである。必然性が主張されるのは、なんらかの枠組みとの関連においてであるが、そうしたどんな枠組みも、我々のような有限な被造物にとって理解可能になるためには、規則という、したがって規則に従う実践という規律を前提とする。それゆえ、我々が必然性を認めるあらゆるものは、高階においては偶然的である。なぜなら必然性という規定性を可能とする枠組みそれ自身は、必然的であることができないからである。別の言い方をすれば、或る地点で、我々は素朴な決定――合理性を構成する決定であるが、それ自体は合理的でも理性的でもない決定――に出会う。この無根拠性は、結局は偶然性の経験であり、この経験の偶然性をそれ自体必然的なものとして描こうとすれば、それによって他の偶然的な枠組みを生み出さざるをえない。それゆえ、偶然性は必然性の可能性の条件である。論理あるいは論理空間の領域というものが他の領域と並んだ一領域にすぎないという事実に照らすなら、世界構成の究極的な偶然性は前論理的なものである[74]。

この意味で、論理空間についての伝統的認識論（つまり論理学という学問分野）は、論理的概念秩序が論理的思考において表象されうると単純に前提してしまっている。論理形式が合理性を根拠付けるように思われる。ヘーゲルは形式論理学に反対し、形式論理学の論理空間は、自らの表現能力を超えた条件を前提してしまっていると主張する。しかし、こう反論するからといって、ヘーゲルは前論理的領域を認めているわけではない。つまり、ヘーゲルによれば、形式論理学に関して前論理的なものも、すべてを包括するヘーゲル自身の反省形式（それをヘーゲルはロゴスと同一視している）においては、論理的なものに

[73] Castriadis (1997b), p. 300.

[74] ナンシーは『思弁的註解』の中で、『大論理学』冒頭の止揚――それはまだこれから行われなくてはならない意味での止揚であることはできない――を検討した際に、同様の考察を行っている。それゆえ、第一の止揚はヘーゲルによって抑圧されているのであり、そうした抑圧によって、止揚の「常にすでに」へ道を譲ることになる。こうした理由から、ナンシーが指摘しているように、「止揚の始まりは、起源と文法なき声、言語あるいは言葉であり、それは、それ自身で発せられ、より力強く発せられるようになるのである。」(Nancy (2001), p. 34.)

なるというわけである。ヘーゲルは論理学の領野に運動（生成）を導入するが、それは前論理的なものについての論理的説明を達成し、前論理的とみなされたものさえもロゴスによって統治されていることを確かなものにするためであった。このロゴスの理論の原動力は〈概念〉であるが、それはカテゴリーの体系を一纏めにし、それらについて考え抜く活動を名指すものである。こうして、ヘーゲルは最終的には失敗してしまう。というのも、ヘーゲルもまた前論理的なものを扱うための道具を持ち合わせていないからだ。それゆえ、ヘーゲルは形式と内容は論理的思考において同一にならなければならないという自らの方法論的要求を否定してしまっている。論理学の表現能力に先行するものを完全に論理的な形で表現することはできないとすれば、ロゴスの領域を成り立たせている前論理的内容に合致する形式を見つけなければならない。

純粋な概念は、まったく無限で無制約かつ自由なものである。ここで概念をその内容とする論述が始まるが、今一度その発生が省みられねばならない。本質は存在から生まれ、概念は本質から生まれたのであるから、概念はまた存在から生まれたのである。この生成は、しかし、自己自身を突き返すという意味を持つのであって、生成したものはむしろ無制約で根源的なものであることになる。存在は本質に移行する中で仮象ないし措定されてあることになり、生成ないし他のものへの移行は措定作用となった。そして逆に、措定することないし本質の反省は自己を止揚し回復して、措定されていないもの、根源的存在となったのである。概念はこれらの契機を貫通することである。すなわち、質的なものないし根源的に存在するものは措定する作用と自己内還帰としてのみあり、この純粋な自己内反省はまったく他になることないし規定性なのであって、この規定性は、したがって、同じく自己に関係する無限な規定性である。

それゆえ、概念は、第一に、絶対的な自己同一性であるが、絶対的自己同一性が絶対的自己同一性であるのは、否定の否定ないし自己自身との否定性の無限の統一としてのみである。このような概念の純粋な自己関係は、このことによってこうした関係なのであるが、否定性によって自己を措定するものとして概念の普遍性である。[75]

〈概念〉の絶対的な自己同一性は、〈概念〉が現象界を超えた形而上学的行為者性を発揮するということを意味しない。〈概念〉の実体とは、それが完全に実体を欠いているということなのである。それゆえ、〈概念〉は普遍的であり、そのことが基本的に意味しているのは、論理空間の外部には何もないということである。しかし、論理空間それ自体は実体ではなく、不断の運動であり、『精神現象学』「序論」の有名な「バッカス踊りの熱狂」である[76]。こうして、ヘーゲルにとってさえ、安定性の唯一の保証は、全領域の領域の、つまり「普遍的」であるといわれうる〈概念〉の完全な不安定性（実体の欠如）なのである。したがって、〈概念〉は、ヘーゲルが好んだ全領域の領域の候補なのであり、それによって、ヘーゲルは彼の反省の外部の前論理空間を否定することになったのである。

存在は究極的には〈概念〉の普遍性以外の何ものでもなくなるというヘーゲルの主張が意味するのは、

[75] Hegel (1969), p. 601.〔『論理の学』第三巻、三四—三五頁〕

[76] Hegel (1977), §47.〔『精神の現象学』上巻、四四頁〕

論理空間の外部には何も存在しえないということである。論理空間は存在しない。それは、存在者ではなく、現実性の連続的顕現である。もし絶対的内在性についての主張をヘーゲル語とは違う言語で表現するなら、次のようになるだろう。理論形成過程あるいは言説の外部に存在し、言説内部において現れる真なる言明によって表象されうる或るものの現象は、それ自身が言説的現象である。形而上学的ハイパー理論はない。あるのは、彼岸についての形而上学的ハイパー理論がないことについての諸条件を説明するメタ理論だけである。それゆえ、ヘーゲルの『大論理学』は、言説的有限性を超越する究極のハイパー理論を構築することを目指しているのではなく、反対に、規定性あるいは有限性の本性を探求することを目指している。確かに、ヘーゲルは「有限なものは、それ自身の本性によって己れを揚棄し、そしてそれ自身によってそれの反対物に転化してゆくのである」などと言ったりする[77]。しかし、このことは止揚の運動が止揚の最終言明においていつかは終了するということを意味していない。有限なものの自己超越は、別の有限な立場へと移っていくだけなのである。

ヘーゲルにとって、存在とは「自己自身に対するまったく抽象的で直接的な関係」であり、「〈概念〉の抽象的な契機に他ならない。それは抽象的な普遍性」である[78]。〔この時〕ヘーゲルは、とりわけ、ヘルダーリンの「判断と存在」を念頭に置いていたように思われる。このヘルダーリンのテキストはカントが思考を判断へと制限したこと、つまり客観的内容を持つ思考を命題的思考と同一化したこと――それは「第三批判」では部分的に撤回される――を乗り越えようとする試みとして解釈することができる。カントとフィヒテについて注釈しながら、ヘルダーリンは判断を「客観と主観の根源的な分割」と定義する。この主観と客観は、「知的直観において最も親密に合一されている客観と主観の根源的な分割、それによってはじめて客観と主観が可能になる分割、原=分割」なのである〔79〕。確かに、カントの認識論はこの原-分割〔Ur-teilen（判断する）〕の領野、つまり主観・客観の二元論からなる言説的有限性の領野を示そうとする試みとして読むことができる。それゆえ、カントの意味論は「客観〔対象〕への関係（Beziehung aufs Objekt）」としての意味の概念に依拠しているのだ〔80〕。カントが行おうとしたのは、我々の或る対象についての現実の表象とは潜在的には異なる対象を、我々が指示できるための条件を分析することであった。別の言い方をすれば、カントは客観性を主観性の観点から定義している。つまり、我々の悟性にアクセス可能な対象領域（つまり現象世界）は我々のアクセス条件の観点から定義されている。原-分割に先行し、したがって、存在するもの〔what *is*〕への我々のアクセス条件の総体に先行するものを我々は把握することができない。にもかかわらず、判断に対置されたヘルダーリンの存在概念は、存在するものを、つまり原-分割に先行する（しかし超越はしない！）ものを暗示している。

> 存在――は、主観と客観の結合を表現する。知的直観においてそうであるように、全き存在について語ることができるのは、主観と客観が部分的にばかりでなく、完全に合一されているところにおいてのみ、つまり、分離されなくてはならないものの本質を傷つけることなくしてはいかなる分割もおこなうことができないほど、主観と客観が合一されているところにおいてのみである。〔81〕

〔77〕 Hegel (1991), §81, Addition.〔邦訳、二二一―二二二頁〕
〔78〕 Hegel (1969), p. 706.〔『論理の学』第三巻、一五三頁〕
〔79〕 Hölderlin (1988), p. 37.〔邦訳、十六頁〕
〔80〕 Kant (2003), B300.

もちろんヘルダーリンが直ちに述べているように、〈存在〉そのものはいかなる論理変項の値にもなることができず、また、自らと同一になることさえできず、そしてより正確に言えば、〈存在〉は、それによって存在を命題的思考の法則に従属させることなしに、同一性として概念化されることができない。それにもかかわらず、ヘルダーリンが気付いていないように思われるのは、存在と判断の分割そのものが原 - 分割の反復であるという事実である。それによって、〈存在〉そのものは自らの根源的地位を喪失する。ヘルダーリンはこの問題を解決するために、後になって、詩という表現媒体によって新しい神話を作り出した。詩は、言うことのできないものを示すため、つまり非命題的表現形式という手段によって「分割されるべきものの本質」を示すために、純粋に対象へと向けられた、真理だけの認識という既存の理論を崩壊させるのである。

だが、（積極的であれ否定的であれ）主張を用いて論理空間を超越しようとするあらゆる試みを前にしても、ヘーゲルの異論は依然として有効である。なんらかの並々ならぬ領域、つまり判断に先行するものに関連して、存在を指示する限り、我々は単純に〈概念〉の普遍性を再制定するにすぎない。

自己自身に対するまったく抽象的で直接的な関係としての存在は、概念の抽象的な契機に他ならない。それは抽象的な普遍性であって、人が存在に対して要求すること、概念の外にあることまでやってのけるのである。なぜなら、それが概念の契機であればあるだけ、それは概念の区別ないし抽象的な判断［根源的な分割］なのであり、その中で概念は自己自身に自己を対立させるからである。

〔……〕哲学的思索が存在のもとで感覚を超えていくということがなければ、それは、概念のもとでも単に抽象的な思想を離れることがないということと同じである。抽象的な思考こそは存在に対立するものに他ならない。〔82〕

主観と客観の原‐分割とされるものは、実際に、存在と判断（思考）の分割に至るが、それは思考の中で生じているにすぎない。思考は自己疎外するが、この疎外は思考が自らの可能性のもっとも内的な条件を対象化する行為なのである。結果的に、ヘーゲルにとって、反省に先行する存在はない。彼なりのやり方においてではあるが、ヘーゲルはこの点ではカントの歩みを追随している。「第一批判」の「超越論的弁証論」で、カントは神の存在の存在論的証明を反駁する文脈において、「超越論的詐取」という概念を導入している〔83〕。カントによれば、存在論的証明はなんらかの規定的な世界秩序へのアクセスの条件を世界秩序それ自身と取り違えている。存在論的証明は、「悟性の経験使用の分配的統一」を「経験全体という集合的統一」と混同しており〔84〕、そのことをカントは「超越論的詐取」と呼んでいるのである〔85〕。超越論的詐取とは、判断と存在の混同であり、つまり認識へとアクセス可能な何かが存在するための条件（規定性の条件）を誤って解釈し、なんらかの特定の〔規定された〕対象（神、あるいは絶対者についての他の特定の〔規定された〕表象）へと実体化することである。超越論的詐取はカント的意味での弁

〔81〕 Hölderlin (1988), p.37.〔邦訳、十六頁〕
〔82〕 Hegel (1969), p. 706-707.〔『論理の学』第三巻、一五三頁〕
〔83〕 Kant (2003), B610-611; 647-648.
〔84〕 Ibid., A582-583/B610-611.

証論、つまり「仮象の論理学」に至る[86]。ヘーゲルは、自分自身の「仮象の論理学」の文脈で、反省に先行するか、反省を超越した何かについての反省を根拠付けようとする試みを退ける。その手法はカントの「超越論的弁証論」のアプローチと比較可能である。

しかし、ヘーゲルはカントの物自体という揺らぐ概念を徹底化する。この物自体という概念は、存在的水準では、感性に作用することのできる存在者（あるいは存在者の集合）を指し示すが、この存在者は、存在論的水準では、同様にはっきりと、「摩擦を確保する」〔87〕ためだけに導入された説明要素、「純粋X」へと消え失せてしまう。ヘーゲルは（フィヒテと同様に）、反省の絶対的内在性を超越する方法はないという徹底的な見方を選択する。ヘーゲルは仮象が不可避だという点でカントに同意するものの、この洞察をより徹底化する。〔つまり、〕もし仮象が不可避であるならば、フェノメナルなもの、仮象的なものを、ヌーメナルなもの、実在的なものから区別する究極的基準は、まさしくそのような基準は現象しなくてはならないがゆえに、存在しない〔という〕のである。カントにおいては、超越論的詐取は実体化であり、それはヌーメナルなものを現象化するものとされていた。それに対して、ヘーゲルの主張によれば、ヌーメナルなものの現象化は不可避であり、それは人間本性の欠陥であるだけでなく、むしろ、ヌーメナルなものにとって構成的なのである（『精神現象学』全体が論じているように、ヌーメナルなものは現象化においてのみ維持される）。

実際、これがフィヒテが『一八〇四年の「知識学」』の中で用いた「現象学」の意味であった。この革命的な一連の講義の中で、フィヒテははじめて「絶対知」の概念を導入し、これを超越を達成することの不可能性へと結び付けたのだった。後期フィヒテは絶対的内在性の領域を「存在」と呼んだが、それは、超越論哲学とのいかなる断絶も含意しておらず、むしろ、超越論哲学からもっとも先へと進んだその実現である。つまり、存在は判断においてのみアクセス可能であるが、そのことが意味するのは、我々は判断よりも前に「何か」があるかもしれないということを想定することすらできないということである。というのも、どうやって判断に先行する存在、つまりなんらかの根源的統一が実際にあるということを、それによって存在を常にすでに判断の領域へと引きずり込んでしまうことなしに、確かめることができるのであろうか？　それゆえ、判断と存在の差異を、まさにその問題となっている区別をそれによって取り消してしまうことなしに主張する直線的な方法はないように思われる。別の言い方をすれば、もし我々が反省の外部について理解したいのなら、〔このような〕主張以外の他の表現様式を見つけなければならない。命題的なものを離れ、非命題的なものに歩みを進めることを動機づける一つの方法は、（開けた領野としての）命題的なものは、常にすでに非命題的なものによって開かれていると論じることである。

〔85〕 Kant (2003), A582-583/B610-611.「〔…〕私たちがそのあとですべての実在性の総括というこの理念を実体化するとすればそれは、私たちが悟性の経験使用の分配的統一を、経験全体という集合的統一へと弁証法的に一変せしめ、だから現象のこうした全体に密着しつつ、すべての経験的実在性をおのれ自身のうちに含む或る個別的な物を考えることに由来するのであるが、そうなるとこの個別的な物は、すでに述べた超越論的詐取によって、すべての物の可能性の頂点に立って、すべての物をあまねく規定するために実在的な諸条件を提供するような或る物という概念と、取りちがえられてしまうのである。」

〔86〕 Ibid., A293/349.

〔87〕 McDowell (1996), p. 18.〔邦訳、四七頁〕

2　神話という思考以前の存在
——反省の限界についてのシェリングの考察

反省の論理空間はより広い或る領域の一部であり、このより広い領域にアクセスできるのは、究極的には神話創造〔mythopoiesis〕という様態のもとでだけである。反省は、この神話創造という様態において、自己の有限性に直面することができ、論理的反省の表現規制に束縛されない存在を経験することができる。私はそれが現代哲学の支配的イデオロギー、つまり科学主義に対抗するものであることを自覚しながら、〔ここで〕「神話」概念に訴えている。自然科学という表現の次元は（自然科学がどれだけ数学化されうることが明らかとなるとしても）、数多く存在する歴史的な記録方法の一つにすぎない制限されたものである。我々は科学主義が主張するよりもずっと真剣に不完全性について思考しなくてはならない。宇宙についての完全な理論は存在しないが、それはまさに、我々の記述にとってアクセス可能な宇宙なるものが存在しないからである。我々の認識は、なんらかの宇宙論モデルへと必然的に制限されているのである。

「収集〔collecting〕」の哲学から借りた簡単な例が、このことを説明してくれるかもしれない〔88〕。三つの要素x1, x2, x3をある特定の領野内で知覚するとしよう（例えば、色の異なる三つの立方体、つまり青・赤・白の立方体を考えてみてほしい）。ここで、この領野内にいくつの対象があるかを自問するとする。もちろん、簡単な答えは「三つ」であろう。この場合には、集合A｛x1, x2, x3｝を構築したことになる。しかし、他の対象から合成された対象が存在することは自明である（複合要素からなる対象しか存在しないということも十分考えられるだろう）。例えば、三つの立方体が合わさって一つの対象を形成するということもあるだろう。また、二つの立方体のペアが一つの対象になるかもしれない。赤と青の立方体をまとめて、白の立方体と対置することがもっともらしいと思う人もいるかもしれない。中には、対象を特定の大きさの幾何学的部分へと分割し、その数を数え上げる人もいるかもしれない。はじめに三つの立方体の集合として考えた領野におけるあらゆる対象配置を「宇宙」と呼ぼう。一般化して、ある特定の領野における対象を数え挙げる様々な図式（の一つ一つ）は「宇宙論モデル」であると主張することができる。この例からわかるように、対象を収集し、配置する方法は無限にあるということは自然なことであるように思われる。有限な要素集合を含む領野が存在するとしても、依然として、その有限な要素集合を無限に多くの仕方で（少なくとも、「元々の」要素が存在するという仕方よりも多くの仕方で）配置することができるのである。ネルソン・グッドマンが「バージョン」と呼んだことで知られている、これらの配置方法をすべて挙げることはできない。というのも、すべてのバージョン（すべての宇宙論モデル）からなる集合を構築しようとする試みはどれも、それ自身、それらのバージョンの高階の宇宙論モデルを創り出し、その

［88］「収集」の概念はスタンリー・カヴェルに由来する。カヴェル自身がはっきりと認めているように、それはフーコー『言葉と物』における収集の歴史に負っている。「自然的対象については、それが次の見本あるいは部分がどこにフィットするかを知っているが、他方で、人工物については、それがどこに最適にフィットするかを見つけなければならないと言う際には、注意が必要である。その理由はフーコーのテキスト——とりわけ『言葉と物』——で非常に有名になった仕事から我々が学んだこと、つまり、分類に基づく知は、事実の明瞭な集積から導き出される発見ではなく、それ自身、そこで新しい知の捉え方（エピステーメー）が可能となった知的・歴史的条件を必要としたのだということである。この新しい知のとらえ方の中で、事実の新しい数え方や序列が可視化されることとなったのである。」(Cavell 2006, p. 269.)

結果、常に変わらず、他の仕方でそうする〔すべてを数え上げる〕可能性を生み出すこととなるだろうからである[89]。

このことは、赤・白・青の立方体からなる宇宙だけでなく、我々が日常的に「宇宙」——絶対単数【3】としての「宇宙」——と呼んでいるものについてもあてはまる。しかし、ここで厄介なのは、宇宙を様々な仕方で記述する可能性があるということよりも、むしろ、その自己言及的洞察である。つまり、絶対単数としての宇宙を様々な仕方で記述できるという、まさにその記述そのものが、それ自身もう一つの〔高階〕記述になっている。しかし、それは何についてのもう一つの記述なのであろうか？

つまり、この記述を含めて、我々の理解にアクセス可能な現実を何層重ねても、偶然性、つまり他でもありうるという恒常的な可能性をなくすことはできない。ニーチェは『悦ばしき知識』において、「新しい無限性」の概念を用いて、この洞察をうまくまとめている。

だがしかし私の思うには、今日われわれはすくなくとも、「ひとはただこの片隅からの遠近法だけを有つことがゆるされる」と、われわれの片隅から指令するような笑止な傲慢とは、縁遠くなっている。それどころか世界は、われわれにとって、またもや「無限な」ものとなった、——世界は無限の解釈をうちに含むという可能性を、われわれとしては退けることができないというその限りは。[90]

偶然性とは、諸要素の特定の配置が、他でもありうる可能性だとしよう。そうすると、必然性は、諸要素の特定の配置が、他でもありうることの不可能性である。必然的言明、あるいは必然性についての言明は既存枠組みの利用可能性と安定性を前提にしており、その枠組みと相対することで、他のようではありえない要素間の関係から、特定の（要素の）集合は成り立っているということが正当に主張されうるのである。例えば、真の算術的言明、つまり算術定理は、この意味で必然的である。しかし、数学の定理や科学的に記録可能な事実と同じだけ必然的言明があるとしても、それによってその中でこの必然性が記録されていくところの枠組みそのものが、必然的なものとされるわけではないのである。ここで、必然的言明を可能にする既存枠組みの必然性あるいは偶然性をどのようにして規定すべきかということについては、我々は常に高階秩序の問題に直面するのである。もし我々が既存の枠組みFが必然であると主張しようとすると、まさにそのことによって諸々の枠組みの量化を可能にするもう一つの枠組みF*に依拠しなくてはならない。一つの枠組みの存在を記録し、そうすることで、或る特定の対象領域にかんして量化を行う時にはいつでも、当該の領域に対象が存在するための条件を確定する一連の背景想定（公理）を生み出しているのである。これらの背景想定は、メタ言語が導入されない限り、既存の枠組みの内部では決してアクセス可能にならない。〔メタ言語が導入されるとしても、〕このメタ言語自身が偶然性によって「脅かされる」ことになる。

必然性の領野を「理性」あるいは「合理性」と呼ぶならば、我々が理解することのできるもののすべて（すなわち、現象界）は、カントが「世界」と呼ぶ究極的な地平の内部で完全に規定されているというこ

［89］ ここでは、もちろんGoodman (1978) を参照している。

【3】 原語はsingulare tantum。特定の語で、その意味により、常に単数形で用いられるもの。

［90］ Nietzsche (1974), §374.〔邦訳、四四二―四四三頁〕

とを、カントが想定した理由は明らかである〔91〕。この地平は実在性の総体〔omnitudo realitatis〕、あらゆる可能な（無矛盾の）述語の総体性である。カントにおいては、実在的であるということは、知覚可能であるという意味で表象可能であるということと同義になる。実在的なものはすべて、知覚可能な或るものであるか（空間および（あるいは）時間のうちで出会うことのできるものは、どれも知覚可能なものの一部である）、知覚可能性の条件（例えば、空間や時間そのもの）である。それゆえ、実在性は可能的経験との関係のうちにある。

カントにとって、実在性（Realität, Sachheit）は、カントが「物」〔92〕と呼ぶ規定的対象が存在することを肯定する「超越論的肯定」の結果である〔93〕。要するに、超越論的肯定は、述語の総体性という理念を作り出すことで、すべての可能な物の集合を構築する。述語の総体性は我々に認識の「素材（Stoff）」を与えてくれる〔94〕。つまり、それは、認識の素材（物質）性を表す名前であり、内容を持つすべての操作（つまり認識）において、認識が所与の素材に直面していることを表す名前である。もし存在するすべてのものが、それが属するところの、より広い枠組みの内部で規定されることを要請するなら、そのことを簡単に一般化して、「実在性の全体という理念」を形成することができる〔95〕。カントが述べるように、「すべての真の否定は制限以外の何でもなく、否定は、無制限的なもの（全体）が根底になかったなら、そうした制限とは名づけられえなかったであろう」〔96〕。

シェリングは「存在者の理念（Idee des Seyenden）」について語っており、またそれは「存在者の形象（Figur des Seyenden）」あるいは「企投における存在者（das Seyende im Entwurf）」とも呼ばれているのだが〔97〕、その時彼はカントの「理念」概念を暗に参照している。しかし、カントからシェリングへと移る前に、カントの汎通的規定性の概念にもう一つの変更を導入する必要がある。そうすることで、理念(偶然性の必然性も含めた必然性の領野)自身が偶然的であるというシェリングの画期的な主張のインパクトが十分に理解できるようになるからである。カントの言う述語の総体性(カントの「世界」概念)は、ニーチェの「新しい無限性」が打ち出した方向性で再解釈されるべきであるという洞察を我々は引き受けなければならない。つまり、すべての述語あるいは事柄が互いに整合的となるような集合は存在しない。というのも、物の概念も、我々が述語を記録し意味を持ったものにする意味論的ルールを定める方法も、一つの枠組み(例えば、Gでなく)Fを選択する先行的決定に依存しているからである。「窓の外の公園で犬が鳴いている」と主張するならば、その時、私は或る一つの規定された場面を指示している。場面の規定性(と意味)は様々なパラメーターによって決まるが、例えば、私の周囲で生じていることを規

[91] カント自身も、後にフッサール現象学の潮流上で重要となる「地平」というメタファーを用いている。「これら三つの原理のあいだでの体系的統一は次のような仕方で具体化されうる。それぞれの概念は一つの点とみなされることができるが、この点は、傍観者の立脚点として、その地平を、言いかえれば、この立脚点から表象され、いわば見渡されうる一群の諸物をもっている。この地平内においては無限に多くの点が指示されえなければならず、それらの諸点のいずれもがこれまたそのより狭い視野をもっている。言いかえれば、あらゆる種は種別化の原理にしたがって諸亜種を含んでおり、だから論理的地平はいっそう小さな諸地平(諸亜種)からのみ成るのであって、いかなる外延をももたない諸点(諸個体)から成るのではない。しかし、様々な諸地平に対しては、言いかえれば、それと同じだけさまざまな諸概念にもとづいて規定される諸類に対しては、それらをことごとくまるで一つの中心点から見渡すような共通の地平が引かれると考えられるが、この共通の地平が高次の類であり、最後には最高次の類が普遍的な真の地平となるのであって、この普遍的な真の地平は最高次の概念という立脚点にもとづいて規定され、だから、類、種、亜種としてのすべての多様性をおのれ自身のもとに包括している。」Kant (2003), A658/B686-687.〔邦訳はHorizontを視界、視野と訳しているが、文脈にあわせて、地平と訳した〕。

[92] Ibid., A575/B603.

[93] Ibid., A574/B602-603.

[94] Ibid., A575/B603.

[95] Ibid., A576/B604.

[96] Ibid.

定するために、通常の感覚的知覚に依拠するという（一般に考慮されることのない）決定、（もちろん関連はするかもしれないが）ありえそうにない他の仮定を排除しているということも、パラメーターに含まれるのだ。例えば、誰かが「犬の鳴き声」というお気に入りのレコードをかけているという可能性や、公園内のすべての犬が奇妙なウイルスによって鳴かなくなってしまい、そのことを知られたくない政府が、秘密工作員を使って犬の鳴き声を再生しているという可能性などである。加えて、公園の場面を把握する他の無限の方法（パラノイア的、科学的、その他いろいろ）を採用しないということも私は決断している（そうした記述の中には、〔問題の場面が〕公園の場面ですらなくなってしまうものもあるだろう）。物の日常的配置、あるいは物との日常的な取り組みが相対的な整合性を保っているという事実は、我々が好む意味の場の内部で情報という形で明示的に処理することができるものより、ずっと多くの事実の可能性と現実的事態に眼を閉ざすことを前提としているのだ。つまり、無際限に包括的なデータの多様性は、言説的に利用可能な、有限な情報を凌駕するという事実が考慮されなくてはならない。

いまここで述べられた事実は（カントは感覚の多様性と概念的に構造化された現象を区別したが、そのことによってこの事実を適切に把握することができなかった）、それ自体自らが予想する数多性を指示することができない。なるほど、言説として利用可能な、有限な情報を凌駕する数多性は多〔multiple〕ですらない。概念を扱う生き物〔人間〕の活動に先行するものを、その概念の取り扱いの結果として把握しようとすべきでない。厄介なのは、「思考するということは同一化するということである」[98]ということだ。それゆえ、言説に利用可能な、有限な構造に先行するとされる不整合的な数多性についてのバディウの想定には、部分的にしか同意することができない。バディウは次のように述べている。「存在はすでにそこに存在していなくてはならず、諸多の多としての純粋な多は、規則が整合的な数多性を切り離すような仕方で現前化され、続いて、その規則自身が最初の現前化の行為によって現前化されなくてはならない」[99]。この時、バディウは、自分自身が作り出している厄介な状況に気がついてないようだ。「純粋な多」、あるいは「不整合な数多性」という言葉さえも、整合性に先行するものを捉えることはできない。なぜなら、数多性はすでに綜合の結果であり、整合性の存在を前提としている以上、整合性に先行することはできないからである。

　こうした理由から、シェリングは「自分自身と等しくないもの（das sich selbst Ungleiche）」という概念を導入して[100]、多ですらないような完全なる不整合性を整合性の基礎に据えた。もちろん、バディウに倣って、この不整合性を集合論的存在論へと併合しようと容易に試みることもできるかもしれない。それは、例えば、フレーゲの空集合についての説明を参照することで行われる。フレーゲによれば、「ゼロとは、「自己自身と等しくない」という概念に帰属する基数である」[101]。しかし、空集合を導入するには、（そのもとに何も属しえない）矛盾概念に訴える以外の方法もある。例えば、空集合は「紀元前三八四年以前に生まれたアメリカのすべての大統領」や「ケンタウルス座アルファ星に住んでいる警察の制服を着た雌のユニコーンすべて」としても定義可能である。それゆえ、集合論は必ずしも、規定性の逆説的条件やそれに類似したものへの洞察を与えてくれるわけではない。空集合は、あらゆる矛盾概念をもと

〔97〕 SW, XI, 291, 313.
〔98〕 Adorno (1995), p. 5. 〔邦訳、一〇頁〕
〔99〕 Badiou (2007), p. 48.
〔100〕 SW, X, 10, 309; SW, XIII, 230.
〔101〕 Frege (1950), p. 87 (§74). 〔邦訳、一三六頁〕

に定義されうるのだ。興味深いことに、フレーゲは矛盾を喜んで受け入れる。というのも、彼の考えるところによれば、

これらの概念は決して評判ほど悪いものではない。確かに、そのような概念は決して有用ではなかろう。[……]論理学の側から、また証明遂行の厳密性のために、概念に対して要求できるのは、その明確な境界付け、すなわち、どの対象についても、それが当の概念の下に属するか否かが確定しなければならない、ということだけである。[102]

いずれにしても、「整合性の存在は不整合性である」と述べたバディウは確かに正しい[103]。もし所与の(有限な)構造と新しい無限性——それは決して完全に整合的な総体性の像に至ることはなく、常に異なった記述によって世界を理解するという終わりなき課題を我々に課す——の区別から、この不整合性が生じると付け加えてよいのなら。自分自身と等しくないものを特定の記述のもとでアクセスできるような形で規定するところまで行かない限りで、バディウの論点は受け入れることができる。

シェリングが教えてくれるように、この〔完全に整合的な総体性を記述しようとする〕試みは逆説的なものであり、そうした試みは、いかなる規定的枠組み(集合論であれ、詩であれ)のうちでも実行不可能だという洞察を与えることになる。とはいえ、この不可能性は、この試みを無意味なものにしてしまうわけではない。むしろ、不可能性は、自分自身と等しくないものに意味を与える我々の方法が、まったく偶然的であり無根拠であるという事実に我々を直面させる。すなわち、世界をどのように概念化すべき

かを、世界があらかじめ決めることはできない。なぜなら世界は複数の記述と両立可能であり、何であれどのような言説にもあてはまる真理条件の総体性を特定することのできる究極のメタ言語は存在しないからである。我々は、どこかで根拠を失い、そして、基礎付けの無根拠性に出会うのである。「基礎づけられた信念の基礎になっているのは、何物によっても基礎づけられない信念である」[104]。

忘れてはならないのは、「世界」、「全領域の領域」、「自分自身と等しくないもの」、「思考以前の〈存在〉」、「絶対者」などは、常にすでに、述語の網の目の一部になっているということである。このことが意味するのは、不整合性は一つの状態、つまり、神の言葉によって秩序づけられるのをはじめから悠々と待っている、名もなき原初的な無秩序状態ではないということだ。むしろ、不整合性は論理空間なるものと等-根源的〔co-originate〕である。何か規定的なものが存在するなら、同時に、規定性の逆説的な無規定的条件が遡及的に生み出されている。それゆえ、あらゆる規定的なものは、或る時点で崩壊するよう規定されているのだ。

規定性が否定を前提とするならば、否定によって或るものを規定するという手続きを、存在するものの総体性に適用してもよいだろう。もっとも退屈な宇宙においても、少なくとも二つのものが存在するだろう。つまり、一つの物と、それが占める空間である。もし物が、それがその中にあるところの空間から区別されないなら、それは規定されないだろう。というのも、〈一者〉の世界においては、単集合の

〔102〕 Ibid.
〔103〕 Badiou (2007), p. 53.
〔104〕 Wittgenstein (1969), §253.〔邦訳、六六頁〕

宇宙に存在している単一の対象を、それに対して区別して規定するところの他者がいなくなってしまうからである〔105〕。空集合〔{ }〕を考えたとしても、それが内包するもの、〔空集合の中身〕、は依然として{}〔空集合の括弧〕から区別される。つまり、要素がなくとも、依然として、集合とその要素の区別が存在するのだ。ジジェクが次のように述べる時、彼はこの問題の核心をついている。

反省が究極的には常に失敗するものであること――連鎖に含まれたいずれの積極的な印づけも、印づけによる書き込みのこの空虚な空間を「上手く」代理表現〔表象〕し／反省することは決してできないであろうこと――なるほどそれは確かである。しかしながら、書き込みの空間を「構成する」ものこそ、この当の失敗そのものなのである。印づけによる書き込みの「場所」とは再‐印づけの失敗によって切り開かれた空隙以外のなにものでもない。〔……〕失敗したものとしての当の反省行為こそが、遡及的にこの反省行為を逃れている当のものを構成するのである。〔106〕

我々の把握を逃れるもの（我々がそれをどのように呼ぼうとも）は、なんら実体的なものでない。それは存在しさえしない（このことは否定神学的伝統の依然として有効な洞察である）。この意味で、秘密は存在しないという秘密以外には、存在論的秘密はない。なるほど、ヘーゲルはこの点を「啓示」概念の解釈の中で強調したが、それにもかかわらず、ヘーゲルは不整合性の力を過小評価していた。有限性と偶然性の哲学としてヘーゲルを読解する見込みがどれほどあるとしても、結局、長期的に見れば、ヘーゲルが自らの弁証法の表現能力について、楽観的すぎたということは明らかである。『哲学史講義』「序文」の一節で、ヘーゲルはとりわけ横柄な態度をとりながら、次のように述べている（それはサディスティックな享楽に溢れている）。

人間は精神であるから、最高者にふさわしく自分自身を尊敬してよいし、また尊敬すべきである。人間の精神の偉大さと力とについては、いくら大きく考えても、すぎるということはないのである。またこの信念をもってすれば、人間に自分を開かないほどに冷淡なもの、頑固なものはないだろう。最初は隠され、閉されている宇宙の本質も、認識の勇気に抗しうるなんらの力ももたない。この勇気の前には、その宇宙の本質は必ず自らを開き、その富と深底とを、その人の眼前に現して、享受〔享楽〕に委ねるにちがいない。[107]

ヘーゲルによる存在と反省の同一化――存在は反省の残余にすぎず、存在は究極的には概念の普遍性以外の何物でもないというテーゼ――は、カントの物自体とヘルダーリンとシェリングによるその後継概念、つまり「存在」に対する歪められた見方に基づいている。ヘーゲルは誤って、ヘルダーリンとシェリングの「存在」が、反省に先行する存在者か事態だと考えてしまっている。だが、ヘルダーリンとシェリングが考えているのは、反省の根底に横たわる存在者ではない。彼らはノスタルジックに古代

〔105〕この点はGabriel (2008), §14-15でさらに展開されている。
〔106〕Žižek (2008), p. 86.〔邦訳、一四四―一四五頁〕

〔107〕Hegel (1974a), p. XIII.〔邦訳、二〇頁〕

形而上学に回帰して、存在を実体化しようとしているわけではない。むしろ、存在は、それ自身完全に透明になることのできない現象（ヘルダーリンの美的経験やシェリングの神話的意識の盲目的神律）においてのみ自らを顕現する形式と内容の統一を表す名前である。まさにこの形式と内容の区別こそが、無知の空間（他でもありうる可能性）は知の領野を無限に凌駕するというヘルダーリンとシェリングの洞察を支えているのである。形式と内容の統一が捕えどころのないものであるという経験においてのみ、形式と内容の統一を可能にする、知ることのできない何物かの「予感（Ahnung）」を持つことができるのである〔108〕。この真にカント的な「知ることのできない何物か」は、反省自身に課された盲点であるだけではなく、ヘーゲルの反省も含めてあらゆる反省がその中にある印づけの空間、全領域の領域である。それゆえ、〔ヘルダーリンとシェリングの言う〕「存在」は、規定性の前提を措定しようとするヘーゲルの試みの開始点における「存在」と同一物ではない。存在は、無であるような存在という形式では、決して完全に自らを顕現しはしない。ヘーゲルの考えとは異なり、存在は規定的存在（定在〔Dasein〕）へ解消されることがないのである。というのも、さもなければ、或るものが他でもありうるという可能性がアプリオリに抹消されてしまうからである。

もちろん、知ることのできない何物かを指示するいかなる思考も、それ自身の表現可能性の限界ゆえにもたらされる意味論的なアンチノミーを含んでいるように思われる。つまり、もし知ることのできない何物かが表現されるとするならば、思考は自らが把握したと主張している内容を表現してはいないことになるのだ。しかし、このアンチノミーが立ち現れるのは、我々が言語を命題の表現という機能に制限した場合のみである。こうした〔言語に対する〕制限こそ、ヘルダーリンとシェリングが言説に先行する潜在-意味論的（非-意味的）次元を回復させることによって避けようとしたものに他ならない。いかなる表現形式も、それがすでに言語の指示的な使用が可能であるということに頼っている限りで、有限なのである[109]。

まったく知られていないと言っても過言ではないシェリングの論文「積極哲学の原理の、もう一つの演繹（Andere Deduction der Principien der positiven Philosophie）」の中で、彼は、事実性または無根拠性の問題を考慮しながら、論理空間内の存在は偶然的なものとして見なされうるかどうかを問うた。もし存在が偶然的なのであれば、それは他のように存在しうるという可能性をもっていなければならない。「したがって、問題は〔Es fragt sich also, ob〕、この思考以前の〈存在〉が、自らが変化させられてしまうかもしれないような対立を、それゆえ、それに直面することで自らが偶然的なものとなってしまうかもしれないような対立をまったく許容しないかどうか、ということである」[110]。ここで、シェリング〔独自〕の定式化に言及せねばならない。「Es fragt sich also, ob……」という表現は、「問題は、○○かどうか、ということである」ということと、文字通り、「それ〔つまり、思考以前の〈存在〉〕！」は、○○かどうか、と自分自身に問う」ということの両方を意味する。つまり、思考以前の〈存在〉の必然性あるいは偶然

[108] Hogrebe (1996) はこのことを説得力ある形で論じている。

[109] ヴィトゲンシュタインも同じ調子で、次のように『論理哲学論考』で論じている。指示の可能性の条件それ自体が指示の対象ではありえないということを含意するような言語を使用せずに、言語を世界と比較する直線的な方法は存在しない。指示の可能性の条件は、それ自体、世界の内部の対象ではないが、それでもヴィトゲンシュタインのメタ言説の対象ではある。以上の理由から、このメタ言説は、反省の頂点において自らが無意味であることを明らかにする。Wittgenstein 1961.

[110] SW, XIV, 337.

性についての我々の問いは、存在論的な出来事なのだ。我々の存在理解のうちで潜在的な、他のようでもありうるという可能性は、思考以前の〈存在〉の存在論的な構造を変える。より正確にいえば、この可能性がはじめて、思考以前の〈存在〉に存在論的な構造を与えるのである。こうして盲目的な必然性（それは本来の様相でさえないのだが）は、突然、そして、何の理由もなしに自覚することになる。すなわち、理性は設えられたのであり、意味は、或る無意味な〔non-sensical〕そこにある存在（思考されるもの〔cogitatur〕）から作られたのである。思考以前の〈存在〉は、思考が設えられた途端に、思考以前の〈存在〉であることを止める。シェリングの用語で言えば、思考以前の〈存在〉は、第一ポテンツへと転じるのである。

「思考以前の〈存在〉」という言葉は、一見したところ、現実に存在していない〔not existing〕とは考えられないものを指示しているが、それを存在神学における〈神〉と――そのように見えるとしても――混同してはならない。シェリングはむしろ、思考以前の〈存在〉は神ではないと主張しているのだ。なぜなら、それは何物でもありえないからである。思考以前の〈存在〉は、純粋な現実性である限り、完全に無力〔ポテンツを持たない impotent〕である。現実性は可能性を含むという様相論理の原理は、可能性の設立に先行する、思考以前の〈存在〉の現実性にはあてはまらない。「どれだけ早く我々が来ようとも、すでにそこにある（das, so früh wir kommen, schon da ist）」[11]のである。思考以前の〈存在〉とは、理性の事実性につけられた名前以外の何物でもない。理性（そして思考）は、自分自身を根拠付けることができないのである。しかし、いかなる意味で、純粋な現実性、理性の単にそこにあるということは、偶然的でありうるのだろうか？　結局のところ、事実性と偶然性は、異なる概念なのではないだろうか〔112〕？

シェリングの答えは、当惑させられるほど単純である。思考以前の〈存在〉の必然性、すなわち、必然的存在者〔necessario existens〕〔113〕の必然性そのものは、偶然的である。なぜなら、それはなんらか偶然的なものの現実存在に依拠しているからである。必然的存在者の必然性は、偶然性が設えられた後でのみ、確かめられうる。必然性の評価は判断の利用可能性を前提するが、そうした判断の利用可能性は、概念を扱う生き物が存在するのと同時にしか、現実に存在することはできない。そしてそうした概念を扱う生き物のまさしく核心が偶然性なのである。判断の領野は真偽の二元性が成り立つ領野であるが、それは偶然性のための空間を開く。つまり、存在が必然的になるのは、理性の遡及的な因果性の結果としてのみである。このことが含意するのは、シェリングから見れば、ヘーゲルが除外しようとする或る問いを、我々は自問しなければならないということである。

〔111〕SW, XIV, 341.

〔112〕Meillassoux (2008), pp. 39-42, 60. を見よ。メイヤスーは、古典的な相関主義（存在と思考の、存在と◯◯に与えられた存在との、アプリオリな同一化）が、次の二つのものを区別したことを指摘している。すなわち、「一．我々に世界を与えてくれる言語や表象の不変項に背くことなく、世界の内で存在しえたり存在しえなかったり、生じえたり生じえなかったりするようなあらゆるものについて述定される、内世界的な偶然性」と、「二．これらの不変項そのものの事実性、すなわち、私が、これらの不変項の必然性あるいは偶然性のどちらか一方を設えることを迫られるような、本質的な能力の欠如を指示する事実性」との区別である。メイヤスー自身は、新しい「非理性の原理」を言うことによって事実性を絶対化する。「いかなるものもそれがそうであるところのあり方で存在し、あるいは、存在し続けることの理由を持たない。あらゆるものは理由なしに、存在しなくなることがあり、かつ／あるいは、それがそうであるところのものとは違うものであり得るのでなければならない」。しかしながら、この絶対的な事実性は、すでにシェリングによって展開されているのみならず、そこには一つの重大な差異がある。すなわち、シェリングは、メイヤスーが力説する偶然性の必然性をも含むような、必然性の究極的な偶然性を主張するのである。

〔113〕SW, XI, 317; XIV, 346.

全世界はいわば悟性ないし理性の網の目の中に横たわっています。しかし問題はまさに、世界がいかにしてこの網の目の中に入ってきたかという点なのです。なぜなら世界の中には、単なる理性とことなるものや、またそれ以上のもの、いなこの制限を超え出ようとするものさえ明らかに存在するからです。[114]

反省の出発点としての存在の必然性は、同一性と区別〔差異〕の貫徹した秩序を設える反省活動の結果にすぎないが、この反省活動は、自らが打ち立てた総体性の網の目の内部では原理的に自らを現前させることができない。そのために、カストリアディスは、存在を規定性と同一視する伝統（それを彼は、ヘーゲル的な存在論の教義と信じていたのだが）に反して、適切にも次のように指摘している。すなわち、規定性とは、諸物の常にすでに設立されている、諸物の秩序としては説明されえないような過程、つまり、「存在論的生成」の結果なのである。

思考以前の〈存在〉の、未だ媒介されていない事実性は、「他なる存在の可能性（Möglichkeit eines anderen Seyns）」[115]を排除することができない。この場合、事実性と偶然性は両立可能である。思考以前の〈存在〉の場合には、事実性は純粋な無媒介的現実性、原初的にそこにある存在、もしくは、我々が世界や自分自身に関係する時に出会う「定在（Dasein）」である[116]。このことが含意しているのは、事実性は、それによって自らを超越することがなければ、他なる存在の可能性、つまり、偶然性を排除することも予期することもできないということである。したがって、偶然性はそれ自体、偶然的となる。偶然性は、アプリオリに排除されることもなければ、諸物の或る既存の絶対的な起源によって規定されて現象することもない。事実性は、原理という意味での起源ではないのだ。シェリングが『自由論』でそう表現したことが知られているように、せいぜいそれは、「無底（Ungrund）」なのである〔117〕。

無底は純粋な事実性である。しかし、無底の先行性は、それによって規定されえないものを規定することなしには、〔無底の〕論理的あるいは存在論的な優位性を通じて認識されることさえありえない。「絶対的無差別」という題目の下でシェリングが言及した、まったき無規定性は、その無差別がただ差別においてのみ実現されうるようなものでなければならない。無差別はただ差別の中にのみ存する。正確にいうと、無差別は差別化の過程の中でのみ自らを顕現する。要するに、無底、つまり、思考以前の〈存在〉は、いかなる区別をも逃れるのであり、同時に、可能性を可能にすることによって、あらゆる区別を可能にするのだ。それは、偶然的な必然性であることが判明した事実性、つまり、なんらかの命題として語られる環境の現実存在によって遡及的に設えられた必然性となった事実性である。対象領域が存在する時はいつでも、必然的に全領域の領域が存在する（それは、固定的な総体性という意味で全領域の集合が存在することを含意するわけではない）。あらゆる区別に「先行する」ものは、そもそも完全に媒介されるようになる可能性がまったくない時にのみ、そこに存在するのだ。それは、いつも背後に退いている。まさに我々がそれを捕えたいからこそ、我々の把握からすり抜けてしまう。それは、ノヴァーリスが、

〔114〕 Schelling (1994), p. 147.〔邦訳、二二七頁〕
〔115〕 SW, X, 282; XIII, 263-278; XIV, 342-343.
〔116〕 SW, XIV, 354.
〔117〕「無底」の概念については、Gabriel (2006a) を見よ。

しばしば引用されるアフォリズムの中で簡潔に表した状況なのである。「我々はいたるところに無制約的なもの（das Unbedingte〔物化されていないもの〕）を探し求めるが、見出すのはいつも事物（Dinge）だけである」[118]。

「思考以前の実存者〔unvordenkliches Existieren〕」[119]とは、事実性に対するシェリングの表現である。理解可能な命題として語られる環境や範囲が偶然的な実存であるために、事実性は偶然性に転じる。既存の枠組みの偶然性そのものが、その出発点――「起点〔terminus a quo〕」[120]――を偶然的な或るものへと変化させるのである。このことは、ブルーメンベルクに対するシェリングの水面下の影響に気付かせる。ブルーメンベルクは、啓蒙が神話を一面的に拒否することを批判する際に、起点と終点〔terminus ad quem〕という区別を用いている[121]。ブルーメンベルクの「現実による絶対支配」という概念は、神話の形式と科学の形式両方のロゴスの仕事によって乗り越えられなければならないとされているが、それはシェリングの〈思考以前の存在〉に対応している。ちょうどシェリングのように、ブルーメンベルクは、「対象なき意識の志向性」[122]、言いかえれば、不安（Angst）を要請する。この不安は、意識から対象を引き離し対象自身の偶然性を意識に捉えさせるシンボル実践の脆弱な安定性に先行している。しかし、ブルーメンベルクが十分に指摘していないのは、実存的な不安といういわゆる「自然状態」[123]は、近代人の当惑を有史以前の人間に投影したものである恐れがあるということだ。これはそれ自体もう一つの神話であることになろう。現実による絶対支配を描き出すブルーメンベルクのやり方、つまり、思考以前のものに容貌を与えるというやり方は、ここで問題となっている〔思考以前の〈存在〉の〕捕えがたさをまったく正当に扱っていないのである。

このような理由から、事実性は規定性が生起可能になるために常に偶然性へと変化するというシェリングの説明は、ブルーメンベルクの神話についての説明よりも洗練されていると言える。シェリングが依拠している考察は、どんな主張も、これから規定されるべき事態を、単に現実的なだけの或るものから、我々が把握する仕方とは潜在的に異なった或るものへと変化させるというものである。我々が把握する世界は、世界の自体的な姿と、必ずしも同一であるとは限らない。概念を扱う生き物が存在しはじめた途端に、世界それ自体が、単なる現実性から理解にとってアクセス可能な或るものへと変化するのである。こうした変化の過程——すなわち、存在論的生成——は、世界の内部で生じる。〔それに対して〕世界それ自体は、事実性、つまり、単なる現実性から潜在性へと変化する。世界は自らの内部で、自らと、その表象された存在、欲望された存在との間の空間を開くのだ。シェリングが述べるように、

〔118〕 英訳 ——We *seek* the absolute everywhere, and only ever *find* things——は Novalis (1997), p. 23〔邦訳、九五頁〕。もちろん、この英訳は、〔ドイツ語原文の〕言葉遊びを完全に見逃している。〔なお、邦訳も、原語Unbedingteを「絶対的なもの」と訳しているが、本書ではガブリエルのねらいに合わせて変更した。〕

〔119〕 SW, XIV, 338.

〔120〕 SW, XIV, 341-342.

〔121〕 Blumenberg (1985a), p. 19.〔邦訳、二一頁〕

〔122〕 Ibid., p. 4.〔同上、五頁〕興味深いことに、ブルーメンベルクは、「志向性は——つまり諸部分を一つの全体に、諸性質を一つの事物に、諸事物を一つの世界に調和させること——は意識の初期の諸成果が寄り集まり鎮静化した状態なのかもしれない」(p. 21.〔同上、二三頁〕）と考察を進めているが、この「状態」によって彼がとりわけ指しているのは「注意」や「情動」である。〔ここでは〕次のふたつの主張の結合がパラドクスをきたしている。つまり、(一)不安、つまり志向性の一つの形式にすぎないものが注意と情動の展開を誘発するという主張と、その結果(二)志向性それ自体がこの過程の「鎮静化した」結果であるという主張である。言いかえれば、そもそも志向性は、根拠から離れようとする志向性という一つの形式を前提する過程の結果ではありえない。このパラドクスは、デリダの差延の一例である。フロイトの『トーテムとタブー』や社会契約に関するルソーの理論におけるのと同様、過程（法則に似た構造）を通じて設立されたと想定されるものは、常にすでに始まりにおいて作動していると前提されているのである。これは、デリダがDerrida (1978), pp. 168, 283, 326, 349sqq〔邦訳、二六二〜二六三、四五七—四五八、五二〇—五二一、五六二頁以下〕で指摘しているように、考古学と目的論との交錯〔interlacing〕なのである。

〔123〕 Ibid., p.3.（同上、二頁）

「ポテンツ［つまり、可能性（引用者補足）］は、それが〈思考以前の存在〉に先行しなかったというまさにその理由により、このような思考以前の実存者の行為においては乗り越えられえなかった。しかし、そのことによって、消し去ることのできない偶然性は、この思考以前の実存者において措定されているのである」［124］。

本章の第一節で見たように、ヘーゲルは、論理空間に先行するものは存在しないと考えていた。ヘーゲルによれば、思考以前の〈存在〉は、まさに事実性に取って代わって、「絶対的必然性」［125］であることを示す〈概念〉の存在そのものなのだ。もし〈思考以前の存在〉に対するヘルダーリンやシェリングの概念化が、全領域の領域に関する形而上学的な説明に留まっており、それゆえ、反省の絶対的な内在のうちで操作されているのであれば、ヘーゲルが彼らに異議を唱えたことは正しいといえるだろう。しかし、ヘルダーリンとシェリングが述べようとしたことは、捕えがたさの経験によって動機付けられている。要するに、〈ロゴス〉の領域の内部には、自己疎外という論理的行為に還元されることなしには完全には透明になりえない現象が存在するのだ。ヘーゲルの考えとは反対に、理解可能性は、まさにそれ自身が説明できない過程のおかげで現実に存在する。これは、規定性の無規定的な条件を論理空間へと導入する時のポイントである。もし乗り越えられえない捕えがたさの経験が存在するなら、論理空間は、論理的ではない次元を指し示すような特性をもっているはずなのである。

実際、ヘーゲルの純然たる論理中心主義は、なんらかの受け入れがたい前論理的な諸現象には適応できず、そうした諸現象を論理的形式で表現しようとする不器用な試みへと格下げされてしまう。こうしてヘーゲルは、神話と宗教のそれぞれについてのアクチュアルな哲学の文脈にアレゴリーという古代の方法を再建することになる〔126〕。ヘーゲルにとって宗教とは、絶対的な内容（すなわち、絶対者）を表象という有限な形式において表現するものである。この想定は、アレゴリーという方法の使用を可能にする。つまり、宗教的な表象は、その表面に現れているものとは「何か違うことを語る（allo agoreuein）」。例えば、三位一体というキリスト教の教義は、本当は媒介について語っており、〈神〉（すなわち、キリスト）の死は、本当は超越の自己破壊を意味している、などである。宗教は、現実に存在していない神秘を表現するために、イメージ、隠喩、寓話などを用いる。〔この想定によれば〕本当の神秘とは、人々が信じ込んでいる神秘を離れた神秘、つまり、偽であることが判明する神秘、など決して存在しなかったことを理解することなのであり、それは、最終的に真理が真にある通りに復活するために必要だったのである。

諸々の神話〔myths〕を解釈するこの方法は、すでに古代末期の哲学者たちによって広く採用されていた。だがもちろん、アレゴリー的方法は古代の神話解釈者たちに限定されはしない。それは、神話というものは、実際にはそれが明示的に名指していない何物かについて語っているということを前提するあらゆる神話〔mythology〕理論によって採用されている。神話を、形式と内容の差異を前提にした解釈

〔124〕SW, XIV, 338.

〔125〕Hegel (1969), pp. 550-553.〔『論理の学』第二巻、二〇二―二〇七頁〕

〔126〕Marx (1988), pp. 159-160.〔邦訳、二一四頁〕は『ヘーゲル〔弁証法と〕哲学一般の批判』の中で、シェリングと同様の主張を行っている。「だがもし宗教哲学等々だけが私にとって宗教〔等々〕の真の現存だとすれば、私もまた宗教哲学者としてのみ、真に宗教的なのだ、ということになり、こうして私は、現実的な宗教心と現実に宗教的な人間とを否認することになる。しかし同時に私は、一方ではそれら〔宗教、国家等々〕を、私自身の現存の内部で、あるいは私がそれらに対置した疎遠な現存〔例えば宗教哲学的現存等々〕の内部で確認する。なぜなら、この疎遠な現存は、ただそれらのものの哲学的表現であるにすぎないから。他方では私は、それらのもの特有の始源的な形姿において確認する。なぜなら、それらは私にとって、それらのもの自身の真の現存の、すなわち私の哲学的な現存の、たんに見せかけだけの他在として、比喩として、感性的な外被のもとにかくされた形姿と見なされるからである。」

に従わせる神話理論はすべてアレゴリー的である。アレゴリーは、神話を考える支配的なやり方なのだ。例えば、素朴な精神分析学的神話読解は、精神分析的パターンを神話的な物語に対して単純に投影しているという点で、アレゴリー的であるといえよう。

現代の洗練されたアレゴリー的な神話解釈の例としては、レヴィ＝ストロースの『神話論理』が挙げられる。レヴィ＝ストロースによれば、神話は神話素〔mythemes〕からなるものであるが、神話素とは、未開の思考を構造化し、〔結果として〕完全な意味における神話にまとめあげられる要素である。この神話素を明示化し、神話素の（諸々の）配置方法を再記述することで、最終的に既存の意味の場を構造化している二項対立の理解へ到達するのが構造主義的な神話理論の仕事なのだ。そうすることで、神話はロゴスへと、つまり、法則に、一者として数えること〔count-as-one〕に従った要素の配置へと還元される。こうした構造主義的な楽観論によって、レヴィ＝ストロースは「さまざまな感覚的なものに論理があること、そして感覚的なものの過程を跡づけ、感覚的なものに法則があるのを証明すること」[127]にはっきりととりかかっている。確かにレヴィ＝ストロースは、彼の「この〔本の〕素描は〔それ自体〕神話である〔……〕。それはいわば神話学の神話〔the myth of mythology〕である」[128]と述べ、高度に反省された方法論的想定に基づいて考察を進めている。だが、彼が牽引した構造主義のパラダイムは、神話が統語論、すなわち、「自然言語」によって支配されていることを前提にしてしまっている。

シェリングは実に独創的な仕方でこうした考えに異論を述べている。それによれば、神話を別の言語に翻訳しようとするいかなるアレゴリー的解釈も、そのことによって神話的な表現形式の要点を逃してしまう。神話は論理的な真理を表現しようとする間違った取り組みなのではない。むしろ、存在の意味のまったき統一を、つまり、内容と形式のまったき統一を成立させるものである。

> 神話は何か人為的に生じるものではなく、むしろ——まさに与えられた前提下で、必然性をもって——自然に生じるものであるため、神話の中では、形式と内容、素材と外見は区別されえない。諸表象は、最初に他の形式において現前するのではなく、むしろ最初にこの形式においてのみ、そしてそれゆえ同時に、この形式とともに生じるのである。〔……〕形式が生じる必然性の結果において、神話は徹頭徹尾字義通り〔eigentlich〕である。それゆえ、この神話のうちのあらゆるものは、あたかも何か他のことが考えられており、言われているかのようにして理解されてはならず、神話が表現するがままに理解しなければならない。神話は、アレゴリー〔寓意〕的ではなく、タウテゴリー〔自意〕的なのである。[129]

シェリングの関心は、反省の形式において自分自身を絶対化するロゴスのプロジェクトから、神話の意義を守ることにある。反省が限界付けられるのは、まさにそれが神話によって生じるからであって、その逆ではない。こうしてシェリングは、神話が言語を可能にするという見解を提起する。「ひとはたいてい次のように言いたくなる。すなわち、言語そのものは神話を消滅させたにすぎない、と。神話がか

[127] Lévi-Strauss (1979), p. 1.〔邦訳、五—六頁〕
[128] Ibid., p. 12.〔同上、二〇頁〕

[129] Schelling (2008), p. 136.

ろうじて生と具体的な差異の中で保存しているものは、言語においてただ抽象的で形式的な差異の中でのみ保存されているにすぎないのである」〔130〕。ここではシェリングの注意深く選び出された表現に目を向けなければならない。すなわち、「ひとはたいてい次のように言いたくなる」という表現は、シェリングが言語に先行する何物かを表現することが困難であることに気付いていることを示しているのだ。隠喩的な言語形態に訴えることなくしては、つまり、言語の神話を創出することなくしては、言語は色あせた神話であると主張することさえできないのである。

ヘーゲルが（芸術、宗教、歴史などといった）神話の内容の必然性を暴こうとした一方で、他方のシェリングは表象という形式の必然性を力説している。表象の形式は避けることのできないものである。「形式は、必然的で、その限りにおいて理性的な一者として現れる」〔131〕。神話的形式よりも優先されるべき絶対的内容は存在しない。いかなる絶対的内容も、神話的な過程に先行するのではなく、むしろ神話的過程から生じてくるのである。それゆえ、この過程全体は、「根底から実体化される」〔132〕のであり、その現実性においては「思考と意志から独立している」ことになる〔133〕。したがって、神話的過程を組織する超越的な保証人、〈神〉は存在しない。シェリングが述べているように、〈神〉とはいまだ果たされていない「約束」〔134〕、「純粋自己〔reines Selbst〕」の約束のための名前以外の何物でもない〔135〕。この純粋自己は、自己意識の絶対性と言われるものを崩壊させるような形式の必然性への洞察を通じてのみ実現されうる。意識が自己を構成し、形式と内容の双方を包含するものとして自らを把握しようとすることは、他律性を生じさせる。意識は自分自身に依存するようになるのだが、この依存される意識は、意識自身にとっては、意識を統治する神という形式において表現されるのである。

ここでシェリングは、「アニミズム」（それは神話的意識に対するフロイトの用語である）の構造についてのフロイトの診断を先取りしている。アニミズムとは、精神器官（内的世界）を外的世界に投射しながら、この操作そのものに対して自らを盲目にするという仕方でこれを行うものである。アニミズムは、「神話を創り出す意識〔mythopoeic consciousness〕」[136]であり、この意識は、内的世界とそこでの感情の蠢きの両価性を対象化し、そのことによって悪魔の国と神の国を創造するのだ。それにもかかわらず、フロイトの重大な発見は、「未開人」が自らの感情的両価性をその環境に投射するという主張に留まらず、「文明化された」神経症的意識も部分的には、世界に対する同様の幻覚的態度に支配されているという主張である。

> 内的な諸知覚の外への投射は原始的な機制であり、この機制は例えば我々の感覚知覚さえも支配していて、我々の外的世界の形成に普通もっとも深く関わっている。まだ十分にその条件が確認されているわけではないが、感情および思考過程の内的知覚も本来は内的世界にとどまるべきなのに、感覚知覚と同様に外界へ投射され、外的世界の形成に利用される。[137]

〔130〕 Ibid., p. 40.
〔131〕 Ibid., p. 153.
〔132〕 Ibid., p. 152.
〔133〕 Ibid., p. 135.
〔134〕 Ibid., pp. 120-121.
〔135〕 SW, XIII, 257.
〔136〕 Freud (1950), p. 96.〔邦訳、九九頁〕〔フロイトによるW・ヴント『神話と宗教』の引用の孫引き〕
〔137〕 Ibid., p. 81.〔同上、八七頁〕

したがって、自己意識（それゆえ自律性）は徹底的に他律的である。それは、自分が自ら依存している自分自身の他なるもの〔自分以外のもの〕になることを通じてのみ、自分自身を実現する。こうして意識は根源的ではなく、結果あるいは「自然の終わり」[138]である。自らを根拠付けようとする自己意識の試みから、自然からの意識の疎外が生じるのである。もちろん、シェリングは、「自然」ということで、（我々の使う言葉の意味で）科学の対象を理解しているのではない。むしろ自然とは、『世界諸世代』における「超越論的過去」、つまり、未だ理性に拘束されない原初的存在を指示している。したがって自然とは、あらかじめ与えられているものではない。それは、なんらかの仕方で常にすでにそこに存在するのでありながら、〔それでいて〕絶対的な疎隔の、あるいは、実存的な不安（Angst）の原因そのものなのである[139]。

神話のうちに、――神話がその人にとって、いわばいかなる考察にも値せず、特に哲学的な考察に値しないと思われるほどに――我々の日常の概念に対立するもののみを見いだす者は誰でも、次のことを熟慮してみるとよい。つまり、思考しない者に、また日々見ているものの習慣によって鈍感になっている者に、自然がほとんど驚きを引き起こしはしないのだということ、むしろ我々は、自然が神話に全く劣らず同じように驚くべき奇怪なものであり、また信じがたいものとして現れるような精神的・倫理的気質を自分たちが持っていると、おおいに考えることができるということをである。高次の精神的または道徳的な脱我を生きることに慣れている者は誰でも、自分が自然にまなざしを向け返すならば、次のように容易に問うことができるだろう。すなわち山や岩壁という幻想的な形態のために、無益に浪費される、こうした素材の目的とは、いったい何だろうか？〔140〕

神話は、奇妙な「出来事」のあらゆる特性を見せる。この「出来事」という用語はシェリング自身も頻繁に用いた言葉である〔141〕。まさしく神話の「歴史性」〔142〕は「事実や出来事」を指しているが、それは「あなた自身が概念において思案しなければならないものなのだ！」〔143〕。神話は、思考以前の出来事であるが、それが意味するのは、神話を理性的な所産に変えることのできる理性は（思考は）神話以前には存在しない、ということである。神話の無情な無意味さは、神話が意味の基礎であり、それどころか無意味さという意味の基礎でさえあるという点に存する。「論理空間」という概念さえ、合理性の「制限なき範囲」を画定し、そこで我々が自分自身を認識する描像を与えるための隠喩として明らかに役立っている。それゆえ、あらゆる神話や隠喩から自由な、純粋な論理空間など存在しないのである〔144〕。

〔138〕Schelling (2008), pp. 144,150.

〔139〕Blumenberg (1985a), p. 21.〔邦訳、二三―二四頁〕におけるブルーメンベルクの「太古」(Vorvergangenheit) の概念も見よ。「始まりが語られる際には、根源に達しようとする妄想がものを言っているのではないかと思われる。ここで取り上げようとしているのは、すべての始まりへ立ち返ろうとすることではない。むしろ始まりからどれだけ隔たっているかが、すべてにとって重要なのである。「根源」とは言わずにことさら「太古」と言っているのはそのためである。もっとも、ここで太古と言っているものは、願望が絶大な力をふるっていたとされる――願望に従わないものと衝突して初めて現実と妥協してリアリズムに達した時代のことではない。太古について推定できるのは、他なるものの絶大な力についての経験という、経験の内でも、唯一絶対的な経験だけである」。

〔140〕Schelling (2008), pp. 153-154.

〔141〕例えば、Ibid., p. 126. を見よ。

〔142〕Ibid., p. 126.

〔143〕Ibid., p. 126.

〔144〕McDowell (1996), Lecure 2.

重要なのは、論理中心主義は自らに反して、神話に基づいているということである。ロゴスを神話に対置することで、論理中心主義は自らが神話に依存していることを密かに認めているのだ。したがって、ヘーゲルが自己内反省を閉じる時に、それがただ神話の形式においてのみ表現可能だったという事実を、ブルーメンベルクが強調したのは正しい。ヘーゲルが、自己閉鎖というロゴスの振る舞いを明らかにするするために、「諸々の円環からなる円環」〔145〕、「バッカス踊りの熱狂」〔146〕、または、「エレウシスにおける密儀」〔147〕などについて語る時、彼自身も、形式と内容の神話的統一を援用しているのである〔148〕。この意味において、ヘーゲルは、反省に向かって存在を超越しているわけではない。反省は、むしろ存在へと内破するのであり、意味と存在の統一という範型を自己表現という形式において折り重ねている。このために、ヘーゲルの『大論理学』は、新しい神話を、つまり、「理性の神話」を創り出すことになった。そのことによって（私はそれは意図的ではなかったと考えるが）「ドイツ観念論最古の体系プログラム」というプロジェクトを継続しているのである。この「プログラム」は次のような有名な戦いへの呼びかけを含んでいた。すなわち、「我々は新たな神話を持たねばならない。しかしこの神話は理念に奉仕しなければならない。それは理性の神話とならなければならないのだ」、と〔149〕。

シェリングの主張によれば、ヘーゲルが神話を乗り越えることができなかったのは、自己意識によって新たな神話を創造する代わりに、まさに神話の形式内に論理的な内容を読み込んだためであった。ヘーゲルは、形式と内容が一致する表現の究極の理性的な（つまりは弁証法的な）形式――リオタールの言う意味での絶対的な「文の体制〔phrase establishment〕」――が存在することを前提している〔150〕。しかし、ヘーゲルは、神話や芸術がこの絶対的な表現形式に到達することを認めようとはしない。なぜなら、彼にとって、神話や芸術は、表象の形式に制約されているからである。それにもかかわらず、ヘーゲル自身は表象を使用してはいないだろうか？　ヘーゲルは様々な隠喩や言葉遊びなどをかなり使用しているが、それ自体が美的な表現なのではないだろうか？

> 哲学的な諸概念は、単なる普遍的なカテゴリーと考えることはできない。そうした諸概念は現実的な、規定された諸本質性〔Wesenheiten〕でなければならない。そして、それらが現実的であればあるほど、〔つまり〕哲学者によって現実的で特殊な生命を与えられれば与えられるほど、諸概念は、仮に哲学者があらゆる詩的な言葉遣いを侮蔑しているとしても、ますます詩的な形象に近似して現れてくる。ここでは、詩的な理念は〔元々〕哲学的な思考に含まれており、外からつけ加わる必要はないのである。〔151〕

言語の内部には言語自身に課されているのではない境界線があると、我々は主張しなければならない。

---

〔145〕Hegel (1969), p. 842.〔『論理の学』第三巻、三〇五頁〕
〔146〕Hegel (1977), §47.〔『精神の現象学』上巻、四四頁〕
〔147〕Ibid. §109.〔同上、一〇七頁〕
〔148〕ブルーメンベルクは、自己生成という観念論的なプロジェクトは、最後の神話という形をとっていると論じている。Blumenberg(1985a), pp. 265-270.〔邦訳、三一六―三三三頁〕を見よ。
〔149〕Bernstein (2002), p. 186.〔邦訳、二六三頁〕
〔150〕Lyotard (1988) における、絶対的な文の体制の可能性に反対するリオタールの論争を見よ。
〔151〕Schelling (2008), p. 38. ここでシェリングは、暗示的ながらも、ヘーゲルに批判的に言及している。ヘーゲル自身が、しばしば「純粋な諸本質性（Wesenheiten）」という言葉を使っているのである。例えば、Hegel (1969), p. 28.〔『論理の学』第一巻、三二頁〕を見よ。

それは、すなわち、フレーゲの言う意味での、意義〔sense〕と指示〔reference〕との間の境界線である。意味〔meaning〕の意味論的な組織化、言いかえれば、言葉の秩序は、諸物の存在論的な秩序と同一ではない。もちろん、この区別は言語の内部で引かれているが、それは、一つの実在的な区別であり、つまり、我々が、一般的には主張の有限性として、特殊的には知識の主張〔knowledge-claim〕の有限性として経験する区別なのだ。古典的区別を、いかなるバージョンで受け入れるのであれ——つまり、感覚と知覚との区別、現に存在するものと我々が現に存在するものについて述べるところのものとの区別、形式と内容との区別などといったどんな区別として受け入れるのであれ——、この時我々は、まさにそのことによって思考以前の〈存在〉を折り重ねている〔反復している〕のである。

偶然性を取り消す究極的なやり方、つまり、全領域の領域というパラドクスを抹消する究極的な方法は存在しない。たとえ想像上の地位を持つ理性が一切のものを同化しようとしても、概念的な明晰性（理性）は、極めて限界付けられた理解可能性の一圏域にすぎない。だが、理性自身の事実性を同化することさえ、それを偶然性へと変化させることなくしては不可能である。理性は、諸々の様相が存在するという前提条件の下で働く。理性は、必然性と偶然性との区別が存在することを前提している。ところが、この区別そのものは、〈思考以前の存在〉の事実性には適用されえない。〈思考以前の存在〉は、まったく理解することができないのだから、必然性と偶然性との無差別なのである。実存の原初的な無意味さが、事態の有意味な（偶然的であれ、必然的であれ）配置として理解可能となることはありえない。というのも、そうしたいかなる配置も、他のようでもありうるという可能性が有効であることを前提にしているが、そのようなことは、〈思考以前の存在〉に対してはあてはまらないからだ。

シェリングの決定的な反ヘーゲル的一手は、〈思考以前の存在〉を神話と同一化することにある。そうすることでシェリングは、〈思考以前の存在〉〔を主張すること〕はただ『大論理学』の端緒を改めて主張することにすぎないというヘーゲルの反論をかわすのだ。神話とは、我々が信念の網の目へと、つまり、その内部からのみアクセスできる信念の体系へと投げ入れられているという無情な事実である。我々がその中にいる信念体系を概観しようとする試みは、必然的に言語の隠喩的な使用を生じさせる。デカルトのような基礎付け主義者は、我々の信念体系を大建造物として描き出す。つまりそれは、土台に基礎づけられた建物などとして考えられているのである。その一方で、(クワインのような)整合主義者、または、ホーリズム的なプラグマティストは、有機的な隠喩を用いたり、力の場について語ったりする傾向がある〔152〕。もし外部から我々の信念体系に接近しようとするなら、それは我々の信念体系についての信念を考慮することによってのみ可能である。そこで、仮に我々の信念体系を、B集合［$B_1, \dots, B_n$］と呼ぶとしよう。そうすると、我々の信念体系についてなんらかの特殊な信念を考慮しようとすると、我々

〔152〕 Quine (1964), p. 42.〔邦訳、六三頁〕「地理や歴史についてのごくありふれた事柄から、原子物理学、さらには純粋数学や論理に属する極めて深遠な法則に至るまで、我々のいわゆる知識や信念の総体は、周縁に沿ってのみ経験と接する人工の構築物である。あるいは、別の比喩を用いれば、科学全体は、その境界条件が経験である力の場のようなものである」。また、クワインの有名なプラグマティスト的な主張――物理的対象の概念は、ホメーロスの神々という信念と、ただ程度という点によってのみ異なるのであり、それ自体神話的な存在である――も見よ。「私自身は、素人の物理学者として、物理的対象の存在を信じ、ホメーロスの神々の存在を信じない。また、それとは逆の信じ方をするのは、科学的に誤りであると考える。しかし、認識論的身分の点では、物理的対象と神々のあいだには程度の差があるだけであって、両者は種類を異にするのではない。どちらのたぐいの存在者も、文化的措定物としてのみ、我々の考え方の中に登場するのである。物理的対象の神話が多くの他の神話よりも認識論的に優れているのは、経験の流れの中に扱いやすい構造を見いだす手だてとして、それが他の神話よりも効率がよいことがわかっているためである」〔同上、六六頁〕。

は直ちにもう一つの信念をその集合に付け加えることになり、それはこの集合を変容させることになる。したがって、このように当の集合を逸脱せずには、あらゆる信念の集合を打ち立てることはできない。こうした理由から、デカルトのような非常に誠実な合理主義者さえ、いわゆる自己充足的な思考の思考というものを考慮するために、どこかの点で隠喩に逃げ込もうとするのだ。すでにサミュエル・ジョンソンは、バークリーと交わした書簡の中で、次のように述べている。「隠喩を使わずに心について語ることはほとんど可能ではない」[153]。

ここで、我々はシェリングの知らなかった区別を導入する必要がある。それは、**構成的**神話と**統制的**神話の区別である[154]。構成的神話は、我々が限界付けられた対象領域と相互作用することを許すような確実性の集合を定義することによって、理性の空間を開くものである。それは、我々がそもそも規定された対象を指示することを可能にするようななんらかの概念的嗜好に依拠している。反対に、統制的神話とは、我々が「神話」として知っている、むしろありふれた現象のことである。この意味での神話は、それによって共同体が自らを定義するところの神や英雄の物語、（あるいは、どのような機能であれ、ひとが統制的神話に好んで認めるもの）から成り立っている。統制的神話が、特殊な隠喩、象徴、登場人物などを用いるのに対して、構成的神話は、ブルーメンベルクのいう「絶対的隠喩」に基づいている。ブルーメンベルクにとって、絶対的隠喩とは、「哲学的な言語の基本在庫であり、［……］本来的な意味の圏域の内部へと、つまり、論理性の内部へと取り戻すことのできない〈翻訳〉」である[155]。この絶対的隠喩は、「概念性に分解されることはない」[156]。神話を解体しようとする試みは、常に「在庫の余り（Restbestände）」[157]を作り出すのだ。

絶対的隠喩に関してブルーメンベルクの持ち出す例は、しばしば否定神学の（特にニコラウス・クザーヌスの神学の）伝統に由来するものである。しかし、特定の言語において全領域の領域を指示することができると、もしくは、信念の総体性について何ごとかを述べることができると自称するような言語使用を研究しさえすれば、わざわざ神学に言及することなく彼の主張を再構成できるだろう。言語の形而上学的使用は、基礎的とされる概念の枠組みを必ず創出するが、そうした基礎概念は純粋な概念言語には翻訳できない隠喩であることが判明するのだ。非常にわかりやすい例は、「対象」という概念と、「物理的対象」「数学的対象」、あるいは、「日常的対象」といった、その哲学的な同種物である。スタンリー・カヴェルが指摘したように、「対象〔客観〕」という近代的な（デカルト以降の）概念は、「総称的対象〔generic object〕」が利用可能であることを前提にしている。そうした〔利用〕可能性とは月並みな実例の使用可能性のことであるが、このことが示唆するのは、諸々の単純な知識の事例を我々が理解できるようになる仕方で世界は項目化されうるということである〔158〕。「対象〔客観〕」という概念は、巨大な神話に取り囲まれている。この神話の中では、主体が世界の純粋な観察者の候補なのであり、それ自身は、延長実体や「自然の鏡」（ローティ）などには属さないものとされる。もし主観・客観という二分法を軸にして我々の経験を構造化するのであれば、我々は或る光のもとで世界を見るようになるのだが、こ

〔153〕Berkeley (1998), p. 182.
〔154〕この区別は、トム・クレルとの議論に負っている。
〔155〕Blumenberg (1998), p. 10.
〔156〕Ibid., p. 12.
〔157〕Ibid., p. 10.
〔158〕この見解は、Cavell (1999), pp. 52-53. まで遡る。また、Conant (2004) も見よ。

の光は、必然的で不可避的という意味で自然的なものではない。こうした理由により、「対象」という概念（そして「自然」という概念）は、構成的神話に属していることになる。それは、存在を表象として定義する神話であり、つまり、今日非常に流行している神話、ハイデガー的な意味における「技術」の神話なのだ。

構成的神話は世界を開く。この意味で、ヘシオドスが神々の（したがって彼自身の神話の）起源を「〈カオス〉」として記述する時、彼には最高のメタ神話学者という地位が認められなければならない〔159〕。「〈カオス〉」は（chaskō、「大口を開ける」、「あくびをする」に由来し）、開け、その中で何かが現れる裂け目を意味する。シェリングは、適切にも〈カオス〉の重要性を強調している。なぜなら、それは、（χάω, χαίνω に由来する）「広がり［expanse］」、「未だあらゆるものに開かれたままであるもの、満たされていなかったもの、それゆえ、一切の素材を欠いた空虚な空間」〔160〕を指示するからである。しかし、近代哲学における、ヘシオドスの〈カオス〉についてのたいていの解釈者たちは、ヘシオドスの詩の厳密な言葉遣い、すなわち、「いかにも、まず初めに〈カオス〉が生じた［Χάος γένετ'］」という言葉遣いに注意を払ってこなかった。ヘシオドスは、初めにカオスが存在したと述べているのではなく、カオスが生じたと述べているのである〔161〕。

したがって、ヘシオドスから学ぶことのできる極めて重要な教訓は、シェリングがうすうす気付いていたものより遥かに深く核心をついている。ヘシオドスは、規定性の存在論的創世記（神々の起源の語り［神統記 the theogony］）を、裂け目を開くことから始めるだけではなく、開始［opening］がそれ自体常にすでに神話的な語りの一部であるという事実を反省しているのである。開始は派生的である。なぜなら、それはシニフィアンの連鎖に属するのであり、統制的神話の内部からアクセスされるものだからだ。それゆえにヘシオドスは、〈カオス〉の起源については、ただの一言も記していないのである。

ヴィトゲンシュタインは、「私が真と偽を〔それによって〕区別する」、「伝統として受け継いだ背景」〔162〕について言及する時、構成的神話をはっきりと念頭に置いている。彼は、次のように明示的に述べている。「この世界像を記述する諸命題は一種の神話学に属するものといえよう。この種の命題の役割は、ゲームの規則がうけ持つ役割に似ている。それにゲームというものは、規則集の助けを借りないで、すべて実地に学ぶこともできる」〔163〕。神話的枠組みに属する命題の例として彼が挙げるのは次のようなものである。「私の身体がいったん消滅し、しばらくしてまた現れたなどということはない」〔164〕、「誰でも脳をもっているということ、〔……〕濠洲大陸が存在し、その形はしかじかであるということ、〔……〕私には曾祖父母があるということ、〔……〕私の両親と称している人たちが実際に私の両親であるといっ

〔159〕 *Hesiod's Theogony* (1999), p. 116.〔邦訳、九九頁〕
〔160〕 Schelling (2008), p. 30. また、p. 35. も見よ。
〔161〕 興味深いことに、エピクロスが哲学に引き込まれたのは、十四歳という幼い頃、教師が彼にカオスの起源を説明できなった時だといわれている。Sextus Empiricus(1936), pp. 18-19.〔邦訳、一七〇頁〕を見よ。「というのも、「まことに、まず最初にカオスが生まれた。しかるのちに／胸広き大地（ガイア）、万物の座」と語っている人は、自分自身によって反転する〔覆される〕からである。なぜなら、もしも誰かが彼に向かって、カオスは何から生まれたのかと尋ねるならば、彼は答えることができないであろう。実際、ある人々の言うところでは、このことが、エピクロスが哲学をしようという衝動を抱く原因となったのである。すなわち、彼がまだ非常に若かった時、「まことに、まず最初にカオスが生まれた」と彼を相手に読み上げた読み書きの教師に対して、彼は、もしも最初にカオスが生まれたのであれば、カオスは何から生まれたのかと尋ねた。しかし教師は、そうしたことを教えるのは自分の仕事ではなく、哲学者と呼ばれている人たちの仕事であると言ったので、エピクロスは、それではわたしはかの人たちの許へ赴かねばなりません――もしも彼らが自ら諸々の存在するものの真理を知っているというのであれば、と告げたのである。」
〔162〕 Wittgenstein (1969), §94.〔邦訳、三一頁〕
〔163〕 Ibid., §95.〔同上、三一頁〕
〔164〕 Ibid., §101.〔同上、三二～三三頁〕

たことなど」[165]。その他の例も、イデオロギー批判的なヴィトゲンシュタインのアプローチを示している。このアプローチは『哲学的考察』の「序文」で公言されているが、そこで彼は、「我々全員を取り巻いているヨーロッパ文明とアメリカ文明の巨大な流れ」の精神に反対している。「この文明の巨大な流れの精神は、進歩において、増大し続けますます複雑になっていく諸構造を形づくることにおいて現れる」[166]。ヴィトゲンシュタインの神話の用い方は、現代の技術中心主義的で官僚主義的な世界観に対する距離を創り出しているという意味で批判的なものである。ヴィトゲンシュタインは、科学的な哲学者であることからほど遠い。というのも、まさに彼は、「我々を捕えている」像のない世界像は存在しないと指摘しているからである。

> 人間はかつて、王様は雨を降らせることができる、と判断した。それはあらゆる経験と矛盾する、と我々は言う。今日の人間は、飛行機やラジオなどが諸民族を結びつけ、文化を普及させる手段である、と判断している。[167]

ヴィトゲンシュタインの使う「経験」概念は決定的に重要である。「経験」とは、体系に帰属しうるものと体系から排除されるべきものを定義する規則によって支配された信念の体系である。我々が最初にこの体系に精通するようになる仕方は、体系の規則によってはまだ規定されえない。このために、経験は、経験によって判断することを我々に命ずることができないのである。我々の経験の用い方は常にすでに経験を構成する規則によって支配されているのだが、まさにそれゆえに、この規則は経験の結果ではないのである。

しかしそのように判断せよと、あるいはそのように判断するのが正しいと教えるのは経験ではないだろうか。だが経験はどのようにして我々にそれを教えるのか。我々がそれを経験から学びとることはできるだろう。しかし経験そのものが、経験から学べ、と指図するわけではない。我々がそのように判断する根拠（単なる原因ではなくて）が経験であるとしても、これを根拠と見なすための根拠は我々に与えられていない。〔168〕

さらに、ヴィトゲンシュタインによれば、我々が世界を認識する時のかかわり方は、厳密な意味で神話的である。我々は、自分たちが常にすでに一つの神話の中に投げ入れられていることを見いだす。つまり、我々は、生活のそれぞれの場面、いってみれば、哲学の授業、礼拝、友人たちとの夕食、結婚、科学研究などを規定することを可能にする、体系的な信念の網に投げ入れられているわけだ。我々は、典型的なイメージやそうしたイメージによって編成された行動パターンを予期することで、信念の網

〔165〕 Ibid., §159.〔同上、四七頁〕

〔166〕 Wittgenstein (1980), p. 7.〔邦訳、五頁〕枠組みの命題が偶然的であることは、誰も月に行ったことはないし、行くことはできないというヴィトゲンシュタインの例を考えれば、明らかである。「我々の体系の中で考える限り、月に行ったものがないということは確かである。まともな人が真面目にそういう報告をするのを我々は聞いたことがないし、それ以上に物理学の全体系はそんなことを我々が信じるのを許さない」(Wittgenstein (1969), §108.〔邦訳、三四頁〕)

〔167〕 Wittgenstein (1969), §132.〔邦訳、三九頁〕

〔168〕 Ibid., §130.〔同上、三九頁〕

に、すなわち、我々の神話に精通するようになる。世界への精通にかんする場面に応じた我々の知識は、神話的、すなわち、非命題的であり、非科学的である。〔しかし〕それは、方向付けの可能性を開くものであるから、前科学的であるにもかかわらず、基礎的なのである。我々の生活の諸々の場面を再同一化するのを助けてくれる神話がなくては、我々は人間らしい生活をまったく営むことができないだろう。したがって、ヴィトゲンシュタインにとって神話とは、何か自然なもの、いわば「動物的な」ものである。もちろん、この主張は、ヴィトゲンシュタイン自身は考慮しなかった、もう一つの自己反省的な置き換えを行うに値するだろう。彼にとって、動物的なことは単にそこに存在すること、つまり、無根拠な生活の事実の表現なのである。

言語ゲームはいわば予見不可能なものであるということを、君は心にとめておかねばならない。私の言わんとするところはこうである。それには根拠がない。それは理性的ではない（また非理性的でもない）。

それはそこにある——我々の生活と同様に。〔169〕

ヴィトゲンシュタインが「この主張において」生活と自然に訴えることとは、ヒュームの『人間本性論』におけるものと同じ緩和機能を提供する。それは、言語ゲームが働くことを確かなものにするということを意味しているのだ。なぜなら、言語ゲームは、それが実践的に機能することを保証する、より広い（動物的な、自然史的な、そして、進化論的な）文脈のうちに、それ自身は根拠付けられることなしに、埋め込まれているからである。それは、我々が世界と親しく付き合う仕方であり、我々が住まう世界それ自体によって可能となる仕方である。感覚を備えた生き物として、我々は、弱められた自然主義、つまり、第二の自然の自然主義という主張を正当化するような自然の一部なのだ。これらすべての〔ヴィトゲンシュタインの〕主張にかんする明白な困難は、それが、有限性を超越し、神話の代わりに自然を置こうとしていることである。この操作そのものは反省において行われるが、ヘーゲルが適切に指摘したように、反省は単純に自然をその絶対的円環に含めることができない。〔それゆえ、むしろ、〕明示的な力への意志に命令されて、ヴィトゲンシュタイン自身が新しい神話を創り出しているのだ。彼の哲学は、我々を捕えられたままにしておいて、或る世界像を別の世界像に置き換えることを意図しているのである。

この際私は人間を動物として考察したいのである。すなわち本能はあるが推理の働きは認められないような原始的な存在として、原始の状態における生物として考察したい。原始的な意志疎通の手段として役立つ論理でさえあれば、我々がそれを恥じるには及ばない。言語は推理から生じたものではないのである。[170]

彼は〔ここで〕、人間を動物と見なすという意図を宣言している。一般的にいって、彼が人類学的な思

[169] Ibid., §559.〔同上、一四〇頁〕
[170] Ibid., §475.〔同上、一一九頁〕

考実験において発明した言語ゲームは、像の生成装置として機能する。それは、ヴィトゲンシュタインの新たな神話の一部であり、この新たな神話は暗にマルクスとニーチェによる人間の自然化を参照しているように思われる。だが、絶対的内在という近代のプロジェクトとの密接な関係は歓迎されるものの、弱められた自然主義は、ただ反省の有限性と前提の論理を無視しているにすぎない。それは、あえて現実的なもの〔the real〕を同定しようとする、つまり、現実的なものを、人間の最終的には盲目的な行動を駆り立てるものという意味での自然と同一化しようとするのだ。しかし、我々は、次のことを忘れてはならない。すなわち、「偽の現実性と〈現実的なもの〉のなんらか固定的な肯定的核との間に明瞭な区別を引くことは究極的には不可能である。現実性のどの肯定的な一片も、アプリオリに疑わしい。というのも、（我々がラカンによって知ったように）〈現実的なもの〉とは、最終的には空虚のもうひとつの名前だからである」〔171〕。

ヴィトゲンシュタインは『確実性の問題』を含めいたるところで「神話」という言葉を使用しているが、そこから学ぶことができるのは、神話には構成的使用が存在するということである。そこでは「神話」という言葉を、統制的使用における、つまり、言葉の普通の意味における「神話」から区別し、それにはっきりとした構成的な意味を与えるために、神話と世界像がわかりやすい仕方で連携させられている。それにもかかわらず、ヴィトゲンシュタインは、自らの反省の帰結を明示的には引き出していない。だが、この帰結とは、シェリングの『神話の哲学』の中でぼんやりと大きく現れてきた反省、つまり、（非神話的なという意味での）純粋に科学的な視点は存在しないという帰結である。これこそ、我々がシェリングとヴィトゲンシュタインを結び付けなければならない理由なのだ。

確かに「近代科学」という曖昧な概念を我々の世界像の蝶番として選ぶかぎり、神話は、ただ命題的な、知識としての、あるいは科学的な言説に対置されているにすぎない。〔しかし〕言語ゲームの蝶番についてのヴィトゲンシュタインの注意深い見解を考慮するならば、それを、ここで擁護してきた意味での構成的神話と同一視することは可能である。我々が神話的な世界内存在であるということは、我々がそもそも経験を秩序付けるためには、言説の限界を課さなければならないという事実に存している。こうした限界の制定それ自体は合理的行為ではなく、我々がそれに対して完全に責任を負いうると見なされうるようなものではない。どこかの地点で、我々の正当化可能な実践を正当化する手段は尽きてしまう。まさに、決して完全には同定されえない、根拠なき根拠が常に存在するからこそ、言いかえれば、〈思考以前の存在〉が存在するからこそ、神話が生じるのだ。だからシェリングは、〈思考以前の存在〉は端緒においてはまず、意識を支配する「思考以前の神」〔172〕という形態をとると主張するのである。

構成的神話については、歴史の細部に立ち入らなくても、少なくともその三つの現れ方を区別することができる。それは、神話の内在的な変容の三つの連続段階、つまり、神支配〔*theonomy*〕、存在支配〔*ontonomy*〕、自己支配〔自律 *autonomy*〕である。もちろん、神支配とはシェリングが神々の起源の語りとしての神話の概念によって予想していた、神話的な意識形態のことである。それは、「神々や英雄や、彼らの人間への関係についての」「伝説」または「物語」という意味での、「ミュートス」という語の普通の用法が示すものである。神話は、それがロゴスに対置させられる時には、このような神支配という意

〔171〕 Žižek (2008), p. LXXIV. ―〔172〕 Schelling (2008), p. 117.

識形態に制限されるように見える。しかし、存在支配の前ソクラテス的な——特にエレア派における——基礎付けに目を向けるなら、神（あるいは神々）が、その機能的地位を失うことなく、単純に〈存在〉に置き換えられているのは明白である。神が占めるとされてきた機能的な空間は、単純に再分配されるのだ。いずれにしても常にすでになんらかの仕方で存在しているもの、我々に依存しないものは、神から〈存在〉へと転換する。こうして神々さえ放り出されるのだが、それこそ、私が「存在支配」と呼ぶものである。〔そして〕最終的に、近代の神話は自己支配〔自律〕という形式を帯びる。〈存在〉は思考へ、権威は理性へ、伝統は創造へ、共同体は個人へ、普遍的なものは特殊なものへ等々と、還元される。近代性は、伝統的ヒエラルキーの、不可逆的逆転という形態をとるのである。

もし自律性〔自己支配〕を好むとしても——それだけが、ラディカルで完全に内在的な民主主義と両立可能である——、それは究極的には、さまざまな洗練された他律性であることを露呈することになる。自律性は、偶然性を無効にするために、絶対的な隠喩や或る特定の像を必要とするのだが、同時に偶然性は無効化されえないし、されてはならないことを認めてもいる。自律性は、自分の枠組みが、必然的で、科学的に正当化可能で、数学化可能で、量化可能である等々のように見えるような仕方で実存することを示さなければならない。それゆえ、未だまったく解決されていない自律性をめぐる困難の存在は、自律性が啓蒙の弁証法に服していることを意味する。自律性は、世界に意味を与えるという、すなわち、構成的神話を創造するという伝統のうちに自らを刻み付けているのである。それは、科学的に適合させられた世界秩序との我々の認識論的な交渉を支配する規則として現れ出る統制的神話を創造する。だが、こうした統制的神話は、実際的な脱魔術化〔された世界〕への関与を根拠付ける意味構成の実践を覆い隠してしまう。しかし、このことそれ自体が、一つのエートス、科学的に正当化することはできないにもかかわらず、社会（まだ科学的な世界観を受け入れておらず、それによって征服されていない社会を含んだ）のあらゆる構成員に課された一つのエートスになるのである。

思考が事実の整理という業務から離れ、現実存在の圏外に脱れ出ることは、科学主義者の気持からすれば狂気の沙汰であり、自己を破壊する行為と見なされるが、それはちょうど、未開人の呪術師が、まじないのために画した魔術圏から外へ出る場合にそう感じるのと変るところはない。どちらの場合も、タブーを侵すことが、瀆神者にとって、実際にも禍いを呼ぶ結果になるのを恐れている。〔173〕

アドルノとホルクハイマーは、脱魔術化の脱魔術化というラディカルな振る舞いをしながら、「啓蒙は、およそいかなる体系にも劣らず全体〔主義〕的」〔174〕であるとさえ主張する。彼らによれば、

啓蒙はラディカルになった神話的不安である。その究極の産物である実証主義がとる純粋内在の立場は、〔経験の外へ出ることを禁ずるという意味で〕いわば普遍的タブーに他ならない。外部に何かがあるというたんなる表象が、不安の本来の源泉である以上、もはや外部にはそもそも何もあって

〔173〕 Adorno/Horkheimer (2002), p. 19.〔邦訳、三二―三三頁〕
〔174〕 Ibid., p. 18.〔同上、三一頁〕

はならないことになる。〔175〕

このようにして、科学的な実証主義は、あらゆる出来事を、実存的な意味を例外なく欠いているいくつかの基礎的な諸原理の結合へと還元する。ところが、その実証主義の主張そのものが、それ自体、新しい神話を創り出すのである。つまりそれは、人間の存在する必要のない世界を創造するという意志を露呈するのであり、徹底的な無意味さを科学的に正当化されたものとして採用するという形式を擬装しながら意味を創造することを通じて、意味を求める人間の欲求を抑圧する方法なのだ。意味は存在しないという主張、世界は究極的には時間空間上の素粒子の（あるいは、波動の、もしくは、お望みならば別のどの候補でも）機能以外の何物でもないという主張は、それ自体、慰めと意味を生み出す。ドイツ人の哲学者ヴォルフラム・ホグレーベは、最近、第二一回ドイツ哲学会議の基調講演で、世界の外部で我々自身と意味を分節化しようとするこの現象を、「冷たい故郷（kalte Heimat）」の無自覚な構成として描いたのだった。

科学主義のイデオロギー的誤用が持つ恐ろしい潜在的可能性を反省することとさえなく、科学主義に同意するという傾向は、ほとんどの現代哲学に顕著なものとなっている。科学主義は危険であるが、それは、科学主義が、いかなる制約も認めずに、自らの完全な自律性を主張したがる神話だからである。科学主義にとって外部に存在するように見える一切のものは、無意味であると断言される。〔一方で〕もちろん、神または神々を我々の世界像に場当たり的に再導入することによって、自律性という現代的な態度を無効にすることはできないというのは真実であるけれども、このことは必ずしも科学主義へのコミットを正当化するわけではない。おそらく現代哲学の双曲線的に分裂した状況とは反対に、普遍学〔mathesis universalis〕に対する科学主義の願望と蒙昧主義との間には、実際、多くの道が存在するのである。例を挙げれば、世俗化が（少なくとも、部分的には）神学的なプロジェクトだったことを理解するためには、ただ科学の神話的な基礎付けを、思い出しさえすればよい。また例えば、デカルトにおいては、絶対的隠喩の使用が延長実体からの意味の抹消に構成的役割を果たしていた〔176〕。さらに、他律性から完全に抜け出す道は存在しない。なぜなら、我々は、なんらかの記述が、世界という全領域の領域が持つ形而上学的な性質に実際に合致するということを確信できる立場にはないからである。というのも、どんな世界概念も、カントの言う意味での単なる「統制的理念」であるにすぎず、世界を扱う我々の活動から投げだされた地平にすぎないのだ。全領域の領域は、いかなる立場にも与えられない。

とはいえ、私の主張が、反啓蒙主義や安っぽい相対主義からほど遠いものであることは強調しておかなければならない。こうした考えは、太陽が遥か昔に誕生したと信じることは、それが数千年前になんらかの超越的な存在によって作られたと信じることとちょうど同じであるとする。だが神話に対して肯定的な態度を採用するいかなる神話の哲学も、二つの傾向のバランスをとる必要がある。その一方は、一元論であり、他方は、懐疑主義またはニヒリズムである。一元論は、実際に存在するのは神話だけであるというテーゼを表わすといえるが、このテーゼは、あらゆる信念体系の本性についての形而上学的

〔175〕 Ibid., p. 11.〔同上、十九頁〕
〔176〕 ブルーメンベルクは、『近代の正統性』(Blumenberg (1985b)) と『コペルニクス的宇宙の生成』(Blumenberg (1989)) の両著で、全体にわたってこのことを詳細に説明している。

な言明であることになるだろう。その結果、信念体系の内部のあらゆる言明は、言いかえれば、あらゆる信念は、その基礎付けが他律的なものとならざるをえないために、神話的であることになるのだ。我々は、信念が、クリスピン・ライトが濾過〔leaching〕[177]と呼んだ事態に陥るのを防ぐために、この一元論的な傾向を和らげなければならない。濾過問題とは、簡単にいえば、次のようなものである。すなわち、もし有意味な言明を許容するあらゆる枠組みが、枠組みの内部のあらゆる有意味な言明が常に或る公理から始まる推論の連鎖の中の一要素として記述されうるというような、公理的な命題の集合からなるのであれば、つまり、もし我々が枠組みと言明との関係について演繹的な考え方を採用するのであれば、その時には、あらゆる信念は、もし枠組みが存在するのなら、実際神話的なものとなるというものである。しかしながら、すべての枠組みが公理的な命題の可算的集合からなるわけではない。言語ゲームの蝶番は、必然的に曖昧であり、規定性の無規定的な条件なのだ。ヴィトゲンシュタインが繰り返し指摘しているように、基礎付けの水準において、経験的な命題とアプリオリな命題との間に、はっきりした境界線が存在するわけではない。枠組みをなす「諸命題」は、それによって背景にもう一つの神話を生み出すことなしには規定されえない。信念体系A^1の神話的な条件を説明しようとする時に我々が行っているのは、高階の言説、メタ信念体系A^2を生み出すということにすぎない。そしてこのメタ信念体系A^2もまたそれ自身の蝶番と背景を持つのである。まさにこの理由により、神話についての独断的な一元論を擁護することは端的に不可能なのである。

しかし、(非ピロン主義的な)懐疑主義またはニヒリズムもまた、結局は独断論的な主張に行き着く。つまり、或る世界像の神話を評価すること自体が単純に神話的な像を生み出し、そうして生み出された像は我々を捕えて放さないのだから、神話を評価するやり方はまったく存在しないという独断論的な主張である。〔だが、〕仮にイデオロギー批判が常にイデオロギーによって脅かされることが本当だとしても、それはイデオロギー批判が常にイデオロギー的であることを含意しない。もし神話の概念が、いやしくもなんらか批判的で理論的な仕事をなすと考えられるならば、我々は、一元論と懐疑主義との間の道を行かなければならない。

　私の目標ははっきりしている。それはつまり、新しい神話学、つまり、神話学についての神話学〔the mythology of mythology〕を打ち立てることである。もし「神話学」ということで、概念を扱う活動の有限性を明示して、それを実行するような、（例えば「神話学」というような）概念を創出することと理解されるのであれば、この点において、私のプロジェクトは他の近代の哲学者のものと異なるものではない。〔しかし〕この有限性の主張は、〔論理〕階梯理論に依拠する限りで、独断論的にはならない。規定性の諸公理は、諸公理自身を反転させるためにのみ立てられるのだ。まさにこの反転の瞬間に、我々は、規定されたものとして導入されたものが無規定であることを発見し、全領域の領域——その捕えがたさにもかかわらず、我々が常にその中に住まっている領域——の捕えがたさを経験するのである。これこそ、根拠を欠いた創造的な活動としての自らの本質を深く極めている哲学が常に我々自身に出会うことになる、つまり、実存的なプロジェクトとなることの理由である。哲学は科学へ還元されえない。もし科学とは〔我々が〕実存に巻き込まれていることの否定を前提とする活動でしかないと考えるのだとすれば、

〔177〕Wright (2004)、特に、pp. 207-209を見よ。

なおさらそうなのである。

別の言い方をすれば、(認識論的な、また、存在‐論理的な)規定性の可能性の条件を成り立たせている捕えがたさを把握し、それを全領域の領域という神話として指示するという、この決定は、倫理的なものである。この点で、ひとが選ぶ哲学はそのひとの性格に依存すると述べたフィヒテは正しかった。もっともフィヒテにとって、哲学には、観念論と唯物論〔実在論〕(批判主義と独断主義)の二つの種類しか存在せず、そして、当然ながら彼は、唯物論者は単純に悪い人間であると考えていたのだ。

ここで大事なことは、ニーチェ以前の哲学が、形而上学の倫理的本性を完全に洞察することはなかったという事実を強調しておくことである。(ロマン主義者のような)最も多元論的な哲学者たちでさえ、無限に多くの枠組みを許容する用意はなかったのであり、それゆえに、彼らはミクロ形而上学(ニーチェやキルケゴールのいう意味での心理学)の可能性に抵抗したのである。無条件的なもの〔無制約者〕から条件付けられた経験へという転回が、我々の意識的な生のあらゆる瞬間に生じているという事実に、我々は注意を向ける必要がある。生とは、自らを対象化するこのプロセスそのものであるという主張さえなされうるだろう。それは、(マクロ形而上学的な規模においてであるとはいえ)意志としての世界と表象としての世界の区別によって、ショーペンハウアーが最も明確に擁護した考え方である。

確かにシュレーゲルの無限とその(学問的表現に抗する)芸術的な表現の必然性という概念は、ニーチェによる新しい無限の革命的導入に相当近付いている。シュレーゲルは、『神話についての講話』の中で新しい神話の理念を擁護しており、そこで適切にも次のように主張している。

自然学は、仮説なしに実験することはできない。そして、どんな仮説も、それがもっとも限定されたものであったとしても、体系的に一貫して考えられるなら、全体についての仮説へと行き着くのであり、この仮説を用いる人がそれを意識的に知らなくても、そうした〔全体の〕仮説に依存している。[178]

したがって、仮説という概念を拡張するなら、我々はヴィトゲンシュタインと同じだけ遠くに進みうるし、我々が仮説をこしらえるのではなく、むしろ我々〔自身〕が我々の仮説であると言うこともできる。言いかえれば、我々の生は、無条件的なものを対象化するという仕方で、我々が住まう世界の中で、またそうした世界として自らを表現しているのだ。我々の生は、多くの物事を当然のこととして気にかけないということを本質とするが、それは認知上の不十分さではなく、規定性の可能性の条件である。ヴィトゲンシュタインが述べているように、「私の生活は、私が多くのことを甘受しているので成りたっている」[179]。もし言明に意味を与える唯一のやり方が、或ることを盲目的に受容することであるならば、この受容は非合理的な欠点とは見なされえない。それはむしろ、それ自身が合理的であることなしに、合理性を可能にするのである。

この点において、もう一つの区別を導入しておくことが、極めて重要である。すなわち、対象化〔objectification〕と物化〔reification〕の区別である。芸術は生を対象化することができる、つまり我々

〔178〕 Schlegel (1968).
〔179〕 Wittgenstein (1969), §344.〔邦訳、八六頁〕

がその中で自らを認識する我々の世界内存在の像を提示することができる。それは、或る生活形式、或る時代、我々の世紀に典型的な或る生、あるいは、或る〔時代の〕雰囲気などといったものの「精神」を表現することができる。色や音を配置する時、それは、我々が暗黙裡に墨守している綜合的活動の様々な可能性を示す。哲学と精神分析も、〈それ〉【3】を明示化するという、つまり、無意識と対決するという共通の継続的な努力において、〔芸術と〕同様に無条件的なもの〔無制約者〕を（まさに「無条件的なもの」や「無意識」という概念を使ってさえ）対象化するのである。したがって、対象化そのものは問題ではありえない。対象化なしでは、我々が目にしている領域を顕わにさせることさえできない。なぜなら、この〔全領域の〕領域は退隠することを本質とするのだが、我々が〈それ〉を絶えず対象化しようと、判読可能なものにしようとしなければ、この退隠は生じえないからである。それゆえ、退隠は、自分自身が生じるために対象化を前提とするのである。

　しかし、イデオロギーとして大いに疑われるような神話は、無条件的なものを対象化するだけでなく、無条件的なものを物化する。そうした神話は、それ（〈それ〉、絶対者、無条件的なもの）を、言説の捕えがたさと有限性そのものを排除するという仕方で提示する。とはいえ、〔イデオロギーであることが疑わしい〕神話はこの作用を自覚していない。反対に、そうした神話は全面的な透明性と無制約な実現可能性の言語を語る。斟酌して言えば〔cum grano salis〕、このことは、カントが存在神学を批判した時に——〔存在神学は〕述語の総体という理念（規定性の究極的な条件）を一つの理想へと、つまり、経験の可能性の条件としてこれと関係する我々の活動から独立に、常にすでにどこかに存在しているとされる到達不可能なものに変えてしまっている〔と批判した時に〕——念頭に置いていたことである。

それゆえ、このうえなく実在的な存在者というこの理想は、一つのたんなる表象であるにもかかわらず、まず実在化され、言いかえれば、客観化され、次いで実体化され、最後に、統一を完結しようとする理性の自然的な進行によって、私たちがすぐ述べるように、それどころか人格化される。というのは、経験の統制的統一は、諸現象自身に（感性にのみ）もとづいているのではなく、それらの諸現象の多様なものが悟性によって（統覚において）連結されることにもとづき、したがって、最高の実在性の統一、およびすべての物のあまねき規定可能性（可能性）は、或る最高の悟性のうちに、したがって或る叡智体のうちにあるように見えるからである。［180］

物化とは、（規定された物事がそこで現れることの可能な枠組みという意味での）世界を設立するという自らの活動をその世界にとって何か外的なものの活動であると取り違えることである。この取り違えによって、世界は際立って優れた意味で［par excellence］所与として現れてきてしまう。物化の本質は単純な対象化ではなく（単純な対象化は言語それ自体のうちに内属している、あるいはより適切な言い方をすれば、［この意味での対象化は］表現そのものである）むしろ対象化の対象化、言いかえれば、対象化という偶然的な活動を必然的なものとして対象化することにある。物化は規定性の根底にあるパラドクスとアンチノミーを否認し、例えば、自然科学という手段を用いて、（意味、真理などといった）規定性の可能性の条件を追究する

【3】原語はIt。精神分析における〈エス〉Esを念頭に置いていると思われる。 ―［180］Kant (2003), A583/B611、脚注。

能力が自らに備わっていると見なすのである。この意味で、科学主義は物化の一様態にすぎない。

科学主義は疎外の立場である。それは、我々自身の作ったものが、自然な何物かという擬装の下で我々を苦しめることである。ここで非常に重要なのは、「自然」そのものが一つの歴史的な概念であると主張することである。必然的な自然法則によって支配された時間空間上の素粒子の総体としての近代的な自然概念は、生物の自己解釈が歴史的に移行してきた帰結である。ハンス・ヨナスは、その『生命という現象』の中で、科学的で物質主義的な近代の一元論の根底に存する自然概念は、徹底した「死の存在論」に傾いている、と力強く論じた〔181〕。生の不可避的な結果としての死の経験は、近代的な唯物論の中心舞台を占めており、この唯物論はあらゆる種類の擬人論、アニミズム、あるいは、汎生気論に対置されることで定義される。たとえそれ自身存在論であるところのアニミズムが生の物化の帰結であり、それゆえ、近代的な唯物論よりもよいわけではないとしても、それにもかかわらずアニミズムは一片の真理を含んでいる〔182〕。アニミズムは、生そのものであるような対象化という世界創造活動を対象化する。生は、自らを対象化している。生の対象化は、動物的な身体のうちで実現するが、今度はこの身体が表現を顕わにすることになる。生の内在性はその外在的な顕現においてのみ実現されるのだ。こうした考えは、ヘーゲルの「主観的精神の哲学」(『エンツィクロペディー』の主観的精神章)の中で本質的な役割を演じている。生は、神秘的で精神的な質ではなく、表現の、つまり、対象化の活動である。だからこそ、対象化それ自体は、疎外の原因ではありえないのだ。物化こそが問題であり、そして、それは反省が自らへのアクセスを拒否するところから始まる。アニミズムと唯物論はどちらも、生を物化した罪に対して責任がある。なぜなら、両者は、それぞれの構成的神話それ自体について自覚していないからである。むしろアニミズムと唯物論はどちらも、自らの神話の構成を、何か外部的なものと見なしている。〔両者の違いは〕この外部的なものが宇宙という自然によって定められているか（アニミズム）、あるいは、因果的に閉じられた物理的対象の総体としての自然によって定められているか（物質主義）という点にある〔にすぎない〕。

これこそ、「神話」の概念、すなわち、私の神話学について神話学が、イデオロギー批判の道具として用いられうる理由である。それは、無制限な高階の偶然性という立場を保証することを意図している。究極的には、客観性の可能性の条件を対象化〔客観化〕することはできない。だが、我々は、規定性の既存の限定を超越する機能を果たすこの条件の像を、つまりは、芸術作品、学問〔science 科学〕、宗教、哲学などを創出し、そのことによって、そうした条件の偶然性を目に見えるようにするのである。学問〔科学〕は、叙述と存在論的真理の究極形式としては、そのイデオロギー的な解釈と不可分に結びついているわけではない。〔つまり〕学問〔科学〕は、必ずしも近代的唯物論とその背景となる神話を前提するものとして解釈される必要はない。我々は、科学主義の全体化する振る舞いを受け入れることなく、科学者になることができるのだ。世界を唯一可能な記述の集合と同一化しようと試みる科学主義は、選択の偶然性を拒否する（決断主義は、論理実証主義において、さらにはクワインにおいてさえ、重要な役割を演じるにもかかわらず）。つまり、枠組みの創出とその枠組みの内部における諸対象の現象において、それ自身

［181］ Jonas (2001) の最初の論文を見よ。

［182］ 脱魔術化以降の「アニミズム」に対する近年の擁護については、Hogrebe (2007a) を見よ。

を表し、形作る意志を拒否するのである。

ここで、存在的創出と存在論的創出という区別を強調しておくことが適切だろう。存在的創出（それは、普通は不適切にも「観念論」という用語と関係付けられている）によれば、我々は文字通り経験の諸対象を創出することになるだろうが、それは確かに馬鹿げた主張である。我々は、経験の諸対象〔諸客観〕を創出するのではなく、むしろ客観性の諸地平を創出する[183]。存在論的創出とはまさに、その中で諸対象が現象することになる枠組みの創出なのだ。存在論的な枠組みは、音響測深機のようなものである。それは、或る記述のもとに諸対象を記録するための基準を設定する。このことは決して、我々が諸対象を創出することを含意するのではない。音響測深機によって記録されるのは、そうした対象のなんらかの特性である。それにもかかわらず、我々が客観性なしに諸対象〔客観〕にアクセスする術はない。対象〔客観〕は対象化を通じて対象〔客観〕になるのである。

神話は、我々が反省をその限界まで推し進める時に必然的に生じる。神話が有害なものになるのは、イデオロギー的な使用がなされた時だけである。また、神話は、法の基礎に必然的な自然的条件を認めないラディカル・デモクラシーの公正な目的に役立つものだが、こうした考えはロバート・ピピンやロバート・ブランダムなどの著作において、規範性についての現代的（ヘーゲル主義的）な説明の中ではっきりと表現されている。自然に対置されたものとして規範性を主張することは、ラディカル・デモクラシーにコミットすることに等しい。権威は承認に依拠するのであって、もはや自然（または神）から由来するのではないのだ。しかし、自然／規範という区別が、それ自体、神話に、すなわち、「所与性の神話」に反対することから生じていることを我々は忘れてはならない。それは、自分自身から神話を一掃する代わりに新しい神話を、我々の世界像の偶然性を描き出すような（スコアキーピング、ゲーム、論理空間などの）新しいひいきの隠喩の一群を創出するのである。啓蒙主義的な規範的概念像は、神話の規定された否定として、不可避的に神話的な特性を引き継いでいる。自律性の自己解釈を成り立たせている絶対的隠喩は、自律的な規範性の近代的な経験を条件付けるための表現に富んだ資源を供給する。したがって、自律的な規範性は、隠喩を使用することにおいて、自分自身の他律性を暴露するのであり、この他律が完全に止揚されることは決してありえないのである。

明らかにヘーゲルに肩入れしながら、ジャン・イポリットは、シェリングによる隠喩と神話の使用が無限なものについての一面的な考え方に基づいているとして批判している。シェリングの考え方は、無限者または絶対者を、反省を超越するものとして措定しているというのである。

> 有限者を解消するために弁証法を利用し、またわれわれに人間的なものを超越させ、そうしてすべての産出力の源泉と合致させる、あの知的直観の諸条件を、われわれの中に導き入れることを主張するシェリングの哲学は、すべての反省を乗り越える哲学であり、またどうして有限者が無限者から出てくることができるか、どうして絶対者の内部に区別が現れうるかを、概念的に理解できないことを確認する哲学である。それはただ形象《イマージュ》を使用し、類似、神話もしくは象徴を利用することが

［183］私はGabriel (2008) の中で、このことを、「感覚依存的な観念論」と「指示依存的な観念論」というブランダムによる区別に倣って、詳細に説明することを試みた。

できるにすぎない。概念的な言語を破棄し、その代りに形象をおくことによってのみ伝達しあうのは、直観を指し示すこのタイプの哲学の特性である。〔184〕

イポリットが見落としたことは、シェリングが直観にまったく言及していないということである。彼が初期の哲学で採用した知的直観の概念さえ、この語のヘーゲル的な意味での直観の無媒介性には還元されえない。もしシェリングが「概念的な言語を破棄し」ているのであるとすれば、彼の目標は概念的な言語の限界を示すことにあるはずだが、この限界は、概念的言語にとって外的なものではないのである。例えば、美的経験は、その限界付けられた範囲内で、ただ概念的言語においてのみ記述されうる。美的経験の無尽蔵さの経験、つまり、物質性を持った芸術作品が他のものと並んだ一つの記述に還元されることがありえないという事実の経験は、我々の芸術に対する接し方に限定されるわけではない。反対にこの経験は、我々が概念的な能力を与えられた感覚的な存在であるということの経験そのものなのであり、この概念的能力によって、我々は、所与の感覚的な出来事を超越し、それをより広い世界観へと関係付けることができるのだ。我々は、世界が、情報として、言いかえれば、一定の記述の下でアクセス可能なものとして処理しうるものよりも、多くの与件〔データ〕を提供しているということを理解している。ところが、この洞察は、我々を非同一的なものに直面させるために、パラドクスを惹起するのである。或る一つの既存の枠組みに先行し、それを超えるもの、あるいは実際あらゆる枠組みに先行し、それを超えるものは、単一の枠組みの内部では適切に説明されえない。どのような言語によってであれ、我々が〈それ〉に言及する時には、必然的に我々は〈それ〉を捕え損なう。しかし、そうしたものが我々の概念的な把握からこぼれ落ちるとしても、なんらかの出来事、それが何であるかを我々は知らないような何物かが存在していることは概念的に論証することができる。それは、カント的な「知ることのできない何物か」であるが、この「知ることのできない何物か」も自らを顕現し、我々の音響測深機に対して応答するのである。

> あらゆる私たちの諸表象は事実上悟性を通じてなんらかの客観に連関づけられ、また、諸現象は表象以外の何物でもないのであるから、それらの諸現象を悟性は、感性的直観の対象としての何か或るものに連関づける。しかしこの何か或るものはそのかぎりでは超越論的客観でしかない。だが、このものは何か或るもの＝Xを意味し、それについては私たちは何ひとつとして全然知らず、総じて（私たちの悟性の現在の仕組にしたがえば）知りえ〔ない〕。〔……〕この超越論的客観は感性的な与件から全然分離されない。というのは、分離された時には、この超越論的客観がそれによって思考されうるものが何ひとつとして残存しないからである。それゆえこの超越論的客観は、認識のいかなる対象自体そのものでもなく、対象一般という概念のもとでの諸現象の表現にすぎないのであって、対象一般というこの概念は諸現象の多様なものをつうじて規定されうるのである。〔185〕

シェリングは、我々に我々の有限性の像を与えるために、隠喩と神話を使っている。彼は、まったく

〔184〕 Hyppolite (1997), p. 95.〔邦訳、一四九頁〕

〔185〕 Kant (2003), A250-251.

アクセスできないなんらかの真理を明らかにする、知的直観という特別な能力を自分が持つのだと言い張っているのではない。単純に我々による枠組みの創出は、理性の網の一部には含まれていないエネルギーによって供給されると主張しているのである。したがって、総体性とされるものはどれも、ラカン的な意味での非全体（pas-tout）である。総体性は自分自身を定義することによって、その定義の活動を定義することはできない。

グレアム・プリーストは、その著作『思考の限界を超えて』の中で、超越と閉鎖のパラドクスに関連させてこの問題を提起している。総体性から、言ってみれば、言語または思考一般から或るものを除外することは、まさにそのことによってその或るものを包含して、もう一度超越を先延ばしにすることなしには不可能である[186]。客観性の場は構成されているのだから、それが閉じられていることはありえない。構成それ自体は、その捕えがたい（有限で偶然的な）本性のために、構成されたものの内部では決して完全に顕現されえないということを考え合せると、我々は、言語の限界にぶつかる度にいつもパラドクスを生み出していることになるのである。

このように非概念的な言語は、普通の命題的な言語では言い表しえないにもかかわらず、我々の有限性を理解しようとするならば、なんらかの仕方で言い表さざるをえないものを示すためになくてはならない手段である。それは、必然性の究極的な偶然性を我々に気付かせるために、すなわち、必然性が、それ自体が規定性の（存在-）論理的生成の偶然的な結果であるような既存の枠組みの内部でのみ主張されうるという事実を気付かせるために必要なのだ。言語の有限性の主張は、言語を超えた何かが存在することを含意しない。我々は、言語がそれ自身を根拠付けようとする時、ただ或る種の捕えがたさを経験するだけである。バタイユが表現しているように、「とはいうものの奇妙なのは、わたしは未知のものについて語ったということだ。ここに認識のある特異な可能性が始まる。もちろん、未知のものが一つの対象として、一つのものとしてわたしに与えられることはありえず、わたしはそれを実体化することはできない。言いかえれば、わたしは未知のものを認識することはできない。〔未知のものを語っている時〕わたしは実際には自分のことしか語っていないのだ」〔187〕。

反省は、叙述形式に依存しており偶然的である。叙述のあらゆる形式は偶然的であり、それゆえ、それ自身が他でありうるという可能性を含んでいる。言われうるものは、他のようにも言われうる。〔したがって〕哲学的カテゴリーの規定された集合のうちで自らを顕現する創造的エネルギーが、完全に止揚されることはありえない。そして、これこそが「偶然性の深さ」〔188〕なのである。

〔186〕 Priest (1995).

〔187〕 Bataille (2004), p. 157.〔邦訳、一三六頁〕また、Bataille (2005), p. 123.〔邦訳、一七六頁〕における同様の見解も見よ。「わたしは、わたしの言語活動の突飛さについて強調したい。それ自体としては認識の否定である体験を、私が示唆できるのは、粗暴で攻撃的な否定を通じてである。」

〔188〕 Cavell (1999), p. 236.

3　必然性の偶然性

我々は、おそらく言語が（そして知性、知識が）極めてあやふやな地盤の上に――深淵にかけられた薄い網の上に――基礎を置いていることに、ぞっとし始めている、あるいは、ぞっとし始めるべきである。

スタンリー・カヴェル

クァンタン・メイヤスーは、近年、偶然性の必然性について論じている。あらゆるものが他でもありうるということ、このこと自体は他のようではありえない、というのである。彼の目標は、唯一の必然性が偶然性の必然性であることを証明することにある。必然的な存在が存在しないということは、必然的だというのだ。偶然性の必然性を導入するというメイヤスーの決断は、部分的には、現代における宗教回帰［の潮流］に対する彼の批判に基づいている。メイヤスーによれば、今日生じている「理性の宗教化［enreligement］」[189]は、とどのつまりは一九八九年以降グローバル資本主義の内部で新しいイデオロギー的なエネルギーが解き放たれたことに端を発するものであるが、これは「カオスの全能」[190]という誤った考え方によるものである。もし我々が、無知の区域を作り出すように知の限界を画定するのであれば、この区域に神的な全能性を与えようとする誘惑が生じてくる。もしいかなる理にかなったアプローチも超えて、超越的な神という考え方を許容し、不可知の彼岸に安住しようとするならば、実際民主主義の根底にある偶然性の確実性を失ってしまう危険を私たちは冒すことになるのだ。なぜなら政治というものは、偶然性を無条件に承認し、そうして秩序の自然的もしくは神的な基礎付け自体を排除することを前提しているからである［191］。この議論に従えば、宗教を哲学的に評価する唯一の正しいやり方は（バディウとジジェクが聖パウロにかんするそれぞれの読解において論じていたように）、対抗軸を提供するその潜在的な可能性に、つまり、一切の確立された秩序に（つまりこの世界に）対するその批判的な立場に、そして、それゆえその潜在的な政治的機能に存する。言いかえれば、宗教は、偶然性を掘り崩さない範囲内であれば、政治によって寛容に認められうるのだ。しかし、このようなやり方で宗教を他と並んだ政治的な声の一つと見なすことは、存在神学の乗り越えが成功していることを前提しているのである。

　メイヤスーは、ラディカル・デモクラシーを解消する恐れがあるような、現代政治における或る種の宗教的要素から成り立つ形而上学を相手に、断固として闘っている。彼が（彼自身の理解に反して）そのヘーゲル的な調子で主張するところでは、我々は啓蒙主義とともに「宗教化」と闘うために、絶対者とそれに対応した絶対知についてしっかりと捉えなければならない。ちょうどヘーゲルのように、メイヤスーは、知りえないものについての独断論的な主張が政治的現状の硬直化を含んでいるというのである。我々が絶対者について何も知りえないなら――もしそれが、いかなる概念的な把握も、否定〔神学〕的

［189］ Meillassoux (2008), p. 47.
［190］ Ibid., p. 66.

［191］「平等という前提」に依拠する民主主義的な政治は、同時に、「すべての秩序の純粋な偶然性」をも前提するというランシエールの主張に私は同意する。Rancière (1995), pp. 36-37, 48.〔邦訳、四〇―四三頁、五四頁〕を参照。

な把握さえも逃れるほど、矛盾的で逆説的であるとしても――、我々は、現状を構成している力〔権力〕の結合を絶対者に投影するという誘惑を防ぐことはできない。

ラディカル・デモクラシーの本質は、メイヤスーが述べるように、「必然的な存在者は不可能である」[192]という事実を認めることにある。この事実の肯定に基づいて、ラディカル・デモクラシーは、（政治的）行動のための、いかなる自然的基礎付けをも拒否するのだ。権力関係を組織化するあり方は、権力関係の背後に存在しそれを根拠付けるような、いかなる非人間的な存在者によっても決して支えられることはない。実際、この無根拠性こそが、ヘーゲルとマルクスからニーチェに至る十九世紀の哲学的反省の革命以来の哲学史の教訓だったはずである。世界が存在する仕方は、世界の背後やその彼方に存在する何物かによって正当化されはしない。そして、仮に超越が存在するとしても、我々は超越的な存在者にアクセスする術をもたない。超越的な存在者という意味での超越（それは、例えば、超越とは他者に対する我々の関係であり、それゆえすでに常に社会的であると主張するレヴィナスのような意味においてではない）は、厳密に言って、到達不可能なのである。

この限りにおいて、「絶対者とは、必然的存在が絶対的に不可能であるということである」[193]というメイヤスーの極めて重要な主張に、私は完全に同意する。我々は、自分たちがここに存在するというまったくの偶然性を理解するために、必然的存在の形而上学の残余を一切処分する必要があるのだ。ここに存在すること（Hiersein）は、そこに存在すること（Dasein）と同一ではない[194]。「ここに存在すること」という言葉でもって、私は、非制約的な内在のまったくの偶然性のことを指している。もっともラディカルな意味における偶然性だけが、政治に対する絶対的真理の関連性を〔ラディカル・〕デモクラシーが拒否することと両立可能である。自分たちの偶然性を理解しうる時にのみ、我々は、共同体の意志決定を超越した安定項を参照することなく、自分たちの共同体の体制〔構成〕について本当に論じることができるのである。したがって、次のことが認められなければならない。

いかなるものも他のようではなくこのように存在し、このようなままであり続けることの理由を持たない。そして、このことは、世界の諸物と同様に、世界を支配する諸法則にもあてはまる。ひと房の髪から星々まで、星々から諸法則まで、物理法則から論理法則まで、あらゆるものは、実際に崩壊するかもしれない。その上、このことは、あらゆるものの消滅を運命づけているなんらか高次の法則によって引き起こされるのではなく、それが何であれ或るものを消滅から保護することのできるいかなる高次の法則も不在であることによって引き起こされるのである。[195]

メイヤスーが〔ここで〕記述していることの適切な例は、目下の金融市場の危機である。あらゆるものは崩壊するかもしれない。秩序（あるいは、少なくとも見せかけの秩序）が継続するのは、それを維持する決定〔権〕が（金融）支配階層の貪欲な欲求によって濫用されない限りにおいてのみである。あらゆるものは、常に崩壊する可能性がある。これは、金融市場の真実であるだけでなく、生それ自体の表現であ

［192］Meillassoux (2008), p. 53.
［193］Ibid., p. 60.
［194］リルケは、『ドゥイノの悲歌』の中で、「ここに存在すること」をラディカルな内在の呼称として用いている。Rilke (1974) を見よ。第七歌三九行、第九歌一〇行を参照〔邦訳、五六頁、七〇頁〕。
［195］Meillassoux (2008), p. 53.

る。生は、死を前にしてのみ自らを打ち立てることができる。そして、このように生を打ち立てることによって、意味の脆い既存制度〔*establishment*〕の中で死の完全な無意味さに立ち向かうことができるである。生の輪郭は、死の可能性によってくっきりと浮かび上がるのだ。

限界の特定はその限界を超えた領域を生成させるため、構造（法）の自己主張は常にその侵犯を誘発する。このことは、パウロ的な真理である。また、この弁証法は、例外状態についてのシュミットの説明における一抹の真理でもある。いかなる構造も、したがって、いかなる国家も、その内的な外部に対抗して内部から自らを規定するために必要な例外状態を創出する。〔だが〕例外状態の創出は、その国家の限界を超えた他のものが必ず存在するということを意味するのではない。弁証法は、大量破壊兵器やその種のものの存在に関する存在論的な証明を与えはしないのだ。しかしながら、どんな国家も構造として有限であるということを受容することは、民主主義の唯一誠実な様相である偶然性を甘受することを助けるのである。

ここで素描された弁証法は、構造そのものの不安定性の顕現と見なすことができる。あらゆる構造（理論や意識などといった高階の理解可能な構造も含めて）は世界の一部であり、それゆえ世界はカオスであり、矛盾している。もし世界が理論の対象であるだけでなく、〔むしろ〕（結局のところ、理論は超越的ではないのだから）そうした理論を含むのであれば、そして世界についての矛盾しあう諸理論や様々な観点が存在するのであれば、その時には、世界そのものが自己矛盾する逆説的な統一となる。世界の統一は、不安定で絶えず変化する。なぜなら、この統一は、その内部でそれが現象しうる枠組みの複数性に依存しているからである。真理は、異議や差異、誤解といった前提の下でのみ生じうるのである。

政治哲学は、例外なく秩序の理論に基づいている。この秩序が規定性の設立の結果であることを考慮するならば、私が本章の最初の二節で展開した反省の存在論は、政治哲学にはっきりとした影響を与えている〔ことがわかる〕。アリストテレスの悪名高い指摘によれば、政治的なものの次元は、ロゴスという条件の下でのみ効力を持つ。ロゴス、言いかえれば、真理にかなった言説という意味での言語は、偶然性の領野を開く。それは、可能性の領域を定める。なぜなら、言語は、真と偽との間の区別を生成するからである。有意味に主張されるものは何であれ、真であるか偽であるかのいずれかなのだ（もしくは、任意の論理体系に依存した他の真理値を持つかである）。極めて重要なことは、〔真偽の〕再配置の可能性が顕在的になるとすぐに、そしてただその時にのみ、政治的なものが生じるということである。それも、この〔可能性の〕顕現は言説において生じる。アリストテレスが十分に気付いていたように、言説は、様々な言説の宇宙を、すなわち、対象領域の複数性を生成する。こうした理由から、アリストテレスの形而上学は、その政治哲学に関係しているのである。存在としての存在は、ロゴスのまったき顕現である異論の可能性と現実性においてのみ顕現する。そのために、一般にアリストテレスにおいて、ロゴスはまだ「構造」一般を意味しえたのである。それは、認識論的〔な構造〕であるのみならず、存在論的〔な構造〕でもあるのだ。

世界の統一は、顕在的な諸構造が互いに整合しないままに多数存在するための前提である。諸構造は、まさに諸構造がそれを取り巻くより広い文脈の一部であるために、不整合である。このより広い文脈は、それによって自らがそうであるところのものであることを止めることなくしては、それ自身構造的に実現することができない。〔そうした文脈とは〕多様なものがその内部で生じるところの地平、それ自体は世界の内部で生じることのない地平であり、現実に存在することさえない地平である。もしこの地平を「実体」と呼び、その内部で顕現するあらゆる規定的なものを「構造」と呼ぶのであれば、なぜあらゆる構造がその内部で仮想化しきれない残余〔ジジェク〕を生み出すのかということを理解するのは難しくない。多様で有限な諸構造を矛盾を孕んだ統一——規定性のポレモス【4】——へと統一化する、世界という実体が、まさにそれ自体、構造的に実現することはありえない。したがって、世界とは固有の空虚である。だが、より厳密にいえば、逆説的で捕えがたい対象という意味での空虚でさえない。世界という実体は、実体を欠いている。それは、何か規定されたものではなく、規定性の前提となる空白の空間である。それゆえに、民主主義とは、世界の捕えがたさの顕現なのである〔196〕。それは、没実体性の存在論と手に手をたずさえて進むのだ。

空虚は、世界という実体を欠いた実体であり、それゆえ、それが逆説的であるということをもって単純に退けることはできない。実体と構造（ポストカント的な用語法での、実在と理念）との間の永続的な闘争を支えるこのパラドクスなしに、規定性が生じることはないだろう。こうして構造の規定性にかんするこの説明は実体〔概念〕へと我々を向かわせるのだが、そこでの実体とは同一性と差異という関係の網細工の中であらゆる構造をあらゆる他の構造へと関係付ける背景を意味する。そうした背景は、前景化することでもう一つの背景を生み出すことなしには、探究の規定的な対象とはなりえない〔197〕。したがって、実体は、不可侵の安定した統一という意味での、なんらか実体的なものではないのだ。それは、ラカンの〈現実界〉、ハイデガーの〈存在〉のようなもの、つまり、秩序の束の間の崩壊においてのみ存在する象徴秩序内部の亀裂なのである。

メイヤスーによる不安定性と偶然性についての発言が一見したところどれだけ解放的で歓迎すべきものであろうとも、結局、彼は、その洞察を必然性の主張を用いることで補強しようとして、その一部を逸してしまっている。実際絶対的な偶然性にコミットしているにもかかわらず、メイヤスーは、究極的な法則が、すなわち、カオスの自己規範化を必然的に支配する非理性の原理が存在するはずだと信じている。バディウの存在論にしたがって、メイヤスーは、存在論と数学との同一化に執着しているが、このことは彼がデカルト的な絶対者に回帰することの理由を説明してくれる。メイヤスーによれば、物自体は存在するだけではない。物自体とは、その属性がいずれも〔ロックの〕一次性質、つまりは、数学化可能な質であるような実体なのである〔198〕。

メイヤスーは、彼が相関主義と呼ぶものに反論しながら、（共同）主観性による客観性のカント的再定義が、祖先的な言明〔ancestral statements〕の中で作用する真理述語を失格させたと論じている。祖先的言明とは、人間にかんする出来事（意識、言語、表象、主観性など）より以前に起きたと想定される、時制的

【4】ハイデガーのパルメニデス解釈に由来する闘争状態を表す語。

〔196〕ここでは詳細に扱えないが、思い切って、グローバリゼーションとは、それ自身の偶発性を否認する世界を創出することによって、空虚を覆い隠す試みであると主張することさえできるだろう。世界という概念とグローバリゼーションという概念との関係は、周知のように、Nancy (2007) によって分析されている。

〔197〕ほかのところで私は、それがマレーヴィチの「黒の正方形」の存在論的なメッセージであると主張してきた。Gabriel/Halfwasser (2008), pp. 257-277 を見よ。

〔198〕Meillassoux (2008), p. 3.「したがって、デカルトのテーゼを現代の言葉で再生し、そしてこのテーゼを我々が擁護しようとするのと同じ言葉で述べるためには、次のことを主張するべきだろう。すなわち、対象に属するもののうち、数学的なタームで定式化されうるあらゆるものは、対象自体の属性として有意に考えることができる。対象に属するもののうち、知覚や感覚を生じさせず、数学的思想（または、公式、もしくは、デジタル化）への場を提供するあらゆるものからは、私とともに存在するだけでなく、私なしでも存在するような物の属性を有意に生み出すことができる。」

に指標化された事態を記述するものである。彼が形而上学的な実在論に好意を示しつつ、相関主義に対抗して提出する唯一の論拠は、祖先的言明における真理述語に依拠している。だが、メイヤスーの（その本当の敵と思われる）観念論に対する論争を、特定の領域において作用する真理述語に限定する必要はない。おそらく、ただ祖先的な言明にかんする相関主義の弱点を審理する代わりに、実在論・反実在論論争に関与するべきなのだ。それとも、ことによると、形而上学的な実在論に反対する、パトナムによって提示された最も洗練された議論、あるいはクリスピン・ライトの『真理と客体性』によって提起された真理述語の複数性についての客観性理論の体系的取り組みについて考察した方がいいだろう。ライトは、この書で反実在論についての洗練された説明を提示しているのである〔199〕。メイヤスーは、創造説〔creationism〕やその類似物と闘うという公明正大な大義のためとはいえ、右に示したことはせずに、むしろ素朴な部類の客観主義に身を委ねてしまっている。

バタイユは、一九五一年一月十一日の夜に行われ、自らも参加したA・J・エイヤー、メルロ＝ポンティ、アンブロシーノによる有名な集まりについて語っている〔200〕。この時の議論の主題は、「人間が生存する以前に太陽はすでにあった」という祖先的な命題であった〔201〕。当時を振り返って、バタイユは、「フランスの哲学者とイギリスの哲学者との間には一種深淵のようなものがあって、これはフランスの哲学者とドイツの哲学者との間にはないものです」〔202〕と主張することができた。〔だが〕バディウやメイヤスーの新科学主義と大多数のドイツの現代哲学者たち――その仕事のほとんどは英語圏の分析哲学の模倣という非独創的な試みにすぎない（ただし幸運なことにその事実はたいてい見逃されているが）――を考えてみれば、〔いまや〕フランス哲学とドイツ哲学のこの同盟は終焉に至ったと思われる。こうした〔現代の」哲学者たちの間で普及しているイデオロギーは、正しく理解するという魔法の力を「科学」に授ける曖昧な自然主義ないし科学主義である。しかし、もしメイヤスーによって相関主義者と呼ばれる哲学者たち、すなわち、カントやフッサール、ハイデガーのような哲学者たちが、太陽は人間より先に現実に存在するということを理解できなかったとしたら、当然それは非常に大きな驚きをもたらすだろう。観念論も現象学も、人間存在を、太陽、天の川、ナイアガラの滝といった特定の対象の存在の作用因とするような存在的理論ではない。経験の可能性の認識論的条件が、あるいは、規定性一般の可能性の存在論的条件さえもが存在するというのは、二階の反省の主張である。〔それゆえ〕この主張は、内在的実在論と完全に両立可能である。それは、或る枠組みが固定されるとすぐに〔対象の〕指示が生じることを、それゆえ普通の真理（と虚偽）が生じることを許容する。メイヤスーの相関主義批判は、単純に存在的な（一階の）理論化と存在論的な（反省的な）理論化との区別を見逃しているのだ。相関主義を拒絶するために、彼は、自体がただ我々にとってのみ自体であるという存在論的な主張が、存在的な無意味を含んでいることを示さなければならなかったはずである。だが、観念論や構成主義などにかんする議論でとても頻繁に見られる欠点ではあるとはいえ、メイヤスーは反省と理論化の様々な層を区別することとす

〔199〕 Wright (1992).
〔200〕 Bataille (2004), pp. 111-118〔邦訳、十一〜二五頁〕における「非知の結果」。
〔201〕 Ibid., p. 111.（同上、十二頁）
〔202〕 Ibid., p. 112.（同上、十三頁）

〔203〕 これは、私がGabriel (2008) において、観念論を存在論的な創造説と分析的に同一化することに反対しつつ、哲学に固有な領域としての高階の反省という意味での観念論の再興をうながそうとした理由である。高階の反省とこの反省の相関主義への関係についての誤解のもっとも粗雑な例は、近年、ポール・ボゴシアンによって、その著作『知識の不安——相対主義と構成主義に対抗して』(Boghossian (2006)) の中で発表されている。

らしないのである〔203〕。

バタイユは、祖先的言明について議論し、確かにそれを文字通り真ではないと主張すると同時に、フランス哲学とドイツ哲学の間の、異なった動機付けに基づく同盟を打ち立てたが、この同盟は、ただ相関主義という認識論的な基礎にのみ基づいて定義されるのではない。一般的にいってバタイユは、存在的な観念論への大陸〔哲学〕的コミットメントについてわかりやすく言及したりはせず、〔むしろ〕続けて「未知の領域の好奇心」〔204〕について記述するのだが、この領域は、彼が「ひっかかり」〔当惑 uneasiness〕〔205〕として性格づける非知の経験において顕現する〔とされる〕。「根本的な問いは、いかなる定型表現も不可能となるその時から、人が沈黙のうちに世界の不条理を聴きとるその時からしか提起されえないものだと思います」〔206〕。こうしたひっかかりの感覚は、西洋世界の哲学のほとんどの分野に普及した科学的な態度とイデオロギーによって抑圧されている。しかし、この意味でのひっかかり、不安、サルトル的吐き気《ノゼ》、あるいは、ヴィトゲンシュタイン的逆説がなければ、哲学は存在しない。哲学における科学者たちが、本来の哲学を無効にするような研究しか行っていないという事実は、なんら驚くべきことではないのである。

究極的に学問〔科学〕は、人間を世界の中で世界になじませる〔故郷にいるようにする〕という実存的な企ての役に立つものである。学問〔科学〕は、方向付けを欠いた不安を対象に方向付けられた恐怖へと変換するという仕方で、親密でないものを親密なものに置き換えるための手段を用いることによって、「現実による絶対支配」(ブルーメンベルク)を絶えず減退させていく。そのやり口は、近代における自然の脱魔術化といわれるものと結びついた(目的論やアニミズムなどの)意味の欠如がしばしば嘆かれるにもかかわらず、今なお有効である。学問〔科学〕は、知ることのできる可能性の領域を定める。つまり、捕えがたさ、死、不可能なもの、そして、飽くことなき超越への憧れ（それは死の衝動の顕現である）について の人間の経験に抵抗するような安定した対象領域を定めるのである〔207〕。こうした経験は、もちろん、バタイユによるフランスとドイツの同盟が示唆するように、地理的に制限されるわけではない。一八四〇年、〔エドガー・アラン・〕ポーが、「ドイツ主義」という非難に対して自己弁明する際に、次のように述べたのは正しかった。「恐怖は、ドイツから（そしてフランスから、と我々は付け加えてもいいだろう）ではなく、魂から来るのである」〔208〕。

バタイユが表明しようとした言語の根底にあるひっかかりは、言語それ自体の経験、つまり、偶然性の経験である。意味論を理解する能力に恵まれた生き物〔人間〕は、様々な可能性、例えば世界を正しくあるいは誤って理解する可能性を生み出すという仕方で世界を指示することができる。言語は、可能性の次元を、それゆえ、偶然性の次元を開示する。カヴェルは、『理性の主張』の中で、このことについてとりわけ説得力を持つ説明を与えている。〔そこで〕カヴェルは、科学主義と自然化された認識論の天敵である懐疑主義には一抹の真理があることを繰り返し指摘しながら、バタイユの言う意味での非知の

〔204〕 Bataille (2004), p. 112.〔邦訳、十四頁〕
〔205〕 Ibid., p. 113.〔同上、十五頁〕
〔206〕 Ibid., p. 113.〔同上、十六頁〕
〔207〕 Bataille (ibid., p. 157) は、「科学の公準」について論じている。「もちろん、段階を追って知られる世界の中に生き、未知のものが徐々に既知へと還元されるのを辛抱強く待つのを当然と考えれば、苦しみなどとは無縁でいられる。それが科学の公準だ。苦悩はただ、未知のものを既知に還元することの空しさがあらわになった時に始まる」〔同上、一三四頁〕
〔208〕 Poe (1996), p. 129.

立場を強調している。彼が述べるところでは、「全体としての世界に対する、もしくは、他なるもの一般に対する我々の関係は、知るということのうちの一つではない」〔209〕のだ。言語は、偶然性の、つまり、可能な主張の空間を開く。こうした可能性がないならば、或るものの必然性はいうまでもなく、その現実性も目立つものとはならず、それどころか利用できるものにさえならないだろう。つまり、言語は〈存在〉の統一を諸様相へと展開し、そうすることによって印づけの空間を生み出し、そしてその内部でようやく規定性が生じるのである。

科学主義は、知識の境界線を侵犯する。科学主義は、我々の対象化の活動を対象化する、言いかえれば、概念を扱う実践を物化し、自らを有限性の否認の上に基礎づける。こうした決定は、絶対的な知識とそれによる支配へと到達するために、人間性を拒否するという人間の願いの表現である。科学主義の要求は、無規定であるがゆえに整合性を欠いているような、どこからでもない視点を必要とする。これは、トマス・ネーゲルの古典的な診断が今なお有効であることの理由である。人間であるということは、主観的であることと客観的であることとの間を、つまり、人間性の相の下での〔sub specie humanitatis〕世界と、我々自身の制作によるものでない限りでの世界との間を揺れ動くことである〔210〕。だが、言説を超越する直線的な方法は存在しない。つまり、我々が客観的なものとして指示する領域は、それ自体、「人間性の相の下で」の客観的なものである。祖先的言明も例外ではない。それは、〔確かに〕神話なしで世界の下図を描くという目標には役立つ。だが、祖先性を引き合いに出すことが魅力的に映るのは、それが神話的意識への応答になっているからに他ならない。カヴェルが述べているように、「概して神話は、誰も居合わすことのありえなかった起源を」、すなわち、祖先的言明を「扱う」〔211〕。それゆえに、祖先性とは徹底的に神話的なのである。

　科学主義に対抗して、我々は、ハイデガー、ヴィトゲンシュタイン、バタイユやカヴェルのような、偶然性の言語化をやり遂げながらも偶然性を否認することのなかった哲学者たちの側に立たなければならない。そして我々が偶然性によって創造説に投げ戻されることを恐れる必要はない。科学主義（それは科学ではなく、科学信仰であり、科学の宗教化である！）と創造説はどちらも、イデオロギー的な目標に資する偏見に満ちた神話なのだ。いうまでもなく、創造説はパラノイア的な世界像である。それは、科学についての極めて素朴な想定と、その愚かさに勝るものはほとんどないような聖書解釈に基づいている。他方で、科学主義は、反省が規定性の構成において果たす役割を無視しており、それが人類に世界のうちで故郷にいると感じさせようとするやり方は、結局我々は実在論的な科学の命題の外に意味を探し求めることを止めることができると我々に教えるというものである。つまり、科学主義は、科学が自らの究極の根拠を正当化する必要はないという素朴に思われる信念に、頼りすぎている。それは、科学主義が、科学の根拠が、「客観的」で「物質的」であるのと同程度に「明証的」であると信じ込んでおり、「その時」「誰が」実際に根拠を明証的なものと規定しているのかを自問することがないからである。

　もし（魂において、人間としてなどの仕方で）直面せざるをえない偶然性を見失いたくないのであれば、この両方のイデオロギーに対する治療法が必要となる。そして、メイヤスーと異なり、私は、この治療法

［209］Cavell (1999), p. 45. また、p. 48 も見よ。
［210］Nagel (1989) を見よ。
［211］Cavell (1999), p. 365.

が有限性であると主張する。デカルトが開始し、カントとその（ヴィトゲンシュタインとハイデガーを含む）すべての後継者たちが継続させた、有限性の反省的な分析だけが、一方で、科学に関連する対象領域に対する科学の妥当性を確保し、他方で、創造説のまったくの無効性を確保することができる。幸運なことに、クワインやバシュラールのような多くの哲学者たちは、科学が行っている存在論的コミットメントと、科学的探究の根底に存する決定の偶然性を明示化することによって、この課題にかんして我々を助けてくれる。

反省という神話的な存在は、我々自身の偶然性を反映〔反省〕している。最終的には、言語はただそれ自身についてしか語らないのである。反省の共同体を創出する新しい神話を生み出すことなしに、我々が正しく〈それ〉を理解することを保証する術はない。反省の共同体は、そもそも超越が規定的な〔特定の〕形態をとることに異議を唱える。これこそ、有限性と偶然性の受容が、決定的に理性の「宗教化」に反する所以である。

まとめるならば、創造説も科学主義も、それらが完全に不安定な地盤の上に基礎を持っているという事実から逃れることはできない。そうした地盤を私はここまで「神話」と呼んできた。我々が自らに問わなければならない問題は、神話という地盤が哲学的言説にも妥当するか否かということである。〔だが〕実際には、結論に至る前に、少なくとも一つの異論が存在する。神話が絶対に必要である（そして根源的に不可避である）という私の議論をより納得できるものにするためには、この異論をかわさなければならない。その異論とは、全領域の領域というパラドクスと結びついた偶然性を強調することで、我々は、理由の領野それ自体の偶然性と、特定の理由の、あるいは理由を与えたり問うたりする特定の実践の恣意性とを区別することができなくなる〔のではないか〕、というものである。もしあらゆるものが他になる可能性を無制約に確実なことと見なすならば、我々は、恣意性の無意味で非合理的な、過度の一般化にコミットすることにならないだろうか？

この問題に取り組み、偶然性と（規定性一般を破壊する恐れがある）際限のない恣意性とを区別するためには、反省の偶然性が常にすでに高階の偶然性であることを心に留めておくことが大切である。私は、必然的言明の特定の集合が実際に偶然的であると主張しているのではない。私の主張はむしろ、必然性はただ規定された対象領域の内部でのみ評価されるということ、そして、特定の対象領域について量化を行う言説の存在は、偶然的なパラメーターによって決められるということである。確かに（私が本章全体を通じて論じたように）局所的な規定性が、当該領域にとって無規定であるような条件を前提にしているとすれば、また、このことが全領域の領域（相互に規定された対象領域が多数存在することを理解するためには、その逆説的な「現実存在」を前提しなければならない）にも有効だとすれば、必然性は常に特定の枠組みの偶然的な安定性に基づいて決められる〔ことになる〕。この枠組みがさらなる吟味の対象となった途端に、もう一つの高階の枠組みが創り出されるのだが、今度はそのもう一つの高階の枠組みが無規定性の道のりを持ち込み、また同様のことが無限に〔有限性を超えて ad transfinitum〕続くことになるのだ。

我々は、特定の共同体の構成員として認められる限り、常に一定の規定された道を進むように条件付けられている。本章で私は、自分が属していると見なしている共同体が、偶然性の無制約な承認に基づいて自らを定める自由な反省の共同体であり続けなければならないということを論じようとしてきた。〔しかしながら、〕自然は、ラディカル・デモクラシーが我々の未来として判明するであろうことを保証してはくれない。ラディカル・デモクラシーは、人間の条件を処分しようとする人間〔自身〕の要求によって、つまり、偶然性を超越し、それをなんらかの安定項目に根拠付けようとする要求によって、常に脅かされているのである。

枠組みの、それゆえ規定性そのものの究極的な高階の偶然性は、恣意性と同じではない。特定の状況に適用するあれやこれやの枠組みを実際に任意に選択できることは滅多にないのだ。実際、枠組みの先行的適用を前提としている状況をすでに視野に入れていなければ、なんらかの枠組みを特定の状況に適用することすら我々はできないのである。例えば、ヴィトゲンシュタインが、知識は「決断〔決定〕に近似する」[212]と考えていた時、彼が念頭に置いていたのは或るものを選び出すことではない。むしろ〔それより〕遥かに決定的なこと、すなわち、決定はすでになされているということである。「自分はいかなる経験も反証とは認めない、と誰かが言えば、それもまた一つの決断〔決定〕である。彼はその決断に反して行為することもできるのだ」[213]。このために、我々は、制度[214]というゲーレンの概念を再びわがものとして用いたブルーメンベルクの側につかなければならない。制度とは、我々が我々の世界に取り組むやり方の対象化であり、それは、決して安定しない状態で、我々に引き渡されている。我々が我々の世界に取り組むやり方は思考と言語の歴史の中で通時的に変化するため、制度も変化することになるが、制度は常に内部から変化させられる。この意味で、革命さえも制度に準拠している。というのも、革命もまた、基礎的なレベルでの物事の行い方を前提しているからである（革命家も歯を磨き、服を着ているなど）。革命でさえ規定的な否定であり、津波のような単に自然的な出来事ではないのだ。そうでなければ、それは（事後的に、または事前に）正当化されることはない。重要なのは、神話が制度に結びついており、思想家個人や予言者個人の自由な想像力に任されているのではないということを強調することである。

これは、我々の神話への関係が、ハイデガーの有名な言葉を借りれば、一つの「被投的企投」(geworfener Entwurf) であることの所以である。それでいて、我々は、人生の特定の場面を同定することによって絶えず枠組みを制度化している。我々の世界内存在は、継続的創造〔creatio continua〕の実現である。それは、カントの言う意味での綜合、つまり、要素を取り集め、意味と物事の再配置を行うことだが、こうした再配置なくしては規定性（と人間の日常における最低限の精神的正気さ）は根拠から出発することさえできない。それは、まさに科学主義と創造説の両者が誤って表象しているところのものである。両者は、超越論的詐取を犯しており、反省の活動を、誰か他の人の活動と取り違えているのだ。これは、控えめにいっても、パラノイア的な態度であるといえるだろう……。

〔メイヤスーのように〕デカルト的絶対者を改めて独断論的に主張することは、今日の図々しくて悪意ある自然主義のイデオロギー的振る舞いを支持するという危険を冒すことになる。この自然主義が信じるところでは、唯物論とは一切の出来事を時間空間上の素粒子の究極的に必然的な配置へと還元することに等しい。〔ここでは〕自然主義が、量子力学によって発見された存在論的な不確実性（とその基礎にある偶然性）を愚かにも反現代的な態度で拒絶していることは置いておこう。だが、それにしても、現代

〔212〕 Wittgenstein (1969), §362. 〔邦訳、九一頁〕

〔213〕 Ibid., §368. 〔同上、九二頁〕

〔214〕 Gehlen (1956) を見よ。私はここで、ロバート・M・ウォーラスによる Blumenberg (1985a) の翻訳に付された彼の序論、特に pp. XXII-XXIII における説得力ある見解に依拠している。

分析哲学のメインストリームにおいて広く当然のことと見なされている科学的規定〔決定〕性のフェティシズムは、我々の〔時代の〕金融市場の存在論を、言いかえれば、量化の全能性という前提を反映している。ジャニーヌ・シャスゲ＝スミルゲルとともに、こうした現代の自然主義は、「アナル・サディスティックな宇宙」に向かう「「倒錯した」思考法」であるという仮説をあえて提起することさえできるかもしれない。この宇宙では、あらゆる差異が（糞便的な）物質の再配置へと還元されるのである。

> 私が記述する（倒錯者の――引用者補足――）宇宙では、世界は巨大な粉砕機（消化管）に巻き込まれ均質な（糞便の）粒子に還元される。この時、あらゆるものは等価である。「以前」と「以後」の区別は消失し、そしてまた、もちろん歴史も消失する。私に次のように語ったフェティシストの場合のように、ただ量だけが考慮されるのである。「俺はなぜユダヤ人がそれほど不満を述べるのかわからない。奴らは六百万人虐殺されたわけだが、ロシア人だって二十人殺されたんだぞ！」[215]

確かにメイヤスーは、こうした伝統における自然主義者では決してない。それにもかかわらず、必然性を再設定するイデオロギー的振る舞いには近付いている。シェリング、ブルーメンベルク、ヴィトゲンシュタイン、ハイデガーやその他多くの哲学者と同様に、（彼自身はそこに連なりたいとは思わないだろうが）メイヤスーは、現実による絶対支配を正しく強調している。言いかえれば、「現代人にとって明らかになった氷の世界、つまり、もはや上も下も中心も周縁も存在せず、世界を人間のために設計されたものと考えさせるようなものは一切存在しない世界」[216]という事実性を強調しているのである。しかし、彼は、「氷の世界」が事実ではなく、それ自体、人間が人間の目的のために目論んで仕立てた世界像、すなわち、ニーチェが言うような意味での隠喩であるという事実を考慮していない。メイヤスーが最終的に無視もしくは拒絶していることは、無意味な世界（あるいは、少なくとも、シニフィアンの連鎖の内部の一要素であることに還元されえない何物か）という仮説が、ラディカル・デモクラシーを正当化する機能を果たすということである。このラディカル・デモクラシーは、有限性の後に、あるいは同じことだが、共同体の後に自らを位置付けようとするメイヤスーの欲望をかき乱すだろう。もし神が（つまりは、地上におけるその代理人が）、もはや政治に命令を下さないのであれば、その時我々は共同体とともに取り残されることになる。共同体の形而上学的孤独は神によって脅かされたが、それゆえに神（父）は抹殺されなければならなかった。同様にして、科学主義も根絶されなければならないのである。

フロイトがそのもっとも神話的な著作である『トーテムとタブー』で思い巡らせているように、父殺しは、「社会と罪責意識の端緒となったあの偉大な凶行」[217]である。近代性の根底に存する「偉大な凶行」は、「父への思慕」[218]の抑圧である。つまり、空しさ――それはニーチェの言がよく知られているように、我々が自らで案出したものなのだが――を埋めてくれる何物かへの憧れの抑圧なのだ。私は、フロイトとは異なり、偉大な凶行が文字通り「はるか太古の時代に〔考えられないほど遠い過去に〕」[219]生じたとは考えない。「凶行」という概念はすでに象徴的秩序を前提にしているが、しかしそうした象徴

[215] Chasseguet-Smirgel (1998), p. 128.
[216] Meillassoux (2008), p 115.
[217] Freud (1950), p. 187.〔邦訳、一九二頁〕
[218] Ibid., p. 183.〔邦訳、一九〇頁〕
[219] Ibid., p. 164.〔邦訳、一七〇頁〕

的秩序の方も「凶行」によってのみ確立されるのである。それゆえ、「偉大な凶行」なくしてはいかなる象徴的秩序も設立されえないが、そうした「偉大な凶行」が凶行として規定されうるためには、我々が象徴的秩序の構造を不当に過去に投影しなければならないのである。だが〔それでも、〕フロイトの創出した神話は、シェリングが「神話的意識」と呼んだもの、つまり、世界そのもの（全領域の領域）に対する我々の関係において依然として自らを顕現するという意識の形を、よりよく理解するのに役立つだろう。とはいえ、我々はまだ超越的な父、安定性を保証する規定された絶対者への要求を脱構築する必要がある。この基底的な絶対者は、メイヤスーがその大胆なほど独創的な初期論考で説得力を持って擁護した不安定性の魅惑的な安定性さえも保証しているのである。

ブルース・ウィルシャイアは、その著書『ファッショナブルなニヒリズム――分析哲学批判』の中で、全領域の領域の逆説的な現前に対する分析的拒絶に対抗して、古典的形而上学を擁護している〔220〕。彼が思い起こさせてくれる、哲学本来の形とは次のようなものである。すなわち、哲学とは、「その究極的な目標が、包含しえないもの、つまり〔それについて〕知らないということさえ知らないものの領域に、我々を開いたままにし続けるような活動」〔221〕である。これは、バタイユが、（分析――つまりは、地理的に制約されていない――哲学という名称を誇る）エイヤーの態度に対して、フランスとドイツの（今日であれば「大陸の」と呼ばれるような）哲学の「ひっかかり」を対置する時に念頭に置いていたことである。このひっかかりが、完全に止揚される（もしくは昇華される）ことは決してありえない。それは、意味そのものに付着した曖昧さという仮想化しきれない残余なのだ。言語という恵みを与えられた生き物であるということとは、偶然性に晒されるということである。我々が直面している意味を欠いた事実性を名付けることによって理解しようとし、そうすることで、偶然性が解放的効果を持つのに必要な距離を確保しようとするのは、「自然」なことにすぎない。しかしながら、我々は、物化する対象化というイデオロギー的振る舞いには決して屈してはならない。

こうした理由のために、私は、本章全体を通じて必然性の偶然性を擁護してきた。我々は、「我々自身ここに存在すること」に向きあうために、表現の有限性と、あらゆる枠組みが持つ抹消できない偶然性を承認する必要がある。我々は、この有限性を率直に認めなければならない。というのも、有限性の外部の立場、あるいは、有限性の後の立場をとることはできないからだ。バタイユがいうように、まさに「本質的なものは明かしえない〔inavouable〕」[222]からこそ、我々は有限性を率直に認め〔avow〕なければならないのである。いったん階梯理論の過程を通過してしまえば、世界が我々によって作られるということを、——イデオロギー批判の重要な手段を与えてくれる洞察を——理解することができるようになる。神話学の神話学は、偶然性の文化（と共同体）の安定性が「自然」または「神」によって裏打ちされていると信じさせることなく、我々を偶然性に直面させ、昇華という課題を引き受けさせることを可能にする言説の宇宙を創出する。**我々は独りである**。神話は、反省の神話的存在という観点から偶然性を理解しようとするこの試みを終わらせる助けとなるかもしれない。「神話的思考は思いきって出発しようとしているのではなく、到達しようとしているのでもないので、行程全体を全うすることがない。神

〔220〕 Wilshire (2002).
〔221〕 Ibid., p. 16.

〔222〕 Bataille (2004), p. 79. 私は、この対比をトム・クレルに負っている。

話的思考にはいつまでたってもまだ成し遂げねばならないことが残っている」[223]。

したがって、私が本章で展開してきた階梯理論は、最終的に自らの偶然性を表明する。偶然性は、反省的な偶然性になる。なぜなら、それは、反省の偶然性を表現することを意図しているからである。反省が生起したということはありえない。世界が理性の網に巻き込まれたということはただ起こったのである。理性の領野が設けられるやいなや、それはただ理性によってのみ維持させられる。しかし、理性は有限である。つまり、理性は、それ自身の前提条件を遡及的に生み出すのだ。幸い偶然性は、我々の「本性」についての悲しむべき事実ではなく、表現の好機に対してつけられた固有名である。もし偶然性が存在しないのであれば、世界さえも存在しないだろう。一つの世界が存在するようになるやいなや、規定性という仮想が生じる。それは、規定性の徹底的な偶然性を覆い隠すが、それにもかかわらず、この偶然性はあらゆるものはどこにも生じないという事実において絶えず顕現している。世界なるもの〔*the world*〕は存在しない。だからこそ、無を転覆させる仕方について我々が様々な決定を取り決めることは、常に我々次第なのである。――しかしそれもまた無の内部における意味論的な場のはかない光の瞬きが持続する束の間のことにすぎない。

[223] Lévi-Strauss (1979), p. 6.〔邦訳、十一頁〕

第二章　二つの自由をめぐる規律訓練《ディシプリン》

——ドイツ観念論における狂気と習慣

スラヴォイ・ジジェク

カントの自由の概念をめぐる「敵対関係〔antagonism〕【1】」（これはブルジョワ的な生そのものにおける自由をめぐる敵対関係をもっとも簡明に表現するものである）は、アドルノが位置付けているところには存在しない。（〔アドルノによれば〕自律的に自己立法された法則が意味するのは、自由というものが、自己隷従と自己支配とに相即しているということであり、またカントの「自発性」が、現実にはそれと反対のもの、すなわちまったき自己管理、一切の自発的な衝動に対する妨げになるということである）。むしろ、ロバート・ピピンが述べているように、〔件の敵対関係は〕「もっとずっと表層に」〔1〕存在しているのである。ルソーと同様にカントにとっても、最大の道徳的善とは、自由で理性的な行為者として完全に自律的な生を送ることであり、最大の悪とは、他者の意志に服従することである。ところが、カントが認めざるをえなかったように、人

【1】「自然が、人間に与えられている一切の自然的素質を発展せしめるに用いるところの手段は、社会においてこれらの素質のあいだに生じる敵対関係〔Antagonism[us]〕にほかならない」（カント『世界公民的見地における一般史の構想』（カント『啓蒙とは何か　他四篇』（篠田英雄訳、岩波書店、一九五〇年）、二九頁）

〔1〕 Pippin (2005), p. 118.

間が、自由で成熟した【2】理性的な行為者として現れるのは、おのずとその自然な発達によってというわけではなく、過酷な規律訓練《ディシプリン》【3】と陶冶とに支えられた、成熟へと至る困難な過程によってのみである。しかもその規律訓練《ディシプリン》と陶冶とは、当の主体にとって、その主体の自由に対する賦課として、すなわち外的な強要として経験されざるをえないのである。ピピンは続けて次のように述べる。

このような自立〔independence〕を涵養し、また発達させる社会的制度は、自立の実現にとって必然であり、これと合致するものであって、妨げとはならない。けれども〔およそ〕自由というものが、個人の原因的行為者性として理解されている限りにおいては常に、このことは、我々が当然避けようとするような、そういうある外的な必然性のように見えるであろう。ここから、依存〔dependence〕の形式をめぐる問題がもたらされる。すなわち、自立を構成するものとして見なされうるような、なおかつ他者の特殊な意志への単なる屈従としては理解されえないような依存の形式をめぐる問題である。それは晩年のカントにとっての単独の周縁的なトピックとしては理解されえないような問題である。まさにこの問題こそが、個人のありかたと個人の責任とをめぐるブルジョワ的観念の中に含まれるアンチノミーなのである……。〔2〕

実際ここでこう想定してみることができる。カントは期せずして『監獄の誕生』におけるフーコーのテーゼ、つまりミクロな規律訓練的《ディシプリナリー》諸実践の複雑な組み合わせによって自由な主体が形成されているというテーゼの先駆者になっているのである、と。その上、ピピンがためらうことなく指摘しているように、件のアンチノミーは、カントの社会的‐歴史的な反省にあって――「非社交的社交性【4】」という概念に焦点を当てる場合には――なおのこと一層双曲的〔hyperbolic〕なものとなる。つまり、民主制と君主制との歴史的関係をめぐるカントの考えは、およそそれが自由と教育〔陶冶〕的依存への従属との連関をめぐる同じテーゼを歴史的過程そのものに適用したものなのでないとすれば、いったい何であろうか。長きにわたって（あるいはそれをめぐる考えの中で）、民主制は統治の唯一適切な形式であった。しかしながら、民主制が機能する条件は、民衆が未成年状態にあるがゆえに、ただ非民主的な君主制によってのみ設定されうる。非民主的な君主制が、その慈悲深き権力の行使によって、民衆をして政治的成熟へと教育〔陶冶〕するのである。そして想定通り、カントは、市場をめぐるマンデヴィル的な合理性に言及するのを忘れなかった。すなわち、市場において個人が各自の利己的な関心を追求することこそが、公共の善にとってもっとも（直接に利他的な働きをするよりも遥かに）よい働きをするのというのである。詰まるところ、カントはここから、人間の歴史そのものを或る不可知にして神聖な計画に基づく発展だとする、あの考えを導くことになる【5】。我ら死すべきものどもは、その計画の中にあって、自分たちの

【2】原語matureはドイツ語のmündigに対応していると思われる。「啓蒙とは、人間が自分の未成年状態〔Unmündigkeit〕から抜けでることである」（カント『啓蒙とは何か』（前掲書、七頁）。

【3】ここでジジェクが念頭に置いていると思われるのは、ミシェル・フーコーの「規律訓練《ディシプリン》」概念（『監獄の誕生　監視と処罰』）であろう。また、カントにおける「訓練（Diziplin）」は次のように定義される。「特定の規則から絶えず逸脱しようとする傾向を制限し、最終的にはそれを根絶しようとする強制は、訓練〔*Diziplin*〕と呼ばれる」（カント『純粋理性批判』（A709/B737））。

［2］Ibid., pp. 118-119.

【4】「ここに言うところの敵対関係〔……〕とは、人間の自然的素質としての非社交的社交性〔die ungesellige Geselligkeit〕のことである」（カント『世界公民的見地における一般史の構想』（カント『啓蒙とは何か　他四篇』、三〇頁）

与り知らぬ役を演ずることを運命付けられているというわけである。ここに至って、パラドクスは一層その強さを増す。つまり、自由はその反対物と「下方から」関係しているだけではない。「上方から」も関係しているのである。言い換えれば、我々の自由は、ただ我々の従属と依存とによってしか現れえないというだけではない。そのようなものとしての我々の自由は、より大いなる神聖な計画の契機でもある——我々の自由は、本当の意味でそれ自体である目標なのではなく、より高次の目的に仕えているものなのである。

このジレンマを明確にする——解決するというのではないにしても——一つのやり方はおそらく、「ヌーメナルな」自由の概念そのもののうちに、さらに決定的な区別をいくつか導入することであろう。つまり、立ち入って見てみれば明白なことだが、カントにとって規律訓練《ディシプリン》と陶冶とは、我々の動物的な本性の上に直接に働くものではない。むしろ我々の動物的な本性を鍛造して、人間の個人としてのあり方へともたらすのである。——カントが指摘しているように、動物は、その行動がすでに本能によって前もって定められている以上、そもそもからして陶冶されえない。このことが逆説的にも意味するのは、〔私が〕(道徳的自律ならびに自己責任能力としての)自由へと陶冶されるためには、——もっとずっとラディカルな意味で、すなわち「ヌーメナルな」という意味で、いや怪物的ですらあるような意味で——私はあらかじめ自由でなければならないということである。この怪物的な自由にフロイトが与える名は、無論、「死の衝動」である。興味深いのは、「人間の誕生」をめぐる哲学的な物語が、人間の歴史(前史)におけるある時期を想定することにどれほど常に駆り立てられているか、ということである。つまりそれは、人間(にいずれなりゆくもの)が、もはや単なる動物ではないが、また同時にまだ「言語的存在」でもなく、象徴的な〈法〉に縛りつけられてはいないような時期、まだ文化ではないものの、徹底して「倒錯した」「脱自然化された」「逸脱した」自然の時期である。「人間学」に関する著作でカントが強調しているように、人間という動物は、人間本性に生まれつき備わっているかのように見える、或る尋常ならざる「御しがたさ〔unruliness〕」を馴致するために、規律訓練《ディシプリン》による圧力を必要とする。――〔つまりそうして馴致されなければならないのは〕断固として、どんな犠牲を払っても、当人自身の意志に固執しようとする、粗野な、抑制しがたい性癖である。まさにこの「御しがたさ」のために、人間という動物は、彼を訓練する〈主人〉を必要とする【6】。――規律訓練《ディシプリン》の照準はこの「御しがたさ」にあるのであって、人間における動物としての本性にあるのではないのである。

ヘーゲルの『歴史哲学講義』において似たような役割を担っているのが、「黒人」に関する言及である。特記すべきことにヘーゲルは、「黒人」を（古代中国に始まる）本来の歴史以前のものとして、「世界史の自然的文脈あるいは地理学的基礎」と題された一節において取り扱っている〔3〕。つまり、「黒人」はそこで「自然状態」のうちにある人間精神を表しているのである。彼らは倒錯した、怪物じみた子供のようなものとして描かれている。すなわち素朴であると同時に極度に頽廃しているようなものとして、

【5】前掲書を参照。

【6】「人間は主人〔Herr〕を必要とする生き物である」（カント『人間学遺稿』（アカデミー版第一五巻）、六〇九頁）、「人間は、同類であるところの他の人間のあいだに生活する場合には、支配者〔主人*Herr*〕を必要とする動物だ」（カント『世界公民的見地における一般史の構想』（前掲書、三四―三五頁）

〔3〕Hegel(1975), pp. 176-190〔この標題はラッソン版（G.W.F. Hegel, *Vorlesungen über die Philosophie der Weltgeschichte*, Bd.1, hrsg. von Georg Lasson, Felix Meiner, 1917, p. 178.）にのみ見られる。グロックナー版（G.W.F. Hegel. *Sämmtliche Werke*, hrsg. Hermann Glockner, Bd.17, Friedrich Fromann, 1928, p. 120.）〔邦訳、一二四頁〕での標題は、「世界史の地理的基礎 Geographische Grundlage der Weltgeschichte」〕。

言い換えれば堕罪以前の無垢な状態のうちに住まいながらも、まさにそのようなものとしてもっとも残酷であるような野蛮人として描かれているのである。彼らは自然の一部であってまだ完全には脱自然化されていないのであり、自然を原始的な呪術によって毅然と操作しながらも、自然の威力が猛威を振るう時には恐れおののくのであり、無謀なほどに勇敢でありながらも臆病なのである。このように中間的なものが、物語（この場合は、精神の形式が世界史の中で継起するというヘーゲルの「大きな物語」ということだが）の形式にあって「抑圧されたもの」である――この中間的なものとは自然そのものではなく、まさしく自然との断絶なのであり、この断絶は（後から）物語のおりなす仮想世界によって代補されるのである。シェリングによれば、主体は、理性的な〈言葉〉という媒体として断定される以前には、「存在の無限な欠如（unendlicher Mangel an Sein）【7】」である。それは、自分の外部にある存在の一切を否定する収縮〔contraction〕という、暴力的な所作である。この洞察はまた、ヘーゲルにおける狂気の概念の核心を形づくるものでもある。ヘーゲルは狂気について、現実の世界からの或る退隠、魂の自分自身の内面への閉塞、魂の「収縮」、外的な実在との結び付きの切断だと規定する。その際、ヘーゲルは性急にも、この退隠を動物的な魂――なおその自然環境のうちに埋もれていて、（昼夜といった）自然のリズムによって規定されているもの――のレベルへの「後退」だと解している。だがこの退隠が示すのは、むしろ反対に、周囲世界(Umwelt)との結び付きの切断、主体の直接的自然環境への没入の終焉ではないだろうか。そしてこの撤退は、それ自体として、「人間化」を創設する所作ではないのだろうか。デカルトがその普遍的な懐疑とコギトへの還元において成就したのはこの自己の内面への退隠ではなかっただろうか。そしてその普遍的な懐疑とコギトへの還元の中には、デリダが「コギトと狂気の歴史」〔4〕の中で指摘したように、根源的な狂気の契機を通過することもまた、含まれているのではないだろうか。

かくして我々は〈堕落〉の必然性へと導かれる。カントにおける依存と自律との結び付きに相当するのは、〈堕落〉というものが不可避であり、人間の道徳的な進歩にとって必要な一歩だということである【8】。正確にカント的な言葉遣いで言い換えるならば、〈堕落〉とはまさに、私の根源的な倫理的自律を断念することなのである。堕落が起きるのは、私が他律的な〈法則〉のもとに逃げ込む時である。すなわち、私の外部から私に対して課された限りでの経験であるような〈法則〉へと逃げ込む時である。言い換えれば、自由であることをめぐるあの眩暈【9】を避けようとして、私は有限性〔finitude〕に助けを求めるのだが、その有限性とは外的・他律的な〈法則〉そのものの有限性に他ならないというわけである。ここに、カント主義者であることの困難がある。親ならみんな知っているように、子供による〔親への〕挑発的な振る舞いは——乱暴で「度を越している〔transgressive〕」ように見えるとしても——最終的には、或る要求を隠蔽しつつ表現している。すなわち、権威を担う人物に対して、確固たる境界を定めて、「ここまで来てもよい、越えてはならぬ」【10】という線引きを行うよう求める要求である。それによって子供は、なしうることとなしえぬことに関する〔自分の行為の〕明確な配置を得ることができるようになる（そして同じことはまた、ヒステリー患者による挑発的な振る舞いに関しても言えるのではないだろうか）。

【7】 Schelling, *Sämmtliche Werke*, XII, p. 49.

［4］ Derrida (1978) を参照。

【8】「未開の状態から脱する第一歩は、道徳的な面から言うと、一種の堕落であった」（カント『人類の歴史の臆測的起源』（カント『啓蒙とは何か 他四篇』、六五頁）

【9】「不安は自由の眩暈である」（キルケゴール『不安の概念』（斎藤信治訳、岩波書店、一九五一年）、一〇四頁）

【10】「ヨブ記」三八章十一節（口語訳）

まさしくこの、〔要求に応えて〕境界を定め線引きを行うことをこそ、精神分析家は拒んでいるのであって、しかもそのためにこそ精神分析家はかくも心的外傷《トラウマ》を負うはめになるのである。――逆説的なことに、確固たる境界の画定こそが解放をもたらすのであり、まさに確固たる境界の不在こそが息苦しさとして経験されるわけである。このことが、主体のカント的自律がひどく困難であるということの理由である。――その含意はまさしく、外部には誰も存在しないということ、私のために働いてくれたり、私に対して私の境界を画定してくれたりすることができるような、「自然の権威」という外的な行為者はおよそ存在しないということ、〔そして〕私は自分自身で自分の自然的な「御しがたさ」に対して境界を提示しなくてはならないということである。よく知られている通り、カントは人間とは主人を必要とする動物だと書いているが、ここで騙されてはいけない。カントが言おうとしているのは、行動パターンが生まれつきの本能に基づいているような動物とは対照的に、人間はそうした固定的な諸々の連係を欠いていて、それゆえその連係は外部から、文化的な権威を通じて彼に課されなくてはならない、というような哲学的に陳腐なことではない。〔それに対して〕カントの本当の意図はむしろ、まさにその外なる主人を必要とするということがいかに人を騙すルアーであるかを指摘することにあるのである。――人間が主人を必要とするのは、自身の自由と自己責任能力の困難による行き詰りを、自分自身に対して隠蔽するためなのである。まさしくこの意味で、真実に啓蒙され「成熟した」人間存在とは、もはや主人を必要としない主体のことであり、この主体は自分自身の境界を画定するという重責を、充分に引き受けることができるのである。この、カント（およびヘーゲル）の基礎的な教えを非常に明晰に表現しているのは、チェスタートンである。「意志の一切の所行は、自己制限の所行である。行為を望むとは、制限を望むことだ。この意味で、一切の所行は自己犠牲の所行なのだ」〔5〕。

ここから得られる教えは、まさに優れた意味でヘーゲル的なものである。つまり、自由（超越論的自発性、道徳的自律、および自己責任能力）と隷従（私自身の本性への、その感情的《パトローギッシュ》な本能への服従、あるいは外的な権力への服従）とをめぐるあの外的な対立は、自由そのものの上に移し替えられなければならない。すなわちそれは、「御しがたさ」という怪物的な自由と真の道徳的な自由との「最高度の」敵対関係なのである。けれども、ここで何か反論がありうるとすれば、それは、件のヌーメナルな自由の過剰（カントにおける「御しがたさ」、ヘーゲルにおける「世界の夜」）こそが、規律訓練《ディシプリン》のメカニズムそのものの遡及的結果だというものであろう（このことは、「律法〔こそ〕が逸脱〔罪〕をもたらす」というパウロ的なモチーフ【11】、もしくは、セクシュアリティを規制しようとする規律訓練《ディシプリン》上の規準が、いかにしてそれに背反する過剰としての「性」を生み出すのかというフーコーの議論と、軌を一にしている）。ゆえに〔ここでありうる反論とは〕、妨げとなるものこそが、それが管理しようとする当のものを生み出すのだというものであろう。

それでは我々は、人が自身の前提〔presupposition〕を措定〔定立 positing〕する過程という、閉ざされた循環を取り扱っていることになるのだろうか。我々の賭け金はこうである。つまり、前提の措定というヘーゲル的な弁証法的循環は、およそ閉ざされたものであるどころか、それ自身の開けを生み出し、そしてそれによって、自由のための余地〔空間〕を生み出すのである。

〔5〕 Chesterton (1995), p. 45.

【11】「ローマ人への手紙」五章十三節「律法以前にも罪は世にあったが、律法がなければ、罪は罪として認められないのである」（口語訳）

1 ヘーゲルの習慣

アリストテレスからカントへと、つまり純粋な自律としての主体を伴う近代性へと転換する中で、習慣は、有機的で内的な規則から機械的な何物かへと、人間の自由の反対物へとその地位を変えた。自由は決して習慣(的)ではありえない。もし自由が一個の習慣となれば、それはもはや本当の自由ではない(ゆえに、トマス・ジェファスンが記している通り、民衆は、自由であり続けようとする限り、二十年ごとに統治に対して反抗を起こさなければならない)。〔自由の〕このような出来事性は、キリストにおいてその頂点に達する――キリストは「或る純粋な出来事の形象であり、習慣的なもののまさに反対物である」〔6〕からである。

ヘーゲルがここで提供しているのは、カント的な近代性を内在的に是正するものである。カトリーヌ・マラブーが注記している通り、ヘーゲルの『精神哲学』が始まるのは、『自然哲学』がまさにそこで終わる、当の同じトピックの研究からである。すなわち、魂とその機能である。この反復によって、自然から精神への移行をヘーゲルがどのように構想しているのかについて理解する手掛かりを得ることができる。つまりこの移行は、「止揚ではなく、二重化、すなわち精神が第二の自然のうちで、また第二の自然として構成される過程」〔7〕として構想されているのである。この第二の自然に対する名称が習慣である。それだから、人間という動物は、精神の創造的な爆発によって自然と断絶し、しかるのちに「習慣化されて」て、精神なき習慣へと変わっていく、のではない。「第二の自然」における自然の二重化は根源的なものであり、言い換えれば、ただその二重化だけが、精神の創造性のための余地〔空間〕を開くのである。

おそらく、ヘーゲルの習慣概念によって説明可能になるのは、ゾンビという映画上の形象であろう。ゾンビたちは、のろのろと足を引きずって、カタトニー〔緊張病〕のような状態で、しかしやむことなく歩き続けている。彼らこそは純粋な習慣の形象、知性（言語、意識、ならびに思考）の出現に先立つ、もっとも基礎的な習慣の形象ではないだろうか〔8〕。これが、優れた意味でのゾンビがいつも、まだ普通に生きていた時に我々がかつて見知っていた誰かであるということの理由である。ゾンビ映画の登場人物が衝撃を受けるのは、かつて親しかった隣人が、地面を這いつくばった姿でひたすらに自分を追いかけてくることなのである（ゾンビという、このまさしく無‐気味（un-heimlich）な形象は、したがって、地球人の身体に侵入してくるエイリアンとは正反対のものである。エイリアンは見た目も行動も人間に似ているが、人間という種にとって真に異質なものである。ゾンビは、見た目も行動ももはや人間とは似てもつかない人間である。エイリアンの場合には、我々は自分ととても近しい人――妻、息子、父親――がエイリアンであり、エイリアンに乗っ取られていたことに不意に気付く。それに対してゾンビの場合に衝撃を受けるのは、這い寄ってくるこの異質なものが自分と近しい誰かなのだ、ということである）。このことが意味するのは、我々人間の同一性のもっとも基本的なレベルにあっては、我々はみなゾンビだということである。そして、我々人間の「より高次」で「自由な」活動が起こりう

〔6〕 Malabou (2005), p. 117.〔邦訳、一八四頁〕
〔7〕 Ibid., p. 26.〔邦訳、五四頁〕

〔8〕 この考察はカロリーネ・シュスター（シカゴ）に負っている。

るのは、それらの活動が、我々のゾンビ的な習慣が信頼できる仕方で機能しているということに基づいている限りでのことである。ゾンビであることは、ゼロ・レベルの人間性であり、人間性の非人間的／機械的な核心をなすものである。もちろん、これはヘーゲルによる習慣の分析である。ゾンビとの遭遇による衝撃は、異質な存在者との遭遇による衝撃ではない。我々自身の人間たることの基礎が否定されているのに直面していることによる衝撃なのである[9]。

ヘーゲルの考える習慣は、デリダが「パルマコン」と呼ぶものをめぐる論理に、図らずも近いものとなっている。すなわち、同時に死の力でもあり生の力でもあるような、あの両義的な代補〔supplement〕である。習慣は、一面においては、生の鈍化であり、生の機械化である（ヘーゲルは習慣を「自己感情の機械制《メカニズム》」と特徴付ける[10]）。或るものが習慣のうちへと転化する時、そのものの生き生きとしたあり方は喪われ、我々はまさに機械的に、その習慣を意識することなく反復することになる。習慣はその場合には自由のまさに反対物であるように見える。自由とは創造的な選択を、何か新しいものを創案することを、要するにまさしく（古い）習慣を断ち切ることを意味するからである。言語の場合で考えてみよう。言語における「習慣的な」相がもっともよく際立たせられるのは、標準的な、儀礼化された挨拶においてである。「こんにちは、お元気ですか。会えて嬉しいです」――そのようなことを言う時、我々は実際にそのようなことを言おうとしているわけではない。そこには生ける志向はない。それはただの「習慣」なのである……。

他面において、ヘーゲルが繰り返し強調しているのは、習慣なき自由はないということである。習慣は、あらゆる自由の行使のための背景と基礎を提供する。もう一度、言語を引き合いに出そう。我々が言語使用の中で自由を行使するためには、その言語に充分に慣れていて、その言語（のうち）に習慣付けられていなければならない。言い換えれば、その言語を実践することを学習し、その規則を「盲目的に」、機械的に、一個の習慣として応用することを学習しなくてはならないのである。主体が自分の学習したことを機械的な習慣へと外部化する、ただその時にだけ、その主体は「他のことに従事し関与することへと開かれる」のである〔11〕。言語だけではない。もっとずっと複雑な一連の精神的・身体的活動も習慣へと転化されなければならず、それによって一個の人間主体は、創造的な思考と働きという自らの「より高次な」機能を発揮することができるようになるのである。――およそ我々が考えることなしにいつも行っている作業、〔例えば〕歩くこととか、食べることとか、ものを掴むこととかなどは、すべて学習され、考えることなき習慣へと転化されなければならないのである。習慣によって人間存在は、自らの身体を可動性と柔軟性を持つ或る手段へと、魂の道具へと変換する。この道具はそれ自体で作動するのであり、我々がそれについて意識して注意を向ける必要はない。要するに、習慣によって、**主体は自分の身体を自分自身のものにする**のである。それは、アランがヘーゲルについてのコメンタリーで次のように指摘している通りである。

〔9〕無論、ゾンビのような緩慢な自動運動と、同じその運動に関する洗練されたノウハウとしての、本来の意味での習慣に備わるきめ細やかな可塑性との間には、大きな差異がある。とはいえ、こうした本来の意味での習慣はただ、習慣のレベルが本来の意識・言語のレベルによって補完される限りでのみ生じるものである。ゾンビのような「盲目的な」行動が提示するのは、いわば、本来の習慣におけるこうした洗練された可塑性にとっての「物質的基礎」、つまりそうした本来の習慣を作り出す素材なのである。

〔10〕Hegel (1971), §410, Remark.〔邦訳、二四五頁〕

〔11〕Ibid.〔同上〕

自由が到来するその時、自由は習慣の圏域の中にある。〔……〕そこでは身体はもはや、私に対して敵意をもって反応してくるような異他的な存在ではなくなっている。むしろ身体は魂によってすみずみまで浸透され、魂の道具・手段となっているのである。とはいえ同時に、習慣において身体的な自己はそれが真実にある通りに理解されてもいる。身体は可動性と流動性を備えたものとされ、思考をめぐる内的な運動を直接に表現することができるようになっている。〔しかも〕意識ないし反省がその際に役割を担う必要はないのである〔12〕。

それどころか、よりラディカルに言えば、ヘーゲルにとって生きることそのもの（生活を送ること）が、我々人間にとって習慣として学習されるべきものなのである。それは誕生のその時から始まる。思い起こしてみるなら、生まれてから数秒の後には、赤ん坊は揺すぶられ、それで呼吸するということを思い出させられなくてはならないのである。さもなければ赤ん坊は呼吸を忘れ死んでしまうであろう……。ヘーゲルが我々に喚起しているように、実際には、人間存在はまた習慣によって死ぬこともありうる。「人間存在は習慣の結果として死ぬということさえある。それはつまり、人間存在が生について全面的に習慣化してしまい、精神的・身体的に鈍化してしまった時である」〔13〕。ゆえに、歩くことや見ることを含む何物も、「自然には」人間存在のもとに訪れることがない。

習慣の形式は精神のあらゆる段階と種類に該当する【12】。〔習慣の〕これらの変様のうちもっとも外的なのは、空間との関係における個体に関する規定である。これが人間にとって直立の体勢が意味するものだが、それはその人間が自らの意志によって習慣としたものである。直接的に、考えなしにとられた直立の姿勢が、人間の意志による関与によって持続する。人間が直立するのはひとえに、彼が直立しようと欲するからであり、また欲する限りでのことである。そしてひとえに、人間が意識することなしに直立しようと欲する限りでのことなのである。同様に、他の事例を挙げれば、見るという行為なども具体的な習慣である。そのような習慣が、単一な行為を、感覚や意識や直観や悟性などの様々な規定と結合するのである。〔14〕

習慣とは、ゆえに「脱人格化された〔depersonalized〕」意志であり、機械化された感情である。私がひとたび直立することを習慣付けられれば、私はそれを意志することなしに意志するようになる。私の意志が当の習慣のうちに填め込まれたからである。一個の習慣の中に、現前と不在、専有と退隠、関与と解放、関心と無関心、主体化と客体化、意識と無意識とが、奇妙な仕方で連結している。習慣とは、まさに意識の機能にとって不可欠な無（自己）意識なのである。

〔12〕Alain (1983), p. 200.〔邦訳、二七三—二七四頁〕

〔13〕Hegel (2002), §151, Addition.〔邦訳、三二七頁〕

【12】ヘーゲルのテクストの原文は、正確には、「習慣の形式は精神の活動のあらゆる種類と形式を包含する〔Die From der Gewohnheit umfaßt alle Arten und Stufen *der Täigkeit* des Geistes.〕」(Hegel, *Werke in zwanzig Bänden*, Bd.10., p. 186.)。ここ以外にも、ジジェクの引用するテクストの英訳には、ドイツ語の原文および既存の邦訳との大小の異同が多々見られる。訳出にあたっては、ジジェクが英訳にしたがって議論を展開していることを尊重して、ドイツ語の原文および既存の邦訳を参考に、引用の英語をそのまま訳し、必要に応じて訳注で補うこととする。

〔14〕Hegel (1971), §410, Addition.〔邦訳、二四七—二四八頁〕

習慣において我々の意識は、事柄において現前し、関心を持ち合わせているが、しかし同時に逆に、その事柄において不在であり、無関心でもある。〔……〕我々の自己は、事柄を自分自身のものとしているのとまったく同様に、反対にそこから退却〔退隠〕してもいる。〔……〕魂は一面ではその身体的活動の中にすっかり浸透していくが、他面ではそれを断念しており、それによってその身体的活動に何か機械的なもののような形姿を、単なる自然の作用のような形姿を与える〔15〕

同じことは私の感情についても言える。感情の表示は、純粋に自然的でもなければ自発的でもない。我々は時機に応じて泣いたり、時機に応じて笑ったりすることを学ぶのである（日本人にとっての笑いが、我々西洋人とは異なる仕方で機能しているということを思い起こしてみてほしい。〔日本人にとって〕笑いは当惑や羞恥を表すしるしともなりうるのである）。感情の外的機械化——古代チベットのマニ車（それは私の代わりに祈ってくれる）から、今日の「やらせによる笑い」（そこでは私の代わりにテレビが笑ってくれる）に至るまで——は、私の感情の現れを極めて文字通りに、機械における或る機械的な表示へと転化する。そのような感情の外的機械化は、ゆえに、感情の表示が、もっとも「真摯」なものも含めて、あらかじめそれ自体として「機械化」されてしまっているという事実に基づいているのである。けれども、もっとも高次のレベルにおける習慣（そしてそれはすでに習慣の自己止揚なのだが）とは、思考の媒体としての言語である。言語において、所有と退隠というあの対は極限に達する。重要なのは、或る言語を「流暢に」話すために、我々はその言語の規則を機械的な仕方で、つまりそれに関して思考することなしに身に付けなければならない、ということだけではない。もっとずっとラディカルに言えば、洞察と盲目との相互依存が、まさしく悟性の働きを規定しているのだということである。或る語を聞くと、私は直ちにその語の音からその意味を引き出し、「その語を通して」その語の意味の方を「見る」(或る語が不透明な〔くぐもった〕声で発されているのを意識した時の、あの気味の悪い経験を思い起こしてみてほしい。それは押しつけがましく不愉快に感じられるものだ……)。だがそれだけではなく、もし私が意味を経験しようとする場合にも、私はそうしなくてはならないのである。

もし、ヘーゲルにおいて、(一)もし人間がその基礎からして習慣的な存在であるならば、(二)もし習慣が、それが主体の意識的な参与を伴わない自動的な反応として身に付けられる場合にこそ実現されるのならば、そして最後に(三)もし我々が主体性の中核を、主体が志向的な行為を遂行し、意識的な目標を実現するという能力のうちに位置付けるのならば、——その時逆説的にも、人間という主体は、そのもっとも基礎的な部分にあって、「消滅していく主体〔16〕」であることになる。習慣の「反省を欠いた自発性〔17〕」によって、よく知られたパラドクスに説明が付く。すなわち、或る客観的な必然を主観的に選択するという、そして避けがたく起こるであろうことを意志するというパラドクスである。習慣へと高められることによって、私の反応は、当初は外部から私に課されるものであったのが、内面化されて、私が「内部から」自動的かつ自発的に遂行するものへと転化されるのである。

〔15〕 Ibid.〔邦訳、二五五頁〕
〔16〕 Malabou (2005), p. 75.〔邦訳、一二五頁〕
〔17〕 Ibid., p. 70.〔邦訳、一一八頁〕

外的な変化が反復されると、それは主体の内的傾向へと転化する。変化そのものが傾向性〔習性disposition〕へと変貌し、以前には受動的〔passive〕であった感受性〔receptivity〕が、能動性〔activity〕へと変貌するのである。ゆえに習慣は、人間が外部から自分のもとへ到来するものをついには意志し、すなわち選択する【13】ことになるような過程として現れる。したがって、個人の意志はもはや外界の強制と対立する必要はなくなる。意志は、存在するものを欲することを徐々に学んでいく[18]

習慣がこのように中心的になるのは、それが含む時間性のためである。〔～する〕習慣があるということは未来への関係を含んでいる。なぜなら、習慣とは私が未来に起こるなんらかの出来事にいかに反応するかを、前もって規定する仕方だからである。習慣は、有機体に備わる諸々の力を節約し、未来のための蓄えを設けるという特質なのである。言い換えれば、自らの習慣において主体性は「自らのうちに、その未来における存在の様式を、現実化するであろう様式を内含している」[19]。これはつまり、習慣は可能性〔possibility〕と現実性〔actuality〕との関係を複雑にするものでもあるということを意味する――習慣とは、厳密な意味において、或る可能性〔可能態〕の現実性〔現実態〕なのである。このことが意味するのは、習慣は（ドゥルーズが可能的なものの現実性〔現実態〕として正確に定義した）潜在性〔潜在態virtuality〕のレベルに属するということである。習慣は現実的であり、私がいま・ここに完全な仕方で所有している（特定の仕方で反応することに関する）一個の所有態〔固有性property〕であり、そして同時に、未来の方を指し示す一個の可能態《ポッシビリティ》なのである（それは或る特定の仕方で反応することのできる可能性《ポッシビリティ》／能力《アビリティ》であり、この可能性《ポッシビリティ》／能力《アビリティ》は、将来の多様な機会において現実化されることになる）。

習慣の概念をめぐる考え方からくる、いくつかの興味深い帰結がある。存在論的に、特殊的な偶有性と普遍的な本質との対立に関して言えば、習慣は「偶有性の本質的生成〔偶有性が本質的になること〕」[20]だと見定められるであろう。外的に引き起こされた偶有性が反復されると、その出来事は主体の内的な傾向性という普遍性へと高められる。言い換えれば、主体の内的な本質に属しかつ主体の内的な本質を定めるような特質へと高められるのである。我々が一個の習慣の正確な始まりを、外的な出来事が習慣へと変わる瞬間を決して規定することができないのは、そのためである――ひとたび習慣がそこに生じるならば、習慣はその起源を抹消し、常にすでにそこにあったかのようにしてあるのである。結論はそれゆえ明白であり、ほとんどサルトル的でさえある。すなわち、人は永続的な実体もしくは普遍的な本質を持つことはない。彼は自分のまさに核心にあって〈習慣を持つ人〉なのであり、その存在の同一性は、諸々の外的偶然的な偶有性／遭遇が或る内的な（内面化された）普遍的な習慣へと高まっていくという、このことによって形成されるものなのである。これは、人間だけが習慣を持つということを意味するのだろうか。この点に関して言うなら、ヘーゲルはもっとずっとラディカルである。彼はもっと先へと進む或る決定的な一歩を踏破し、自然――開放性と実存的自由とを備えた人間に対して、閉じられた

【13】ジジェクの引用ではwilling, or choosingだが、マラブーのテクストの原文はvouloir（「意志する」）一語である（Malabou, *L'avenir de Hegel. Plasticité, temporalité, dialectique*, Vrin, 1996, p. 102-103.）。

[18] Ibid., p. 70-71.〔邦訳、一一八頁〕
[19] Ibid., p. 76.〔邦訳、一二七頁〕
[20] Ibid., p. 75.〔邦訳、一二五頁〕

循環的運動のうちに完全に規定されてしまっているものとしての自然――にまつわる従来の議論を、背後に捨て去る。――「ヘーゲルにとって、自然とは常に第二の自然である」〔21〕。自然における有機体の一切は、習慣的な手続きによって――内的な傾向性、外的な相互作用として有機体のうちへと反照された限りでの習慣的な手続きによって――環境との代謝や環境の自己への同化を統制しなくてはならないのである。

2 自己のオート－ポイエーシス〔自己・制作〕

外的差異の内的差異へのこの（自己）反省が存在論的に帰結するものが、決定的に重要である。現代哲学とヘーゲルとの予期せぬ出会いの一つを挙げよう。「キリスト教的唯物論者」のピーター・ヴァン・インワーゲンは、自動車や椅子やコンピューターといった物質的対象は単一には存在しない、という考えを明らかにしている。一脚の椅子は、実際にはそれだけでは一脚の椅子とはならない。我々の得る一切は、諸々の「単一のもの」の集合である。（つまり「椅子のあり方に編成された」、より基本的な対象のことである。だから、一脚の椅子は一脚の椅子として機能する一方で、その椅子は、多数のもの（木材、釘、クッション…）から構成されているのであり、そうした単一なもの自身は、それ自体としては当の編成に対してまったく没交渉的なのである）。厳密には、一本の釘をその一部に持つような「全体」なるものは存在しない。我々が一個の〈全体〉を持つのは、有機体においてである。そこでは統一が、最小の仕方で「それだけで」存在する。〔そこでは〕

諸々の部分が実際に相互作用しあっているのである〔22〕。すでにリン・マーギュリスによって明らかにされているように、生命の基本形態、すなわち細胞の性格とは、まさしくそのような自己関係の極小、或る有機体を特徴付ける〈内〉／〈外〉の限界の生起をそれのみが可能とする極小である。そして、ヘーゲルが指摘する通り、思考とは単に、〔それだけで存在するという〕この〈対自〉の、より進んだ発展形態にすぎないのである。

例えば、生物学において、我々が実在のレベルで備えているのはただ、身体的な相互作用のみである。「本来の意味での〈生命〉」は、最小限度に「観念的」なレベルにおいてのみ、非物質的な出来事として創発する。その出来事が、生ける身体の統一の形式を、物質的構成要素の絶えざる変化にもかかわらず、「同じもの」として提供するのである。進化論的認知主義の根本問題――観念的な生命パターンの創発をめぐる問題――とは、混沌と秩序、〈多なるもの〉と〈一なるもの〉、部分とその全体との間の関係をめぐる、旧来の形而上学の謎に他ならない。いかにして我々は「自由への秩序」を獲得しうるのだろうか。すなわち、いかにして秩序が、原初の無秩序から出現〔創発〕しうるのだろうか。いかにして我々は一個の全体について、それがその部分の単なる総和よりも大であることを説明しうるのだろうか。いかにして或る〔他と区別しうる〕独自の自己同一性を備えた〈一なるもの〉が、その多なる構成要素の相互作用から出現〔創発〕しうるのだろうか。リン・マーギュリスからフランシスコ・ヴァレラに至るまで、現代の一連の研究者が主張する通り、本当の問題は、或る有機体とその環境とがいかに相互作

〔21〕 Ibid., p. 57.〔邦訳、九八頁〕

〔22〕 Inwagen (1990).

用し結合するかということにあるのではない。むしろまったく反対のこと、つまり、或る独自の自己同一的な有機体がいかにしてその環境から出現〔創発〕しうるのかということである。いかにして細胞は自分の内と外とを分離する薄膜を形成するのだろうか。それゆえ、本当の問題は、有機体がいかにその環境と適合するかということなのではなく、そもそも自分を適合させなければならないような何か、つまりそうした或る独自の存在がおよそ存在するのはいかにしてなのか、ということなのである。まさにここにおいて、この決定的な一点において、今日の生物学の言葉遣いは、ひどく奇妙な形で、ヘーゲルの言葉遣いに似通い始めるのである。例えばヴァレラがそのオートポイエーシスの概念を説明する時、彼はほとんど言葉通りに、目的論的で、自己組織的な存在者としてのあのヘーゲル的な生命の概念を反復している。ヴァレラの中心概念、すなわちループ〔loop〕もしくはブートストラップ〔bootstrap〕をめぐる概念が示唆しているのは、ヘーゲルにおける前提の措定である。

オートポイエーシスが定義しようとしているのは、生命がその基礎たる細胞の形態において産出される際の、創発の仕方に関するユニークさである。これは細胞のレベルに特種的なものである。或る種のパラドクスに至る回路もしくはネットワークというものがある。すなわち、生化学的な反応の自己組織的なネットワークが諸々の分子を産出するその時に、それらの分子は特種的かつユニークな仕方で「その産出を」行うのだ。つまり、それらの分子は境界を創り、薄膜を創り、それによって、薄膜の構成要素を産出した当のネットワークが制限を受ける。これは論理的なブートストラップであり、ループである――一つのネットワークが、境界を創る全体を産出し、それによって境界を産出するネットワークが制限を受けるのだ。このブートストラップこそが細胞にあってユニークなところである。自己区別的な存在者が現れるのは、このブートストラップが完結した時である。この存在者は自分自身の境界を産出したのだ。この存在者を見いだしたり、「私はここにいる」と言ったりするために、外部の仲介者は必要ない。この存在者はそれ自体で一個の自己区別作用である。この存在者は、化学と物理学のスープから、自分自身を自動で立ち上げる《ブートストラップ》のだ[23]

だから引き出される帰結はこうである。或る生ける有機体を成り立たせている「内部」と「外部」との間の区別が出現〔創発〕することに関する唯一の説明方法は、或る種の自己反省的な反転を措定してみることである。この反転によって――〈ヘーゲル語〉で言えば――一個の〈全体〉としての或る有機体という〈一なるもの〉が、遡及的な形で、その有機体の結果として、この有機体が支配・統制するものとして、この有機体自体の一連の諸原因（すなわち、この有機体がそこから出現してきた当の数多の過程）を「措定」する。このようにして――そしてこのようにしてのみ――有機体はもはや外的条件によっては制限を受けることがなくなり、根本的に自己制限されることになる。もう一度、ヘーゲルであればそう表現したであろう言い方をすれば、生命が出現〔創発〕するのは、（環境による或る存在者の）外的制限が自己制限へと転化する時なのである。ここで我々は無限をめぐる問題に立ち戻ることになる。ヘーゲルにとって真無限とは、制限なき拡張を意味するのではない。他なるものによって規定されているというあ

[23] Varela (1996), p. 212.

り方との対比における、能動的な自己制限（自己規定）を意味するのである。まさしくこの意味において、生命とは（生ける細胞という、そのもっとも基本的なあり方においても）、真無限の基本形態なのである。なぜなら、生命はすでに〔細胞としても〕極小のループを含んでいるからであり、そのループによっておよそ〔生命〕過程は、単に自分の環境という〈外部〉から規定されるのをやめて、それ自体で当の規定の様態を（重層的に）決定できるようになり、ゆえにまた「自己の前提を措定する」ことになる。無限が最初に現実に存在するようになるのは、細胞の薄膜が自己境界画定としての機能を開始するその時なのである。

習慣に戻ろう。習慣とは潜在的な状態であるのだから、（新しい）習慣を身に付けるということは、単に主体の現実的な性質を変化させることではない。むしろここで関わってくるのは、或る種の反省的な変化、（諸々の変化に対する主体の反応を規定する）主体の傾向性の変化、つまり主体が被る諸々の変化の様態の変化である。「習慣は、変化なしに持続するもののうちに可変性〔mutability〕を内含しているだけではない。習慣は、一切の変化なしに変化が起こるようなものの、或る傾向性・可能性〔能力〕・内的性格における変化を、前提としている」[24]。これが、ヘーゲルが自己差異化――外部から課された変化を自己変化へと、外的差異を内的差異へと「止揚すること」という意味で――ということで意味しているものである。自分自身を自己差異化するのは有機的な身体だけである。すなわち、有機的な身体が自らの統一を維持するのは、外的に課された変化を習慣へと内面化することによって将来のそうした諸々の変化に対処するようになることによってである。

けれども、これがもし事実であり、もし（少なくとも有機的な）自然の一切がすでに第二の自然であるのだとすれば、それではいったい動物の習慣と人間の習慣との差異はどこにあるのだろうか。ヘーゲルにあってもっとも挑戦的にして意図せぬ貢献となるのは、まさにこの、人間の習慣の発生をめぐる問いである。つまり、ヘーゲルの（『精神哲学』の劈頭をなす）人間学の中には、或るユニークな――ニーチェを彷彿とさせるような――「習慣の系譜学」が含まれているのである。『精神哲学』のこの箇所は、ヘーゲルの体系における宝、隠されたまま未だ充分に掘り起こされていない宝の一つである。そこに、ヘーゲルの弁証法的唯物論者としての側面とでも呼ばざるをえないようなものの、明瞭な痕跡が見いだされる。自然から（人間の）精神への移行はここで、〈精神〉が外部から直接介入してきたり、なんらかの〔自然とは〕別の次元が直接介入して自然の循環の均衡を乱したりといった仕方で展開されてはいない。それは或る長い紆余曲折を経た「乗り越え」の結果なのであり、この乗り越えによって（言語のうちに受肉した）知性が、自然における緊張と対立とから出現〔創発〕してくるのである[25]。この移行は直接的なものではない。言い換えれば、（言葉に媒介された人間の知性として現れてくる）〈精神〉が、生物学的な過程と直接に対決し、それを支配するわけではない。――〈精神〉の「物質的な基盤」は、前‐象徴的（前‐言語的）な習慣のうちに常に留まり続けているのである。

それでは、習慣そのものはいかにして現れてくるのだろうか。ヘーゲルがその系譜学の中で考えるところによれば、習慣とは、〈魂〉の弁証法的過程における第三の、最後に来る契機である。当該の過程は

〔24〕 Ravaisson (1984), p. 10.〔邦訳、八頁〕

〔25〕 ヘーゲルはこのことを『大論理学』の中で明確にしている。「思考の活動はあらゆる表象、目的、関心および行為を貫いて作用するが、この活動は没意識的に働く。〔……〕各々の動物が動物であるという点にその第一のものを持つのだとすれば、この基礎が〔……〕取り除かれてしまうならば、〔……〕その場合には、個体がなお何であるかについては語りえないことになるだろう」(Hegel (1976), p. 36-37.)〔邦訳、第一巻一五―一六頁〕

概念‐判断‐推論という三つ組《トリアーデ》に従っている。最初に来るのは、自らの直接的な統一のうちに、自らの単純な概念のうちにある〈魂〉、すなわち「感覚する魂」である。つまり「個体の様々な外的対象との遭遇から現れてくる様々な感覚において、魂は自分自身に目覚める」[26]。〈自己〉はここでは単なる「感覚する〈自己〉〔sentient-Self〕」であり、客観に対する一つの主観とはなっておらず、ただ主観と客観の二面が直接的に統一されてあるような感覚を経験しているだけである。私が触覚を経験する時、この感覚は、私が触れている外的対象の痕跡であると同時にまた私のその外的対象に対する内的な反応でもある。感覚は、ヤヌスのような二面性を持つ存在であって、主観的なものと客観的なものとがそこでは直接的に合致しているのである。個体が発達した後の段階になっても、この「感覚する〈自己〉」は、「魔術的関係」とヘーゲルが呼ぶありようのもとに残されている。これは、ヘーゲルの時代において「磁気的夢遊病」(催眠)といった術語で称されていた諸々の現象を指している。つまり、私の〈魂〉が直接的に――或る前反省的な、思考を伴わない仕方で――外的な過程と連関しまたそれに触発される一切の現象である。相互に遠隔で影響しあう複数の物体(ニュートンの引力)の代わりに、相互に遠隔で影響しあう複数の精神が我々にはあるというわけである。ここでは、〈魂〉はその機能の最低層に留まっていて、直接的にその環境に埋没している(フロイトが「大洋感情」と名付けたもの、〔すなわち〕宗教的経験の源泉は、それゆえヘーゲルにとっては魂の最低層の特質なのである)。〈魂〉にここで欠けているのは、明晰な自己感情であり、外的実在から区別されたものとしての、自分自身についての感情である。それがすなわち、次の契機、判断(Urteil――ヘーゲルはここでUrteil〔判断〕とUr-teil(「根源的に分割すること」/「根源的な分割」)とをめぐる言葉遊びを仕掛けている)の契機の中で起こってくることである。

感情の全体性は、個体性として、本質的に、自分を自分自身のうちで区別する傾向であり、自分自身における判断に目覚めることである。感情の全体性はこの判断の権能において諸々の特殊な感情を持ち、主観として、自分自身におけるこれらの〔感情の〕諸相との関連のうちに立つ。主観そのものはこれらの感情に対して、自分自身のもの〔感情〕として自分自身のうちに場を与える[27]

一切の問題は、〈自己〉の感情をめぐる、このパラドキシカルな短絡から現れてくる。この〈自己〉の感情は、他の諸々の感情の中にあって特殊な感情となるけれども、同時にあらゆる感情を包含する容器、散乱した感情の一切がそこへと取り集められうる場にもなるのである。マラブーが、この〈自己〉の感情のパラドクスをめぐって驚くほど正確な表現を提供している。

たとえ感情の様々な内容を取り集める可能性があるにしても、その可能性は、それ自体が、客観的な内容の一部となる。形式が、それが形式をなす当のものすべての内容であるということを必要とするのだ。主体性は自分自身の存在のうちに宿るのではない。主体性は自分自身に「取り憑かれて」いるのである。魂は自分を所有すること〔the possession of itself〕によって所有＝憑依される

〔26〕 Malabou (2005), p. 32.〔邦訳、六三頁〕

〔27〕 Hegel (1971), §407.〔邦訳、二一一―二一二頁〕

〔possessed〕のだ〔28〕

これは決定的に重要な特質である。――〔可能態〕は、それ自身で自分を現実化《アクチュアライズ》せざるをえない。すなわち一個の事実とならざるをえない。あるいは、形式はそれ自身の内容の一部となることを必要とするのである（もしくは、さらなるバリエーションを同じモチーフに付け加えるとすれば、枠組みはそれ自身で、その枠組みに填められた内容の一部とならざるをえないのである）。主体とは自らの世界の枠組み／形式／地平であり、かつ、その枠組みに填められた内容（主体の観察する実在）の部分なのであって、問題は、主体はそれ自身の枠組みの中で、自分自身を見ることも位置を特定することもできない、ということなのである。つまり存在するものは一切がすでに枠組みの中にあるのだから、枠組みそのものは不可視である――あるいは、前期ヴィトゲンシュタインの言う通り、「我々の生は、我々の視野が限界を持たないのとまさに同じように、終わりを持たない」（TLP 6.4311【14】）というわけである。視野と同じように、生もまた有限であるけれども、まさにそのために、我々は決してその限界を目にすることができない。まさにこの意味で、「永遠の生は現在のうちに生きる者たちに属している」（同上）。つまり、まさに我々は自分自身の有限性の只中にいるのだから、その有限性を踏み越えてその制限を認識することはできないのである。或る者の所在をその者の実在《リアリティ》のうちに見定める可能性は、一個の可能性であるに留まらざるをえない。しかしながら、そしてまさにその中にこそ、肝心なポイントがある。すなわち、可能性〔可能態〕がそれ自身で自らを可能性〔可能態〕として現実化するということ、可能性〔可能態〕として現実的となり〔現実への〕影響力を行使しなければならないということである。

ここには、カントとの繋がり、古くからの謎との或る繋がりがある。〔その謎とはすなわち〕カントがその「超越論的統覚」という概念でもって考えていた当のもの——私の意識のあらゆる行為に伴う自己意識の謎である【15】(私が何かを意識している時、私はいつもそのことによって、私がその何かを意識しているという事実をも意識している)。〔しかし、私が或るものを意識する時、私は意識しているという事実をも意識しているという〕このことが経験的には真でないということ、つまり、私は常に反省的な仕方で私の意識そのものを意識しているわけではないということは、明白な事実ではないだろうか。解釈者たちはこの行き詰りを解消しようとして、私のあらゆる意識的な行為は潜在的《ポテンシャリー》には自己意識となりうるものなのだ、としてきた。私が欲すれば、私はいつでも私がしている当のことに注意を向けうるというわけである。とはいえまだこの解釈は充分に強固なものではない。超越論的統覚が、一度も実際に起こることのないような行為、いかなる時点でもきっと起こりえた〔けれども起こらなかった〕ような行為であるなどということは、ありえないのである。この矛盾を解決するのがまさに、厳密な意味でドゥルーズ的な潜在性〔潜在態〕の概念である。すなわち、可能的なものの現実態としての、その可能態が常に諸々の現実的な効果を産み出しかつ備えているようなパラドキシカルな存在としての、あの潜在性〔潜在態〕の概念である。ドゥルーズの潜在的なもの〔the virtual〕の概念に対しては、ヴァーチャル・リアリティ〔仮想現実 virtual reality〕をめぐる周知の議論を対置してみるべきである。ドゥルーズにとって重要なのはヴァー

〔28〕Malabou (2005), p. 35.〔邦訳、六七頁〕

【14】ヴィトゲンシュタイン『論理哲学論考』6.4311(邦訳、一四六頁)

【15】「私は考える〔*Ich Denke*〕ということが、一切の私の表象に伴いうるのでなければならない」(カント『純粋理性批判』(B131))

チャル・リアリティではなく、潜在的なものの実在性《リアリティ》〔*the reality of the virtual*〕——ラカンの言葉遣いにおいては「現実的なもの〔現実界 the Real〕」に相当するもの——である。ヴァーチャル・リアリティというのは、それ自体としては、いささか貧弱な考えである。すなわち、現実《リアリティ》の模倣という発想、人工的な媒体における現実《リアリティ》の経験の再生産という考えである。それに対して、潜在的なものの実在性《リアリティ》ということで言い表されているのは、潜在的なものそのものの実在性《リアリティ》、その潜在的なもののもたらす諸々の実在的《リアル》な効果と結果である。数学におけるアトラクターを例にとってみよう。アトラクターが吸引する吸引領域におけるすべての正の線・点は、アトラクターに際限なく接近するだけで、決してそのアトラクターの形式に到達することがない。アトラクターの形式の存在は、純粋に潜在的なものであって、様々な線・点がそこへと向かって進んでいく当の形状以上のものではないのである。けれどもまさにそのようなものとして、潜在的なものは〔アトラクターの〕この領野における〈現実的なもの〔現実界〕〉つまり、あらゆる要素がそのまわりを回る不動の焦点となる。こうした意味での〈潜在的なもの〉とは、詰まるところ、象徴的なもの〔象徴界 the Symbolic〕そのものではないだろうか。象徴的な権威を例にとってみよう。象徴的な権威が実際に権威として機能するためには、それは完全には現実化されていない状態であり続けなければならず、永遠の脅威であり続けなければならないのである。

　これこそが、ゆえに〈自己〉なるもののステータスである。〈自己〉の自覚〔自己意識〕はいわば、〈自己〉自身の可能性〔可能態〕の現実性〔現実態〕のようなものである。したがって、主体に「憑依して」いるものとは、主体自身の接近しえないヌーメナルな〈自己〉、「考える物」、主体がそのうちで完全な形で「自分自身に出会う」であろうような対象に他ならない（ヒュームはこの考察に長い——長すぎるほどの道程を要した。すなわち、内省に際して、私が私自身のうちに知覚するものがすべて、私の諸々の特殊な観念とか感覚とか感情であって、決して私の〈自己〉そのものではないのはいかにしてかということについての考察である【16】。無論、カントにとっては、同じことが私の経験のあらゆる対象に関して言える。私の経験は常にフェノメナルなものであって、言い換えればそのヌーメナルな次元には決して接近しえないものである。だがこの踏み越えがたさは〈自己〉においてこそ際立つ。他のあらゆる経験の対象も私にフェノメナルな仕方で与えられるのだけれども、しかし主体の場合にあっては、私は私のフェノメナルな経験さえも得ることができないのである――私は「私自身」を扱っているのだから、この独特の場合においては、フェノメナルな自己経験がヌーメナルな〔自己への〕接近と等価となるはずである。言い換えれば、もし私が「私自身」を一個のフェノメナルな対象として経験することができるのならば、その時私は、それ自体からして、「私自身」をそのヌーメナルな同一性において、一個の〈物〉として経験することになってしまうであろう。

　この基底にある問題は、主体が自分自身を客体化しようとする際に当の主体が直面する不可能性である。つまり、主体は個別的でありかつ「自分の世界」の普遍的な枠組みであって、言い換えれば主体が認識する内容はすべて「自分自身のもの」である。そうだとすれば、どうして主体が、自分自身を自分の諸々の客体の系列のうちに含み入れる(数え入れる)ことができるというのだろうか。主体は実在を或

【16】ヒューム『人間本性論　第一巻　知性について』第四部「懐疑論的およびその他の哲学体系について」第六節「人格の同一性について」

る外的な立場から観察していると同時に、その実在の一部でもあって、しかも実在についての「客観的な」視点を自分自身でその実在において獲得するということは決してないのである。主体に憑依している物とは、主体自身の対象たる対極に位置する主体自身なのである。ヘーゲルは次のように書いている。

主体は、自らの意識における体系化された全体性と、それ自身で流動せず、また自分の固有の場所や位階に還元されていないような、そういう特殊的な規定との矛盾のうちにある。これが狂気（Verrücktheit【17】）である〔29〕

この一節は極めて正確に読まなくてはならない。ヘーゲルが指摘しているのは——たとえいくつかのヘーゲルの記述がそういう方向を指しているのだとしても——、単に、狂気とは全体性とその全体性の特殊的な契機の一つとの間の短絡とか、全体性の弁証法的な流動性を奪ってしまう、この契機への「固着」とかを指し示すものだ、ということではない（パラノイア的固着とはこのような短絡のことではないだろうか。その短絡にあっては、私の経験の全体性は或る特殊的な規定性の上に、私の迫害者の観念の上に非弁証法的に「固着」してしまうのである）。「それ自身で流動的ではなく」、「自分の固有の場所や位階に還元」されることを拒むような「特殊的な規定」、それは主体自身である。——より正確に言えば、〔それは〕構造化された（〔体系化された〕）全体性の中にあって主体を表象-代理〔re-present〕している（自分の場を保持している）、当の特質（シニフィアン）なのである。そして、主体は決して自分自身を対象化できないのだから、かの「矛盾」はここでは絶対的なものとなる〔30〕。この隔たりから、狂気の可能性が生起する。——原フーコー的言葉遣いでもってヘーゲルが指摘する通り、狂気とは、人間精神のなんらか偶発的な逸脱や歪みや「病気」などではない。それは個人の精神の基礎存在論的な構成のうちに刻み込まれているものである。――人間であるということは、潜在的《ポテンシャリー》には狂っているということなのである。

狂気を魂の発展において必然的に現れてくる形式または段階として解釈することは、当然、あたかも我々が、あらゆる精神・あらゆる魂はこの極端な錯乱の段階を通過しなければならない、とでも主張しているかのように理解されてはならない。そのような主張は、次のように想定するのと同じく馬鹿げているであろう。すなわち、法の哲学においては犯罪が人間の意志の或る必然的な顕示として考えられているのだから、それゆえに罪を犯すということがあらゆる個人にとって或る不可避の必然となる、というような想定である。犯罪も狂気も、人間精神一般がその発展の経過の中で克服すべき極端である〔31〕

【17】原語はmental derangement (Verrücktheit)。ジジェクの引用するテクストの英訳では、このほかにもinsanity、madnessなどの言い換えが登場するが、対応するヘーゲルのテクストの原文はすべてVerrücktheit一語であるため、一律に「狂気」と訳出した。

〔29〕Hegel (1971), §408.〔邦訳、二一二頁〕

〔30〕立ち入って見てみれば明らかになることだが、ヘーゲルの狂気の概念は二つの極の間を揺れ動いている。ベンヤミンの暴力の概念を参照して、二つの極の一方を構成的な狂気、他方を構成された狂気と、それぞれ呼んでみたい。はじめに構成的な狂気がある。つまり、それは人間の条件そのもののラディカルな「矛盾」のことである。この矛盾は「無」つまり消失してゆく点性〔punctuality〕としての主体と、「全」つまり自らの世界の地平としての主体との間の矛盾である。そのあとに「構成された」狂気がある。つまり、矛盾を解決（あるいはむしろ「短絡」）しようとする試みとしての、特定の性質への直接的「固着」、それとの同一化である。狂気は、ラカンの対象*a*の概念の両義性と同質の仕方で、矛盾／空虚を指す名であるとともにその矛盾の解決を指す名でもあるのである。

〔31〕Hegel (1971), §408.〔邦訳、二一五頁〕

狂気は、たとえ事実的な必然ではないにしても、人間の精神を構成する形式的な可能性である。――狂気とは、我々が「正常な」主体として生起しようという場合には、その脅威を克服すべきものなのであって、このことはつまり「正常性」はひとえにこの脅威の克服からのみ現れてくることができるということを意味しているのである。だから、ヘーゲルがこの数頁後で指摘している通り、「狂気は、悟性を前提として持っているのだとしても、健常な悟性的な意識に先立って論じられなくてはならない」〔32〕。ヘーゲルはここで抽象的なものと具体的なものとの関係を喚起している。事柄についての経験的な発展と状態とが問題となる時、諸々の抽象的な規定は常にすでにその前提としての具体的な〈全体〉のうちに埋め込まれている。それでも、この〈全体〉の概念的な再生産／演繹は、抽象的なものから具体的なものへと向かって進展していかなくてはならない。例えば、犯罪は法という規則を前提とするし、犯罪はその規則〔法〕の侵犯としてのみ現れてくることができるのだが、それでも犯罪は、法を通じて「止揚された」抽象的な行為として捉えられなくてはならないのである。抽象的な法的関係も道徳性も、事実としては常に〈習俗〉という具体的全体のうちに埋め込まれているけれども、それでも『法の哲学』は抽象法と道徳性という抽象的な諸契機から出発して、〈習俗〉（家族、市民社会、国家）という具体的な〈全体〉へと進展していかなくてはならないのである。ここで興味深いのは、狂気と犯罪との間に並行関係があるということだけではない。現実的・歴史的発展とその概念的な記述との間の不一致によってうち開かれた場所に狂気が位置を得ているという事実である。言い換えれば、狂気が置かれているのは、重要でない経験的偶然性を取り除くことで、事実的・歴史的な発展を概念的に再生産することとして弁証法的発展を理解する、弁証法的発展の通俗的進化論的理解を掘り崩すような場所である。狂気は事実においては正常を前提としているが、その一方で、概念においては、狂気は正常に対して先行する。その限りで、「狂人」とはまさに概念的秩序を「生きよう〔実演しようlive〕」と欲する主体——現実そのもののうちに概念的秩序を再生産しようと欲する主体、言い換えれば、あたかも狂気が実際にも正常に対して先行するかのように行為しようと欲する主体だということができるのである。

いまや、習慣がいったいいかなる意味でこの三つ組《トリアーデ》における第三にして最後の契機、すなわち「推論」を形成するかを見ることができる。習慣のうちで、主体は「自分自身を所有する〔*possess*〕」仕方を見いだすのである。つまり、それは習慣を自分自身の所有態〔固有性〕として「持つこと」によって自分自身の内的な内容を安定させる仕方であり、そして習慣とは積極的・現実的な特質ではなく潜在的な存在者、特定の仕方で行為／反応する〔[re]act〕普遍的傾向性なのである。習慣と狂気とは一体のものとして考え合わせられなくてはならない。習慣とは、狂気の不均衡を安定させる様式だからである。

3　何も指示しない表現

同じ議論へとアプローチするいま一つの道筋がある。それは、〈内的なもの〉と〈外的なもの〉として

〔32〕 Ibid.〔邦訳、二二四―二二五頁〕

の魂と身体との関係、つまり身体は魂を表現しており、また魂は身体から諸々の印象を受容するという両者の循環的関係を経由するというものである。――〔つまりこの関係では〕〈魂〉は常にすでに身体化されており、また〈身体〉は常にすでにその魂によって浸透されているのである。

感覚する自己〔the sentient self【18】〕が自らのうちに見いだすのは、一面では、自己における「観念的」なものとしての、また自己自身のものとされたものとしての、自然的・直接的なものである。他面ではその反対に、根源的には中心的な個体性〔……〕に属しているものが、自然的な身体性として規定され、またそういうものとして感覚される〔33〕

したがって一方では、感覚と知覚とを通じて、私は私を外部から触発する対象を内化する。感覚において対象は、その剥き出しの実在性においてではなく、「観念的」な仕方で、私の精神の一部として私の中に現前するのである。他方では、しかめ面等々を通じて、私の身体は「直接に」、そこにくまなく浸透している私の内的な魂に「身体を与える」。だがもしこれがまったき真理となるなら、人間は単に、「その自然状態の囚人」【19】にすぎなくなってしまうであろう。その場合人間は、魂と身体とが互いを「鏡のように」映しあうことで得られる絶対的な透明性という、かの閉鎖的ループの中を動いているにすぎないことになる（人相学や骨相学はこの次元に留まっているわけだが、我々に自分の真実の〈自己〉を表現・実現せよと説く今日のニューエイジのイデオロギーも同様である）。「判断」という契機の中で起こっているのは、この閉鎖的な円環としてのループの決壊である。ただしそれは或る外的な要素の侵入によってではなく、当の円環をそれ自身の中へとねじ曲げる自己参照性〔自己言及性 self-referentiality〕によって破られるのである。つまり、問題は、「個人は同時に、彼が行為したところのものに他ならないのだから、彼の身体もまた、彼が自分自身でもたらした限りでの彼自身に関する表現なのである」[34]ということである。このことが意味するのは、身体的な自己表現の過程には、それに先立って存在して係留点となるような指示対象はないということである。つまり、運動の一切が一貫して自己参照的なのであって、ただ「表現」(身体的な記号における外化)の過程を通じてのみ、表出された〈内的な自己〉(当の記号の〔指示〕内容)は遡及的に創造されるのである。――あるいは、マラブーがわかりやすく述べている通り、「心身の〔魂と身体との〕統一は、いかなる指示対象にも依存しないような或る自己解釈によって生ずる」[35]。自然的に表出しあう〈魂〉と〈身体〉との透明な鏡映しが、こうして、まったき不透明さへと転化するのである。

> 或る作品が自分自身を指示する〔意味付ける signifies〕場合に、そこに含まれているのは、その作品には「外部」がないということ、その作品は自分自身の指示対象として振る舞うということである。作品は、一個同一の顕示の運動の中で、その指示対象を解釈するのと同時に、自分の解釈している当のものを呈示するのである。〔……〕精神的なものが形を与えるのは、もっぱら精神それ自身がその代わりに形づくられる限りでのことである[36]。

【18】ヘーゲルのテクストの原文は「感覚する魂 die empfindende *Seele*」(*Werke*, Bd.10, p.100.)。

[33] Ibid., §401.〔邦訳、一三〇頁〕

[19] Malabou (2005), p.67.〔邦訳、一一二頁〕

[34] Hegel (1977), §310.〔邦訳、上巻三〇九頁〕

[35] Malabou (2005), p.71.〔邦訳、一一九頁〕

この「指示作用〔意味作用 significations〕の働きの外部にある存在論的な保証の欠如」[37]とはつまり、我々の身振りや発話行為の意味が常にアイロニーの精神に憑依されているということである。例えば、私が「A」と言う時に、〝私は非Aだ〟という事実を隠すためにそう言うことは、常に可能である。ヘーゲルはリヒテンベルクのよく知られた箴言を引いている。「お前は確かに正直者のように振る舞っているが、顔を見れば、無理にそうしているだけで、心の中ではごろつき〔ペテン師〕なのだとわかる」[38]。ここに見られる曖昧さは、全体的かつ不確定的なものである。というのも、およそ欺瞞とは、ラカンがとりわけ人間的なものとして示すもの、つまり、真実に見せかけて嘘をつくことができるという可能性のことだからである。だから、ことはリヒテンベルクの引用のさらに先を行っている。むしろ、こう叱責すべきなのである。「お前は正直者のように振る舞っているが、それは、お前が皮肉〔アイロニカル〕にそう考えているのだと我々に思わせるためだ。そういうわけで、お前はそう振る舞うことで自分が本当は正直者だということを隠そうとしているのだ」。これが、ヘーゲルが次のように的確に主張する時に考えていることである。「個体性にとって、それ〔直接的存在〕はその顔であるとともに、脱ぎ捨てることのできる仮面でもあるのだ」[39]。見かけ（仮面）と私の真実の内的な態度との隔たりの中で、真理は私の内的な態度のうちにあるか、私の仮面の中にあるかのどちらかでもありうる。このことが意味するのは、私が自分で採用した仮面（偽りの役柄《ペルソナ》）を付け、それを通して様々な感情を演じると、その感情は奇妙なことに、私が実際に私自身のうちに感じるのよりも一層本物らしく、また真実らしくなることがありうるということである。私が自分自身についての偽りのイメージを作り出すとしよう。そのイメージは私が参加している或る仮想上のコミュニティにいる私を表しているものとする（例えばアダルトゲームでは、内気な男が魅惑的でふしだらな女という画面上の役柄《ペルソナ》を装うことがしばしばある）。その時、私が感じ、また私の画面上の役柄《ペルソナ》として装っている当の感情は、単純に偽であるわけではない。たとえ、私の真なる自己（として私が経験しているもの）がそうした感情を感じていないにしても、それでも或る意味でそうした感情は「真」なのである。仮に私が、私自身の奥深くで、他の男を虐げ女を犯すことを夢見る嗜虐的な性的倒錯者であったとしたらどうだろうか。実生活上の他人との交流においては、私はこの真なる自己を表だって演じることはできない。だから私は慎ましやかで礼儀正しい役柄《ペルソナ》を身に付けることになる。――その場合、私の真実の自己は、私が架空の画面上の役柄《ペルソナ》として身に付けているものの方により近くなり、その一方で私の実生活上の交流における自己は、真なる自己の暴力を覆い隠す仮面となるということにはならないだろうか。

　習慣が提示するのはこの困難からの免れ方である。――いかにしてだろうか。主体の「真の表現」としてではなく、真理を「思考なき」表現のうちに置くことによって、である。――ヘーゲルの変わらぬモチーフを思い起こしたい。つまり、真実とは、あなたが言っていることのうちにあるのであって、あなたが言おうとしていることのうちにあるのではないのである。ここで範例となるのが、我々が「礼儀正しさ」と呼んでいるものの、不可解なステータスである。知人に会うと、私は「お会いできて嬉しい

〔36〕 Ibid., p. 72.〔邦訳、一二一―一二二頁〕
〔37〕 Ibid., p. 68.〔邦訳、一一四頁〕
〔38〕 Hegel (1977), §322.〔邦訳、上巻三二一―三二二頁〕
〔39〕 Ibid., §318.〔邦訳、上巻三一八頁〕

です。お元気ですか」と言う。だが、その知人と私の両名にとって自明なのは、或る意味で「私は別に本心から言っているわけではありませんよ」ということである（仮に相手が、私の相手への関心が本物だと思っている場合には、相手は私の発言に驚き不快に思いさえするだろう。あたかも私が、妙に馴れ馴れしく、それでいて自分とは無関係のことを企んでいるかのように。あるいは、古いフロイト流のジョークで言い換えれば、「本当に僕に会えて嬉しいと思っているのなら、どうして君はお会いできて嬉しいですなんて言うんだ」ということになる）。とはいえ、私の行為を単に「欺瞞的」だと呼ぶのはおそらく間違いであろう。なぜなら、別の意味では、私は本当にそう思っているからである。礼儀正しい言葉のやりとりが、私と知人という二人の間に或る種の約束を確立する。それは私が、やらせによる笑いを通じて、まさに「偽りなく」笑うのと同様である（その証拠に、事実、そうして笑った後で、私は実際に「楽になったと感じる」）。ここから、およそ狂人についてのありうべき一つの定義が導かれる。それは、「本心からの嘘」の論理に参与することのできない主体、というものである。したがって例えば、友人が狂人に「会えて嬉しいよ。元気かい」とでも挨拶しようものなら、彼は激昂して言うのである。「君は本当に僕に会えて嬉しいと思っているのか？　それともそういうふりをしているだけなのか？　それに、いったいどんな権利があって、君は僕の内面を詮索しているというんだ？」。

シェイクスピアの『お気に召すまま』の中で、オーランドはロザリンドに熱烈に恋している。そのロザリンドは彼の愛を試そうと、ギャニミードに変装し、男友達として彼に対してその愛を問い質そうとする。それどころか、彼女はロザリンドという役柄《パーソナリティ》を演じて見せ（この時仮面は二重にかけられている。彼女は自分自身のふりをしている。つまりロザリンドを演じているギャニミードを演じているのである）、友人のシーリア

（こちらもエイリーナに扮している）を説き伏せて、まねごとの結婚式を挙げてもらう。その式の中で、ロザリンドは文字通りに、自分自身のふりをするふりをしていることになる――真実そのものが、二重の欺瞞において上演されなければ、決して勝ち取られえないのである――同様に『終わりよければすべてよし』でも、婚姻は、婚外交渉という擬装のもとで成就されなくては、決して認められえないのである。

同様の仮象と真理との重なりあいは、イデオロギーを伴う自己認識においてはしばしば見られるものである。マルクスの優れた分析を思い起こしてみよう。それによれば、一八四八年のフランス革命〔二月革命〕の時、保守共和派である秩序党は、王党派の二つの分派（オルレアン派と正統王朝派）の連合として、「名前のない共和国の王国［40］」のもとに機能していたのだという。秩序党の議員たちは自分たちの共和主義を一個の紛い物と見なしていた。彼らは議会で四六時中王党派に与するような発言を繰り返し、共和派をあざ笑い、自分たちの本当の狙いは王政の復古にあるのだと知らしめようとした。だが彼らは気付いていなかった。彼ら自身、自分たちの支配の社会的影響について騙されていたのである。彼らが実際にしていたのは、（例えば財産私有に関する安全の保障によって）自分たちがあれほどまでに軽蔑していた当のブルジョワ的共和的秩序の条件を確立することであった。だから、彼らは共和派の仮面を被った王党派なのではない。彼ら自身は自分たちをそういうものと見ていた。だがまさに彼らのこの「内奥にある」王党派としての確信こそが、彼らの真実の社会的役割を覆い隠す、偽りの表向きの仮面であったのである。要するに、彼らの表向きの共和主義が隠された真実だったということではなく、彼らの真

［40］ Marx (1978), p. 95.〔邦訳、五六頁〕

摯なる王党主義こそが彼らの現実の共和主義のための、幻想上の支援だったということになる——それこそが彼らの活動に情熱を提供していたものであったわけである。この場合、秩序党の議員たちもまた、共和主義者、すなわち彼らが本当にそうであったところのものの、ふりをするふりをしていたことになりはしないだろうか。

ヘーゲルのラディカルな結論は、こうである。我々がここで取り上げている、身体表現における記号は、「真実には何も指示しない（in Wahrheit nichts bezeichnet〔41〕）」。習慣とはかくして、「それが何も指示しないという事実を指示する〔42〕」ところの、或る奇妙な記号〔sign〕だということになる。ヘルダーリンが我々の困窮状態の定式として提示したもの、神々が我々を見捨てたがゆえに我々が「意味なきしるし〔sign〕」【20】となってしまったという、時代の定式として提示した言葉が、ここで図らずも或る積極的な解釈を得ている。だから我々はヘーゲルの言葉を文字通りに受け止めなくてはならない。つまり、この言葉の中で積極的な重みを持つのは「何もない〔nothing〕」〔という語〕である。言い換えれば「真実のところは何も指示しない」記号とは、ラカンがシニフィアンと呼ぶもの、他のシニフィアンに向けて主体を代理する〔represents〕ものなのである。この「無〔nothing〕」とは主体そのものの空虚であり、ゆえに或る究極的な指示の不在が意味するのは、当の不在そのものこそが究極的な指示なのだということ、そしてこの不在こそは主体そのものなのだということなのである。ゆえにマラブーは次のように述べる。「精神とは、その表現によって表現されるところのものなのではない。このことは、精神を原初的に恐怖させる」〔43〕。ここで肝心なのは、憑依という次元、すなわち〈理性〉の光としての精神と忌まわしき亡霊としての精神との間の結び付きに他ならない。精神／〈理性〉は永遠に、その構造上の或る必然からして、それ自身の精神の忌まわしき亡霊に取り憑かれているのである。

> 人間存在とはこの夜であり、一切をその単純性のうちに含み持つ虚無であり、――数多の表象と像からなる無限に続く富であって、しかもそのいずれも人間存在には属さない――すなわち現前しないのである。ここに存在するのは、この夜、自然の内面、――純粋な自己である。幻灯に浮かぶ表象の中にあるもの、それは一面に広がる夜だ。こちらでは血まみれの人頭がいきなり現れ、あちらではまた別の蒼白な亡霊が不意に目の前に現れてはまた直ちに消えてゆく。夜の中で人々を見ようと目をこらしてみても、目に見えるはこの夜のみ――夜が、恐るべきものとなるのだ〔44〕

繰り返しになるが、この叙述の詩的な力に目をくらまされてはならない。この叙述は文字通りに読まれるべきである。まず注意すべきは、この「精神の夜」の中をほうぼう自由に浮かんでいる諸々の対象が、いかに引き裂かれた部分〔membra disiecta〕であり、部分対象、その有機的な〈全体〉から引き剥がされた対象であるかということである。――この叙述と、〈悟性〉の否定的な力についてのヘーゲルの

〔41〕Hegel (1977), §318.〔邦訳、上巻三一八頁〕

〔42〕Malabou (2005), p. 67.〔邦訳、一一四頁〕

【20】ヘルダーリン『ムネーモシュネー』第二稿より、「われらはひとつのしるし、解くすべもなく〔Ein Zeichen sind wir, deutungslos〕」(『ヘルダーリン全集 2 詩II(1800-1843)』、手塚富雄他訳、河出書房、一九六七年、二一四頁)。

〔43〕Ibid., p. 68.〔邦訳、一一四頁〕

〔44〕Hegel (1974b), p. 204.〔邦訳、一一八―一一九頁〕さらに、『エンチュクロペディ』の中でヘーゲルは「無限に数多の像と表象とを意識させることなく保存する、夜のような竪坑」(Hegel (1971), § 453.〔邦訳、三五七頁〕)について言及している。ここでのヘーゲルの歴史的ソースはヤコブ・ベーメである。

叙述との間には、奇妙なエコーが響いてはいないだろうか。悟性の否定的な力は存在者〔過程、特質〕をその実質的な文脈から抽象して、それがあたかもそれ自身で存在しているかのように取り扱うことができる〔とされる〕。「周囲のものから引き剥がされた偶有的なものそのもの、〔あるいは〕他との連関に結び付けられその中でのみ現実にあるようなものが、それ自身の存在と分離した自由とを獲得するということ――このことが、否定的なものの絶大な威力である」[45]。ゆえにそれはあたかも我々が、「世界の夜【21】」のおぞましき光景の中にあって、自然状態にある〈悟性〉の力のような何物かと、原‐精神という擬装をした精神と遭遇しているかのようなものである。――これはおそらく、恐怖についてのもっとも正確な定義の一つである。〔つまり恐怖と遭遇するのは〕発展上の高次の段階がその低次の段階の中に、つまりその根拠／前提に自らを暴力的に刻み付ける時であり、そこでこの高次の段階は他ならぬ化け物じみた乱雑さとして、秩序の崩壊として、自然の諸要素間の恐ろしく不自然な接合として現れてくるのである。今日の科学の観点から見る場合、我々がもっとも純粋な形で恐怖と遭遇するのはどんな時だろうか。それは、遺伝子操作が失敗して、自然にはありえないようなものが生み出された時である。〔例えば〕頭の代わりに巨大な耳だとか、単眼だけの頭だとかを備えた山羊のごとき奇形物《フリークス》がそれである。そのそれぞれは無意味な偶発事〔偶有性〕なのだが、にもかかわらず、それは我々の深く抑圧された幻想に触れ、様々な野生の解釈を引き起こすのである。「自然の内面」（これは奇妙な表現である。なぜならヘーゲルによれば自然はまさしく、内面を一切持たないとされるからである。自然が身を置く存在論的な地位とは、すなわち外在性が身を置く地位である。それは前提されたなんらかの〈内面〉に対する外在性であるだけでなく、また自分自身に対する外在性でもある）としての純粋な〈自己〉が示しているのは、自然状態における超自然的〔精神的）なもののパラドキシカルな短絡なのである。なぜそういう短絡が生じるのだろうか。唯一整合的な回答は唯物論的なものである。なぜなら精神とは自然の一部だからであり、自然の奇怪な自己‐責苦（歪曲、錯乱）という形でのみ生起し出現しうるものだからである。ここでは逆説的にも、素朴な唯心論が、唯物論的な側面を発揮している。精神は自然の一部なのであって、精神は、どこかほかの場所であらかじめ構成された既製のものとして自然の中に介入するのではなく、むしろ自然の中から、自然の錯乱として、生起してくるのである。まさにそれゆえに、霊たち《スピリッツ》（忌まわしき亡霊たち）につきまとわれないような精神《スピリット》（理性）はないのであり、精神《スピリット》は永遠に霊たち《スピリッツ》に取り憑かれているのである。

カフェのウェイターにまつわる、サルトルのあの有名なのももっともだと思われる叙述が（再び）読み解かれるのは、この観点からである。そのウェイターは、おおげさな芝居がかったやり方でもって、ウェイターにありがちな仕草をやって見せている。だがまさにそのために彼は「カフェのウェイターであることを演じている」ことになる。サルトルの『存在と無』によれば、

ウェイターの動きは敏捷でまたきびきびとしたものだが、いささか正確にすぎ、いささか素早すぎる。彼は客のところにいささか素早すぎる足取りでやってくる。彼がお辞儀をするのもいささか慇

［45］Hegel (1977), §32.〔邦訳、上巻三一頁〕

【21】「『一なる三者』、ヘラクレス、ディオニソス、キリストが世を去ってから、世界のたそがれは夜に向って傾いてゆく。世界の夜は暗黒を拡げる。この時代は、神の不在、『神の欠如』を性格とするものである」（ハイデガー『乏しき時代の詩人』（『ハイデッガー選集　五』）、手塚富雄訳、一九五八年、理想社、七頁）。なお、ヘルダーリン『パンと葡萄酒』（『ヘルダーリン全集　2　詩II（1800-1843）』、手塚富雄他訳、河出書房、一九六七年、一〇九頁）も参照。

懃にすぎる。彼の声と目に現れているのは、客の注文にいささか気が行きすぎている彼の関心である。しまいに彼は戻ってくる。歩く時に、或る種の自動人形のような硬いぎこちなさを真似ようとしながら、である〔……〕」。〔46〕

サルトルの依拠する存在論的なテーゼ――「カフェのウェイターは、このインクポットがインクポットである〔のと同じ〕意味で、直ちにカフェのウェイターであるというわけではない」――は、ラカンの古典的なテーゼ――狂人とは、自分を王だと考えている乞食のことであるばかりではなく、自分を王だと考えている王のことでもある――と同じ方向を指していないだろうか。ここの読みは極めて正確になされるべきである。ロバート・ベルナスコーニがそのコメンタリーの中で指摘している通り、ここでのサルトルのテーゼは、自己欺瞞〔mouvaise foi〕や自己対象化についての単純な指摘（主体は、自分自身の自由の空虚さを覆い隠す――あるいはそこから逃げ出す――ために、或る確固たる象徴的な同一性の中に逃げ込むというもの）よりも遥かに洗練されたものである。サルトルがここで示しているのは、ウェイターとしての自分の振る舞いを誇張することによって、〔また〕ウェイターとしての役に自分をまさに過剰に同一化することによって、当のウェイターがいかに、自分とその役との間の距離を指し示しているか、そしてそれゆえに彼自身の主体性を主張しているのかである。実際、このフランス人のウェイターは、自動人形のように振る舞うことでウェイターであることを演じている。それは、アメリカにおけるウェイターの役が――奇妙なことにフランス人のウェイターとは反対なのだが――友人であるかのように振る舞う演技をするのと同様である。けれどもサルトルが言いたいのはこうである。すなわち、どんなゲームがウェイターに求められているにせよ、ウェイターの従う究極的な規則とは、彼が当の規則を破らざるをえないということであり、しかもおおげさにその規則に従うことで規則を破ることである。つまり、ウェイターは単純に不文律に従っているわけではない。それは或る種の専制に対する盲従であることになるだろう。そうではなく、むしろウェイターは、その規則に従うという点においていきすぎてしまっているである。ウェイターが、自分を他ならぬウェイターにすぎないものへと還元しようとする意図を拒むことに成功するのは、役を拒否することによってではない。そうでなく自分がその役を演じているという事実を、まさにその役を免れることになるほどに際立たせることによってである。ウェイターは物事をやりすぎることによって、やることが多すぎることによって、このことを行う。フランス人のウェイターは、役の中に消失するのではなく、あえて人目を引くような仕方で自分を自動人形のようなものにしてしまう運動を誇張するのである。付け加えればそれは、典型的な北米のウェイターが、フレンドリーというよりもむしろフレンドリーすぎるということと同様である。サルトルは、同じ「○○すぎる〔trop〕」という言葉でもって、『嘔吐』におけるのと同じような、人間のこの過剰を表現しているのである〔47〕

この叙述を、これと対照的な正反対のもので補完〔代補〕しておく必要があるだろう。ひとが自分の

〔46〕 Sartre (1957), p. 59.〔邦訳、一九九頁〕

〔47〕 Bernasconi (2006), p. 38.

役に真に同一化されるのは、ひとがその役に過剰に同一化するのでなく、その役を演じ規則に従う際に、目立たぬ侵犯と特異性を付け加える時である。その侵犯と特異性が、私の演ずる役の下に、その役に直ちには同一化されえずまた還元されえないような実際の人格があることを指示するはずである。言い換えれば、ウェイターの振る舞いを自己欺瞞〔mauvaise foi〕の一例として解釈するのはまったくの間違いである。ウェイターのおおげさな振る舞いは否定的な形でまさに彼の本物の自己のための余地〔空間〕を開いているのである。というのも、ウェイターの振る舞いが伝えているのは、「私は私が演じているところのものではない」ということだからである。本当の自己欺瞞が存するとすれば、それはまさに、私の演じている役を諸々の特有の微細な装飾で飾り立てる時である。――この「個人《パーソナル》の流儀」が偽りの自由のための余地〔空間〕をもたらすのであり、それによって私は、自分自身を、自分の演じている役へと自己対象化することと合致させるに至る（では、アメリカのカフェテリアに見られる、ウェイターのフレンドリーさは本物なのかと我々が不意に疑いだしてしまう、あの独特で奇妙な場面はどうなるのだろうか？）〔48〕。

4　習慣、動物、人間

こうして我々は最初の問いに戻ってくる。動物的習慣から人間固有の習慣へと至る変化に関する、あの問いである。ひとり人間だけが、精神的《スピリチュアル》存在者だけが、霊《スピリッツ》たちによって取り憑かれる。――なぜだろうか。ただ単に、動物と違って人間には普遍性へと至る通路があるからというわけではない。当の普遍性が人間にとって必然的であると同時に不可能であるから、すなわち一個の問題だからである。言い換えれば、人間主体にとって普遍性の位置する場は、あらかじめ割り当てられているにもかかわらず、同時に空白のままでなければならないのであって、その場がそれ自身に「固有の」内容で満たされることは決してありえないのである。人間の特種性は、それゆえ、普遍的本質と偶有性との関係に関わっている。反対に、動物にとっては、偶有性は単に偶有性のままである。人間存在だけが、普遍性をそのものとして措定して、それと関係し、したがって偶有性を普遍的な本質のうちへと反省的に高めてゆくことができるのである。結局これこそが、人間が「類的存在」（マルクス【22】）であることの理由である。ハイデガーによる「現存在（Dasein）」の定義をパラフレーズするならば【23】、人間とは、その類がそれだけでその存在にとって問題となるような存在である。「人間は、習慣が〔人間の〕類から見て予期しえないものとなる限りで、「類を呈示する」ことができるのである〔49〕」。

〔48〕 サルトルはまた、この種の「役を演ずる」ことと劇場での「役を演ずる」こととの間の決定的な区別についても注意を喚起している。後者にあっては、主体はただ単に、観客を喜ばせるために、あるいは舞台パフォーマンスの一環として、ウェイターの仕草を模倣しているにすぎない。こうした舞台での模倣とは明らかに反対に、「ウェイターの役を演ずる」ウェイターは、本当にウェイターなのである。サルトルの言う通り、このウェイターはウェイターであることの条件を「実現〔自覚realize〕」している。それに対してウェイターを演じている舞台役者は、自分の役にあって「実現されていない〔自覚的でないirrealized〕」。言語学の術語を用いて言うなら、この〔二つの「役を演ずる」ことの〕違いは、私の行為の遂行的なステータスによって説明される。役者の場合、遂行的な「有効性」が宙吊りにされているわけである。精神病者とはまさに、この違いが見えない（あるいはむしろ「感じない」）者のことである。彼にとっては、本物のウェイターも役者も、どちらもただ単に「役を演じている」のである。

〔49〕 Malabou (2005), p. 74.〔邦訳、一二三—一二四頁〕

【22】「人間は一つの類的存在である。というのは、人間は実践的にも理論的にも、彼自身の類をも他の事物の類をも彼の対象にするからであるが、〔……〕さらにまた、人間は自己自身にたいして、眼前にある生きている類にたいするようにふるまうからであり、彼が自己にたいして、一つの普遍的な、それゆえ自由な存在にたいするようにふるまうからである。」（マルクス『経済学・哲学草稿』（城塚登他訳、岩波書店、一九六四年）、九三—九四頁）

この記述は図らずも或る繋がりを開示する。つまりエルネスト・ラクラウが展開してきたヘゲモニーの概念との繋がりである。人間の類の普遍性と、普遍性の空虚を満たす特殊的な習慣との間には、永遠の隔たりがある。習慣は常に「予期しえず」、偶然的〔偶発的〕であり、普遍的な必然性にまで高められた偶有性である。習慣のいずれかが優位を占めるようになるのは、ヘゲモニー闘争の結果である。そのヘゲモニーをめぐって、偶有性は普遍性の空白の場を占めようとするのである。つまり、普遍性と特殊性との関係という見地から言えば、人間の条件——人間主体は、実在《リアリティ》を主観性という個別の観点から認識するのと同時に、自分自身を、同じその実在《リアリティ》の一部に組み込まれたものとして、その実在《リアリティ》における対象としても認識するという条件——における「矛盾」が意味するのは、主体は普遍性を（主体がその一部である或る普遍的な秩序が、「存在の大いなる連鎖」が存在するということを）前提せざるをえないということ、にもかかわらず同時に、その主体が当の普遍性を自らの特殊的な内容ですべて満たすこと、〈普遍的なもの〉と〈特殊的なもの〉とを調和させることは永遠に不可能だということである（というのも、主体の実在《リアリティ》へのアプローチは、主体自身の個別のパースペクティヴによって永遠にしるし付けられ、色付けられ、ねじ曲げられ、歪められているからである）。普遍性は常に必然的であると同時に不可能なものなのである。

エルネスト・ラクラウのヘゲモニー概念とともに、議論を始めてみよう。それは、普遍性、歴史的偶然性〔偶発性〕、および不可能な〈現実的なもの〉〔現実界〕の限界の間の関係に範例となる基盤を提供してくれるはずである。我々がここで取り扱っているのが或る独特の概念だということに、常に必ず留意しておきたい。この概念に言及する人々はしばしば、この概念の特種性を見過ごしてしまっている（あるいは原グラムシ的な曖昧な一般性へと還元してしまっている）。ヘゲモニー概念の主要な特質は、次の偶然的な連関のうちにある。すなわち、〔一方で〕社会内部の諸差異（社会空間の中にある要素）と、〔他方で〕社会そのものとを非‐社会（混沌、まったき頽廃、あらゆる社会的紐帯の解体）から分離する境界との間にある、偶然的な連関である。社会的なものとその外部である非‐社会的なものとの境界はただ、（当の境界自身を一つの差異の上に配置することによって）社会空間の諸要素間の差異という擬装のもとに分節化されうる。言い換えれば、根源的な敵対関係は、ただ或るねじ曲げられた仕方でしか、〔すなわち〕体系に内在する特殊的な諸差異によってしか表象されえないのである。外的差異は常にすでに内的でもあり、さらに言えば、両者の連関は究極的には偶然的なものであるということが、ヘゲモニーをめぐる政治的闘争の帰結なのである。

もちろん、反ヘーゲル主義に見られるここでの標準的な反論は次のようなものである。――しかし件の、〈普遍的なもの〉（枠組み）とその特殊的な内容との間にある還元しえない隔たりこそは、カント的な有限な主体性を特徴付けるものなのではないだろうか。ヘーゲルの「具体的普遍」は、〈普遍的なもの〉と〈特殊的なもの〉との完全な和解という幻想を、もっともラディカルに表現するものなのではないだろうか。「具体的普遍」の基礎的特質とは、特殊的な内容がすべて普遍的なものそのものの自己運動から自己生成してくるということではないのだろうか。――以上のよくある非難に反して言われるべきは、ラクラウのヘゲモニー概念はヘーゲルの「具体的普遍」の概念と実際には近しいものなのだということ

【23】「この存在者は、我々自身がそのつどそれであるものであり、またとりわけて問うという存在可能性を有するものである。その存在者を、術語的に現存在ととらえよう」（ハイデガー『存在と時間 一』（熊野純彦訳、岩波文庫、二〇一三年）、九四頁）。

である。「具体的普遍」においては特種的な差異は、類そのものを構成する差異と重なりあうのだが、同様にラクラウのヘゲモニーにおいても、社会とその外部の境界および非‐社会（社会的紐帯の解体）との敵対的隔たりが、或る社会内的構造的差異の上に配置されるのである。ラクラウ本人は、〈普遍的なもの〉と〈特殊的なもの〉とのヘーゲル的「和解」を拒否しているが、それは、空虚／不可能な〈普遍的なもの〉と、その〈普遍的なもの〉をヘゲモニー化する偶然的特殊的内容とを永遠に分離する隔たりのゆえにである。しかしながら、ヘーゲルをより詳しく見ればわかるように――或る類に属するどの特殊的な種も、当のその普遍的な類と「一致」しえない以上――我々が最終的に、その概念と完全に一致する或る特殊的な種に到達するその時には、当のその普遍的な概念は他の概念へと変貌してしまっているのである。〈国家〉についての現存するいかなる歴史的形態も、〈国家〉の概念と一致することはない。――〈国家〉（「客観的精神」、歴史）から〈宗教〉（「絶対的精神」）への弁証法的移行の必然性が含む事実とは、自らの概念と実際に一致するような現存する〈国家〉とは一個の宗教的共同体に他ならないということである。――まさしく、それはもはや〈国家〉ではないのである。ここで我々が出会うのは、歴史性としての「具体的普遍」をめぐる、正当な意味で弁証法的なパラドクスである。すなわち、類とその下位種との関係においては、そうした下位種のうちの一つが常に、当の類の普遍的特質を否定する要素になることになる。国が異なればサッカーの形態も異なるものである。アメリカ人はサッカーをしない。なぜなら「野球が彼らのサッカーだ」からである。ヘーゲルの有名な主張も同じである。近代人は朝の礼拝をしない。新聞を読むことが彼らの朝の礼拝であるからである。同様に、社会主義崩壊の際には、作家その他の文化サークルが政党として行動したものである。映画史上の最たる例は、西部劇とＳＦスペースオペラとの関係であろう。今日、我々は「実質的な〔substantial〕」西部劇を持っていない。というのも、スペースオペラがその場を占めてしまっているからである。言い換えればスペースオペラが今日の西部劇であるからである。したがって、西部劇の分類に際しては、我々は標準的な下位種に加えてさらにスペースオペラを、西部劇に対する今日の代役となる非西部劇として付け加えて〔代補して〕おかなくてはならないだろう。ここで肝心なのは、相異なる類どうしの交錯、二つの普遍的なもののこの部分的な重なりあいである。西部劇とスペースオペラは単に二つの相異なるジャンルではない。両者は交錯している。つまり、或る時代にあっては、スペースオペラが西部劇の下位種となる（あるいは、西部劇がスペースオペラのうちで「止揚」される）のである……。同様に、「女性」は男性の下位種の一つとなり、ハイデガーの現存在分析は現象学の下位種の一つとなりながら、先行する普遍性を「止揚」するのである。「自己対象化」が不可能となる点、それはまさに、普遍性とその特殊的な内容とがそこで完全に調和させられるような点——要するに、ヘゲモニー闘争がなくなるような点——だということになるであろう。

そしてここで我々は狂気に立ち戻る。狂気のもっとも簡潔な定義とは、狂気とは普遍性とその偶有性の直接的な調和だという定義、狂気とは両者を分離する隔たりの抹消だという定義である。——狂人にとっては、対象となる実在性においては不可能な私の代理物が、その潜在的性格を喪失して、当の実在性の完全な統合された部分となるのである。——狂気とは反対に、習慣は、その潜在的性格によって、この直接的な同一化という罠を免れている。つまり主体が或る習慣と同一化するということは、なんらか積極的な特質と直接的に同一化することではなく、或る傾向性、或る潜在性と同一化することである。習慣とは、ヘゲモニー闘争の結果である。それは、「本質」・普遍的必然性へと高められた限りでの偶有性であって、その普遍的必然性の空虚な場を埋め合わせるべく作り出されたものなのである。

第三章　フィヒテの哄笑

スラヴォイ・ジジェク

哲学者たちの「表向きの《オフィシャル》」進歩的な継承を扱う場合、ほんとうに興味深いのは、この「表向きの《オフィシャル》」並びでは後継者（たち）に「乗り越えられた」、あるいは「完成された」とされる哲学者が、その後継者（たち）にどのように応答するのかを考察することである。例えば、プラトンはアリストテレスに、ワーグナーはニーチェに、フッサールはハイデガーに、ヘーゲルはマルクスに、それぞれどのように応答するのだろうか［1］。

この「被征服者の叛逆」の最も好奇心をそそる事例はドイツ観念論に見い出すことができる。そこでは、「表向きの《オフィシャル》」進歩順――カント―フィヒテ―シェリング―ヘーゲル（―後期シェリング）――において、「先人たち」のそれぞれが、後継者が自らの仕事に対して行った批判や解釈に応答している。フィヒテが自らの『知識学』がカント哲学を最終的に完成させると主張した一方で、他方カントがフィヒテを

［1］　この最後の例に関して、マルクスの弁証法の「唯物論的転倒」に対するヘーゲルの応答を再構築する試みがなされている。Maker (1989) を参照。Žižek (2006) の第一章において、私自身もマルクスに対してヘーゲルを擁護している。

貶めるような発言をしたことはよく知られている。カントは『知識学』(「知についての教義」)という用語そのものを意味のない同語反復として斥けたのである。さらに、フィヒテの「主観的観念論」は、実在の超越論的、主観的発生を自然哲学で補完するシェリングの同一哲学に引き継がれたが、フィヒテがこの「補完」を『知識学』の誤読であるとして断固斥けたことは、彼らの往復書簡からわかる。もちろんシェリング自身は、フィヒテはシェリングによる批判に対して反批判する際に自分の立場を根本的に変更している、と即座に反論した。つまり、ヘーゲルによるシェリングの「乗り越え」自体が〔「被征服者の反逆」の〕一事例である。ヘーゲルの観念論的弁証法に対するシェリングの反駁は極めて強力かつ重大なものであったため、この反駁はますますドイツ観念論の発展内部における次なる(そして最終的な)段階と見なされるようになっている[2]。シェリングは、一八〇九年に執筆された『人間的自由の本質についての論考』において、自分の初期の同一哲学の制約から最初にして決定的な断絶を果たした。ヘーゲルは、彼の(死後に出版された)哲学史講義においてこのシェリングの著作を一蹴したが、その一蹴の仕方はそっけない上にとんでもなく不適切であり、シェリングの傑作の要点を完全に捉え損ねている。今日では哲学の全歴史上のハイライトのひとつと考えられているこの著作は、ヘーゲルの目には、取るに足らない、二流《マイナー》の曖昧な論考に映ったのである。そのため、今日のヘーゲル研究者が、弁証法は単なる「消極哲学」にすぎないというシェリングの批判に対するヘーゲルの反批判とは何だったのか、ということをむしろ話題にしているのは不思議なことではない。例えば、ディーター・ヘンリッヒとフレデリック・バイザーはヘーゲルの応答を再構成しようとしている。

これらの「遡及的な」反批判の哲学的地位とは何だろうか。どんな進歩の一般図式も失敗するということの証言であると（「大きな物語の終焉」というポストモダン的な調子で）主張するのは、あまりにも安易すぎる。これらの「遡及的な」反批判は、（カントから後期シェリングに至る）基本的な継承順を覆すというよりも、むしろ、その最も面白くて生き生きとした瞬間を前景化している。その瞬間とは、いわば、思考が「発展」の連鎖の中の一つの項に還元されることに逆らって、自らの絶対的権利あるいは要求を主張するような、そんな瞬間である。このような応答は単なる突発的な無駄口にすぎないこともあるが、真の進化の瞬間であることもある。つまり、〈旧いもの〉が〈新しいもの〉によって批判されるとき、〈新しいもの〉が初めて現象する際の姿というのは概して浅薄であり、素朴である――〈旧いもの〉が〈新しいもの〉（の最初の現れ）に対して応答するときにしか、〈新しいもの〉の真なる次元は立ち現れないのである。パスカルはキリスト教的立場から科学的世俗的近代性に応答したが、彼の「応答」（科学的世俗的世界という計り知れないほど新しい状況で我々はキリスト教徒であり続けることができるかという問題をめぐる彼の奮闘）は、近代性について、その直接的な支持者《パルティザン》よりもずっと多くのことを我々に教えてくれる。あるいは、映画史においては、チャップリンからエイゼンシュテインに至る、音声に抗う無声映画の監督たちこそ、音声映画［トーキー］のもつ真に破壊的な次元を明るみに出した。真の「進歩」は進歩に対する〈旧いもの〉による応答から生じる。真の革命家は常に反省した保守なのだ。

［2］ヴァルター・シュルツの著作『シェリングの後期哲学におけるドイツ観念論の完成』は、まさにこのテーゼを提案している。Schulz (1975)を見よ。

1　フィヒテの自我からヘーゲルの主体へ

こうした遡及的な反批判のうち最も興味深い事例はフィヒテの後期哲学であると言ってよい。そこでフィヒテは、(暗黙裏にも明示的にも)自分の批判者たち、とりわけ、シェリングに応酬している。フィヒテが彼らに応じていることが最もよくわかるのは、自己定立する自我から、全実在の究極的な根拠としての非主体的な神的〈存在〉への、フィヒテによる移行である。イエナ期(一七九四―一七九九年)からベルリン期(一七九九―一八一四年)へのフィヒテの教義のこの基本的変化について、ギュンター・ツェラーは次のように簡潔に述べている。イエナ期において、

自我は、絶対的自我としてのその能力において、全ての知の原理として機能していた。一八〇〇年以降になると、自我は知それ自体の形式(自我形式〔Ichform/'I-form'〕)を提供する。それ以降もはや根拠は絶対的自我としての自我とは同一視されず、自我に先行し、自我から根源的に独立している絶対的な或るもの(「存在」(Seyn)、「神」(Gott))と同一視される。それに対して、自我形式としての自我は、絶対者の現象のための基本的な様式であり、絶対者それ自身がそれ自体として現象することはない〔3〕。

フィヒテの以上の移行は極めて正確に読み解かれるべきである。単に、フィヒテは絶対的根拠として

の自我を「放棄」し、それを超-主観的〈絶対者〉の副次的契機に、この〈絶対者〉の現象のための一様式あるいは一形式に還元してしまった、ということではない。むしろフィヒテが、自我の基本的な特徴――自我とは「それ自体」で〈絶対者〉の分裂であり、〈絶対者〉の自己現象における「最小の差異」である――を正確に把握したのは、それ以降（イエナ期以降）なのである。言いかえれば、全存在の絶対的根拠としての自我概念とは、実のところ不可避的に、主体を「実体化」し、主体を実体に還元する。

しかしながら、フィヒテはこの洞察を明確に定式化できていない。次の決定的に重要な問いに対して間違った回答を与えてしまう点にフィヒテの限界を見てとることができる。つまり、〈絶対者〉は自我形式のもとで誰に対して現象するのかという問いに対し、フィヒテは、（主観的な）現象に対して、つまり、それに対して〈絶対者〉が現象するところの主体に対して、〈絶対者〉は現象すると答えたのである。フィヒテが主張できていないのは、〈絶対者〉は、主体に対して現象するとき、自分自身に対してもまた現象しているということであり、つまり〈絶対者〉についての主観的反省は〈絶対者〉の自己反省であるということである。

ここで鍵となるテキストは一八一二年の『知識学』であり、それは一七九四年から一七九九年にかけてのイエナ期の『知識学』と対照をなす。初期〔イエナ期〕『知識学』においてフィヒテが採用する手続きは、主観的観念論の標準的なそれであり、客観的実在性という「物象化された」考え方を批判的に退けるというものである。つまり、主観もまたその一部である世界において、諸々の物が〔単に〕そこに

―

［3］ Zöller (2008), p. 55.

存在する〔out there〕という考え方がここで退けられる。独立した客観的実在性というこの必然的な仮象は、その主観的発生を展開することで一掃されねばならないというわけである。初期『知識学』において、唯一の〈絶対者〉とは絶対的自我の自発的自己定立の活動であり、絶対的自我は存在することと行為することの一致〔事行〔Tat-Handlung〕〕のことを指す。端的に言えば、絶対的自我とは絶対的自我が行うことなのである。しかし、一八一二年の『知識学』において、フィヒテはもう一歩遡行をすすめている〔根拠を遡っている〕。つまり、「〔独立した客観的実在性という〕必然的な仮象として明らかにされるのは、もはや諸物の絶対性ではなく、自我そのものの絶対性なのである」[4]と論じられる。自我の自己定立は、それ自体、仮象的な現象であり、唯一の真なる〈絶対者〉——超-主観的な不動の絶対的〈存在〉（「神」）——の「像」であるというわけだ。すでに一七九〇年代に、フィヒテの自己定立する絶対的自我について聞いたスタール夫人は、まるで自分の髪をひっぱって自分の体を沼から引き揚げたミュンヒハウゼン男爵のようですねと返したのだが、後期フィヒテは彼女のこの批評を受け入れたかのようである。つまり、自己反省する自我は空中を漂うキメラであり、確固とした実定的な〈絶対者〉に根拠づけられねばならないということを後期フィヒテは認めている。このようにして批判的分析はさらなる遡行を成し遂げなければならない。つまり、まずは客観的実在性から超越論的自我へ〔と遡行したのだが〕、次には超越論的自我から絶対的〈存在〉へと〔遡行しなければならないのである〕。自我の自己定立は神的〈絶対者〉の像であって、〈絶対者〉そのものではない。

　生命が教えてくれるように、〈絶対者〉は現象する。〈絶対者〉の現象とは、〈絶対者〉が〈絶対者〉

として現象するということである。規定は否定を伴うので、〈絶対者〉が〈絶対者〉として現象しうるためには、自分自身の反対、つまり非〈絶対者〉を生み出さずにはいない。この非〈絶対者〉は〈絶対者〉の現象である。現象とは、それに対して〈絶対者〉が現象するものでもある。したがって、〈絶対者〉が現象に対して現象することができるのは、それと同時にその反対物、つまり現象もまた現象に対して現象する場合に限られる。現象が現象それ自身に対して現象することがなければ、すなわち、現象の反省性〔再帰的構造〕がなければ、〈絶対者〉が現象することはない。〈絶対者〉は必然的に現象するのだから、現象の自己反省もまた必然的である〔5〕。

ここでは二重の媒介が成し遂げられなければならない。もし、〈絶対者〉が現象するとき、〈絶対者〉が〈絶対者〉として現象するならば、〈絶対者〉は他の「単なる」諸現象とは対照をなす絶対的なものとして現象しなければならない。したがって、現象の領域には切れ目〔cut〕が存在せねばならず、その切れ目とは「単なる」諸現象と、それを介して〈絶対者〉そのものが拡散する〔transpire〕現象との間の

〔4〕Brachtendorf (2008), p. 157.

〔5〕Ibid. この移行は、定立から現象への移行としても定式化することができる。一七九四年の段階では、自我は自分自身を定立するものとして自らを定立していたが、一八一二年には、「現象は、それ自身に対して現象するものとして、それ自身に対して現象する。しかし現象することは能動性である。したがって、現象はそれ自身を通じて能動的であるものとして、あるいは、「それ自身から、それ自身によって、それ自身を通じて」、原理として、それ自身に対して現象する。フィヒテは次のように結論づける。現象はそれ自身に対して現象するという行為によって構成されるため、現象は自分の実存（現象の「形式的存在」）を自分自身のうちに根拠づけられたものとして把握する。現象が自己について反省する〔自己の上に映現する〕とただちに、現象がそれ自身を通じて実存すること、すなわち、それ自身から〔a se〕あることを理解する。しかし、『知識学』が論証するように、これは真理ではありえない。自存性〔aseitas〕という意味で存在するのは、一者すなわち〈絶対者〉のみであり、現象は真にこの意味において存在することはできないのである」。Ibid., p. 158.

切れ目である。つまり、現象と真の〈存在〉との間の隙間が現象の領域そのものの内に書き込まれなければならないのである。

しかし、現象のこうした反省性〔再帰的な二重構造〕が意味するのは、〈絶対者〉もまた単に〈絶対者〉であるかのように「現象している」にすぎないという危険にさらされているということである——つまり〈絶対者〉が現象することが、〈絶対者〉であるかのように（虚偽的・仮象的に）見える〔現象する〕ことになってしまうのだ。（唯物論的な立場からすれば当然なのだが）宗教の歴史のすべては〈絶対者〉のそのような偽りの諸現象の歴史ではないのだろうか。この水準からみれば、「〈絶対者〉」とは、〈絶対者〉自身が現象することである、すなわち、現象する（現象を介して映現する〔shines through it〕）〈絶対者〉が、その現象の背後に隠れて存在するという幻を喚起する現象をつくりだすことである。ここでは、仮象は、実際にはもはや、現象を存在であると取り違えることではなく、存在を現象であると取り違えることである。つまり〈絶対者〉の唯一の「存在」とはそれが現象することなのであり、仮象であるのは、〈絶対者〉の現象は像であるにすぎず、その背後に超越的な真なる〈存在〉があるということである。それゆえ、フィヒテは「あらゆる誤謬は例外なしに、像を存在と取り違えることに存する。この誤謬がどれほど広汎に及んでいるかを、つまり誤謬の全範囲を、『知識学』は最初のほうではっきりと述べておいた。というのも、『知識学』はそこで、存在は神のうちにしかなく、神の外にはないこと、それゆえ、知のなかに現われるものは全て像でしかありえないことを示しているからである。」[6]と論じながらも、像を存在であると取り違えること（すなわち、実際にはただその像にすぎないのに、それをその真の存在と見なすこと）とはちょうど反対の誤り、つまり存在を像であると取り違えるという誤り（つまり実際に真なる存在自体であるものを、真なる存在の単に像にすぎないものと見なしてしまうという誤り）を見逃してしまっているのである。したがって我々はこの水準でデリダの神学的結論を受け入れるべきである。すなわち、「神」とはそれ自身存続する絶対的な〈存在〉ではなく、ある約束の純粋な潜在性であり、神自身が純粋に現象することである。言いかえれば、現象の彼方にある「〈絶対者〉」は、「絶対的現象」――その下にはいかなる実体的〈存在〉も存在しないようなある現象――に一致するのである。

　したがって、この二重の媒介における後半部分は次のようなものとなる。もし〈絶対者〉が現象するのであれば、現象それ自身がそれ自身に対して現象として現象しなければならない。そして、フィヒテは、現象のこうした自己現象を主体的な自己反省として把握している。フィヒテが二段階の批判的アプローチ（まず客体から主体的構成へ〔の段階〕、次に主体の自己定立という底知れない幻についてのメタ批判を展開する〔段階というアプローチ〕）を採用するのは正しい。しかし、フィヒテが捉え損ねているのは、主体性そのものを根拠づける〈絶対者〉の本性である。つまり、後期フィヒテの〈絶対者〉は、不動で超越的な自体であり、反省の運動にとって外的なものなのだ。フィヒテが考えることができないのは、〈絶対者〉自身の中の「生命」、運動、媒介である。つまり、彼が見逃しているのは、まさしく、〈絶対者〉が現象するということが、〈絶対者〉の単なる現象ではなくて、むしろ〈絶対者〉の自己実現、自己開示であるのはいかにしてなのか、ということなのだ。この内在的なダイナミクスは〈絶対者〉そのものを主体にするわけではない。むしろ〈絶対者〉の中核に主体化を書き込むのである。

〔6〕 Fichte (1971a), p. 365.〔邦訳、二七七頁〕

フィヒテが把握することができなかったのは、これら二極（純粋な絶対的〈存在〉と自分自身に対して現象する現象）の思弁的同一性である。自我の自己定立的な反省は、まさしく文字通り、自己に根拠づけられた〈存在〉としての〈絶対者〉の「像」である。この点にこそ、フィヒテの〔前期から後期に至るまでの〕展開の客観的なアイロニーがある。つまり、あの主体的自己定立の哲学者フィヒテが、結局のところ、主体性を絶対的で不動な自体の単なる現象に還元して終わるのである。したがって、フィヒテに対していかにもヘーゲル的な立場から非難するとすれば、フィヒテは「主観的」すぎるのではなく、むしろ反対で、明らかにフィヒテは実体を主体としても考えることができないのである。フィヒテの思考が非主体的な〈絶対者〉に移行したのは、自分がかつて極端な主観主義に陥っていたことに対する反動ではなく、彼が主体性の核心を定式化できないことに対する反動なのである。

通常、ポスト・カント的展開とは、フィヒテの「主観的」観念論、シェリングの「客観的」観念論、ヘーゲルの「絶対的」観念論の三つ組《トリアーデ》をなすものとされているが、このこととの関係でヘーゲルのほんとうの新しさを見ることができる。しかし、シェリングの同一哲学を「客観的」観念論と呼ぶのは偽りである。なぜなら、同一哲学の要点は、主観的観念論（超越論哲学）と客観的観念論（自然哲学）は、〈第三者〉である〈絶対者〉に対する二つのアプローチであるということだからである。その〈絶対者〉は、精神と自然、主観と客観の二元性の彼方あるいはその下にあり、これら二つの基底にありつつ、その両方において自分を顕示する（後期フィヒテもまた、超越論的自我からあらゆる実在の絶対的根拠としての神的〈存在〉への移行する際に似たようなことを行っている）。この意味で、ヘーゲル哲学を「絶対的観念論」と呼ぶことには意味がない。というのも、ヘーゲルの主張とはまさに、主観と客観・実体の彼方に、第三の要素、媒体や根拠など必要ないということだからである。我々は客観性から出発するのであり、主観とは客観性の自己媒介に他ならない。ヘーゲルの弁証法において一組の対立する二項があるとき、それらの統一は第三のもの、その基底にある媒体ではなく、その二項からなる一である。或る類はそれ自身の種《しゅ》であり、つまり、或る類は究極的には一つの種しか持たない。だからこそ種差は類と種の間の差異と一致するのである。

　したがって、大別すると、形而上学的、超越論的、思弁的という三つの立場にわけることができる。最初の〔形而上学的〕立場においては、実在性はただそこに存在するものとして知覚されるにすぎず、その哲学的課題は実在の基礎構造を分析することである。第二の〔超越論的〕立場においては、哲学者は客観的実在性の可能性、その超越論的発生の主観的諸条件を調べている。第三の〔思弁的〕立場においては、主観性は実在性の中に再び-書き込まれるものの、単に客観的実在性の一部分に還元されるわけではない。つまり、実在性の主観的構成、つまり主観を自体的なものから切り離す裂け目が、完全に許容される場合、まさにその裂け目は、（ヘーゲルがそうするように、キリスト教神学的用語を使えば）ケノーシス的自己空虚としてその実在性へと差し戻されるのである。現象が実在性に還元されるのではなく、現象の過程そのものが実在性の立場から把握される。したがって、問われるべきは「そうしたことがそもそも可能であるとして、我々はいかにして現象から実在性へと移行しうるのか」ではなく、「いかにして現象のごときものが実在性のなかで立ち現れうるのか」であり、「実在性がそれ自身に対して現象するための諸条件とは何か」ということである。

　したがって、ヘーゲルの反省は、客観からその可能性の主観的諸条件へと反省的に背進する超越論的アプローチとは反対のものである。「言語論的転回」後の哲学でさえ、依然としてこの超越論的レベルに留まっている。というのも、そうした哲学は言語の超越論的次元——我々がその中で生きている言語によって維持されている可能的意味の地平は、いかにして我々が実在性を経験するその全ての経験の可能性の超越論的条件として機能するのか——を展開しているにすぎないからである。したがって、この次元では、「シニフィエがシニフィアンへと転ずる」。すなわち、シニフィエはシニフィアンの効果であるために、シニフィエを超越論的に構成する条件としての象徴的秩序との関連で説明されるのである[7]。弁証法的反省がこの説明に付け加えるのがもうひとつの反省的ねじれであり、このねじれが〈物自体〉の「自己運動」の中に言表行為のまさに主観的・超越論的な場を根拠づけるのである。ここでは、「シニフィアンはシニフィエへと転じ」、言表行為は言表内容へと転じ、物の記号は〈物〉そのものへと転ずる。ある程度我々の言語に堪能ながらも特定の語Xを知らない人に対して、その語の意味を説明することを要求されたとき、我々はどうしたらよいのだろう。我々は、同義語、パラフレーズ、この用語が適すると思われる諸々の状況についての記述などを次々に列挙していこうとする……。このように、まさしく我々の努力が失敗に終わることを通じて、空虚な場所、正しい語の場所、まさに説明しようと試みているその語を、我々は画定していくのである。したがって、我々のパラフレーズが失敗に終われば後はある時点で「要はXなんだ！」と懐疑的に結論付けるしかない。この転回は、失敗の単なる承認として機能するどころか、結果的にある洞察をもたらしうる。その洞察とは、パラフレーズが失敗に終わることで、我々は説明されるべき単語の場所をうまく画定しているのではないか、というものである。その時点で、ラカンならこういうであろうが、「シニフィアンがシニフィエへと転じる」のである。つまりその語がその語自身の定義の一部になるのである。

こうして我々は主観の形式的な定義にたどりつく。主観は意味作用の連鎖の中で自分自身を分節化（「表現」）しようとするが、この分節化は失敗に終わり、この失敗によって、あるいはまたこの失敗を通じて、その主観は生じる〔創発する〕。つまり、主観はその意味作用の表象の失敗なのである――だから、ジャック・ラカンは、シニフィアンの主体を$\not{S}$「斜線を引かれたもの」として記述するのである。例えば、ラブレターを考えてみよう。書き手が自分の愛の告白を明確で効果的なしかたでかたちにすることに失敗すること、書き手の動揺、文章のまとまりのなさ等々が、それ自体、彼の告白した愛は真正であることの（おそらく、必然的で唯一の信憑性のある）証明になりうる――ここでは、メッセージを適切に伝えることに失敗することこそがその真正さの記号である。もしメッセージがスムーズに伝えられたとしたら、次のような疑念が湧く。もしやそのメッセージは手管にたけたアプローチの一部なのでは、自分の愛する対象以上に自分自身や自分が書いたものの美しさのほうを彼は愛しているのでは、愛する対

〔7〕ここには簡単な注解が必要だろう。「言説分析」の支持者は、経済的生産様式の重要な構造的役割やそのダイナミクスを強調し続ける人々を、「俗流マルクス主義」と侮辱したり、「経済本質主義」という通俗的な決まり文句を用いたりして、しばしば批判している。そのような見方は言語を二次的な道具に還元し、現実の歴史的有効性〔efficiency〕を物質的生産の「実在性」の中だけに位置づけようとしていると、彼らは当てこする。しかしながら、そうした「言説分析」の側も、同程度に「通俗的」な似たような単純化を行っている。つまり、言語と生産との間に直接的な類似性を持ち出すという単純化、すなわち、ポール・ド・マン的なやり方で、言語そのものをもうひとつの生産様式として、「意味の生産」として把握するという単純化をおかしているのである。こうした単純化した考え方によれば、生産的労働がその成果の中に「物象化」するのと並んで、発話とは予め存在する意味を単に表現することであるとする常識的な考え方もまた、意味を「物象化」し、意味が発話のなかに反映されるのみならず、いかにして発話によって生産されてもいるかということを無視しているとされる。要するに、意味は「意味作用の実践」の結果である――かつてはそう論じることがファッショナブルだったのだ……。しかし、このアプローチは、非弁証法的形式主義の最悪の事例として退けられねばならない。それは、経済的生産と「象徴的」生産という根本的に相異なる地位を度外視し、両者を単なる二つの生産の種類として包括する抽象的普遍概念へと「生産」を実体化するのである。

象は書くというナルシシズムを満足させる活動に没頭するための口実にうまい具合にされてしまっているのでは、と。それは古いモノラル録音の音楽みたいなものだ。人間の声の濁りない再生にフィルターをかけ、それを妨げるあの割れた音は、結果的に真正さを、我々は人の本物の歌声（かつて本物の歌声であったもの）を聞いているのだという印象を生み出す。それに対し、現代の録音がドルビー効果等のあらゆる技術を用いて完成度が高くなるにつれ、聞こえてくるものは奇妙にも非現実化〔de-realize〕されてしまうのである。だから、真の〈自己〉を完全に実現／表現することを称揚する「啓蒙された」ニューエイジの個人は、自らのお題目をやみくもに繰り返す、機械的で深みのない主体という反対のものとして現れるほかないのである。

　つまり、最もラディカルな弁証法的転倒とは述語が主語の位置へ移行することである。そこで、ヘーゲル弁証法の鍵となる特徴を、男性至上主義的な考えに関して明らかにしてみよう。これは、男性の確固たる自己同一性とくらべて、いかに「女性の本質が分散し、捉えどころがなく、転位されている」かという考えである。ここでなされるべきことは、女性の本質が永遠に分散しているというこの主張から、よりラディカルな主張――このような分散／転位それ自体が「女性性の本質」である――への運動である。ヘーゲルがこのように展開する弁証法的移行においてこそ、述語それ自体が主語に転ずる。この移行に従えば、「私は女性の本質を見つけ出した」、「しかし我々はそれを見ることができない、女性性は分散しており、転位されている……」、「なるほど、この分散が女性の本質である……」となるわけだ。

　しかも、ここでの「主語」は単なる例ではなく、まさにその形式的な構造である。主語〔主体〕「そのもの」が主語にされた述語なのであり、主語〔主体〕は、常に、すでに転位等々をされているだけではなく、主語〔主体〕がこの転位である。主体性の次元を構成するこの移行の最たる例が、想定〔supposition〕のそれである。ラカンはさしあたって、転移を通じて生じる「知っていること〔知〕を想定された主体」（つまり患者の症候の意味が何（？）であるのかを知っていると想定されている主体）としての分析家の概念を展開する。しかしラカンは、より一般的な想定の構造を自分が扱っていることにすぐに気付く。この構造においては、〈他者〉の形象は、単に我々の代わりに知っていると想定されているだけでなく、我々の代わりに信じ、享楽し、泣き、笑うこともできるし、知らないことさえできる（チベットのマニ車からテレビのやらせの笑いに至るまで〔を思い浮かべよう〕）。このような前提〔presupposition〕の構造は無限ではない。つまりそれは、ディスクールの四つの要素（S_1――主人のシニフィアン、S_2――知の連鎖、a――剰余の享楽、$\not{S}$――主体）によって厳密に限定され、制約されている。すなわち、S_1は信念を持つと想定された主体であり、S_2は知っていることを想定された主体であり、aは享楽すると想定された主体である……。では、$\not{S}$は何を想定された主体なのだろうか。それは「主体であると想定された主体」なのだろうか。このことは何を意味するのだろうか。もし我々が$\not{S}$を、想定の構造そのものを表すものと解釈したらどうだろう。それは単に、その主体はある性質を備えていると想定されていたり、（知る、享楽する……等々）何かを行ったり経験したりすると想定されているというだけではない――主体それ自体が想定なのである。すなわち、主体は決して実定的で、実体的な存在として直接的に「与えられ」ることはないし、我々は決して主体と直接的に出会うことはない。それは単に、二つのシニフィアンの間に「想定された」点滅する空虚なのである。（ここで我々は再び、主語から述語へのヘーゲル的移行、〇〇であると想定された主体からそれ自体が想定であるような主体へのヘーゲル的移行に出会う。）要するに、「主体」とは厳密には何であろうか。ある命題、言明を思い描いてみよう──いつ、どのように、この言明が「主体化される」のだろうか。［この言明が「主体化される」のは、］なんらかの反省的特徴が言明のなかに主観的態度を書き込むときである（例えば、ラブレターは、書き手の不安や動揺がそのメッセージをぼやかすときに主体化される）。まさにこの意味において、シニフィアンは「他のシニフィアンに代わって主体を代理する」。主体とはこの反省的ねじれ、この歪曲を説明するために想定されねばならない不在のXである。そしてラカンはここで行きつくところまで行く。つまり、主体は単に意味作用の連鎖を外的に観察し傍聴する者によって想定されているだけでなく、主体は自体的に想定なのである。主体は、ヌーメナルな同一性を備えた〈物〉としての自分自身には到達できない。そして、そうである以上、主体は対象としてのそれ自身に永遠に取り憑かれることになる。もしドッペルゲンガーの形象が、私に取り憑いている対象としての私自身という形象でないとしたら、いったい何だというのであろうか。つまり、他者が私のための想定であるだけではなく（意味作用の連鎖を反省的に歪めてしまうことでしか、私は他者の実存を想定することはできない）、私自身が自分自身のための想定そのものなのである。つまり私とは、想定されるべき何かに他ならず（カントの言うように、「私［がそれ］である」ようなX、「思考するこの〈私〉、〈彼〉、〈それ〉（物）」が存在しなければならない）、決して直接的には到達されうるものではない。ヒュームの有名な見解によれば、どれだけ丹念に自分の内を奥深く覗き込んだとしても、私がそこに存在することを発見できるものは全て、特殊な観念、特定の精神的状態、知覚、感情などであり、決して「〈自己〉」ではないとされる。ところがこのヒュームの見解が捉え損なっているのは、対象としての自分自身には到達できないということが「自己」であることを構成している、という点である。

2　絶対者と現象

こうした自己自身への反転は重要な弁証法的契機である。ヘーゲルにとって、もし〈理念〉が自分自身を適切に表象することができなければ、つまり、〈理念〉の表象が歪曲されている／不十分であるならば、この歪曲は同時に〈理念〉そのものの制限〔limitaion〕／欠如を指し示すことになる。そして、ヘーゲル弁証法の思弁的な核心に到達するためには、さらにもう一歩前進しなければならない。普遍的な〈理念〉が常に歪められ／転位されながら現象するだけでなく、この〈理念〉とは、個別者自身の自分自身に関する歪曲／転位、自己不適合以外の何ものでもない。これは、◯◯であると想定された主体から、想定としての主体そのものへの移行と厳密に対応する。このような反転それ自体が、形式的に、主体性を定義すると主張することさえできるかもしれない。つまり、実体がフェノメナにおいて現象するのに対し、主体はそれ自身の現象に他ならない、というわけだ（なお、これらの定式はいくらでも追加できる。普遍者とは個別者のそれ自身に対する不適合／それ自身との非同一性に他ならない。本質とは現象のそれ自身に対する不適合に他ならない、等々）。このことが意味するのは、主体とは〈現実界〉の愚かな同語反復であるということではなく（物とは単にそれがそう見えているところのもの、それがそう見える仕方であるにすぎない）、より正確には、主体はそれ自身の現象、自己内反省した現象〔8〕、物がそれ自身の代理として機能し始めるような、逆説的なねじれに他ならない。

我々がヘーゲル的な「対立規定（gegensätzliche Bestimmung）」と出会うのは、例えば、同性愛者をレイプする対ゲイ攻撃者という突出した形象においてである。そこで同性愛嫌悪は自分の対立規定にあたる自分自身〔同性愛〕と出会うのである。つまり、同語反復（自己同一性）は、最高次の矛盾として現れる[9]。さらなる例は、極度の相互受動性において見出される。私が単にテレビで映画を見る代わりにそれをビデオテープに録画するとき、そしてこの〔録画という〕延期行為が完全に自己反省的であるとき、それが見出されるのだ。うまく録画がされているか気がかりな私は、録画に関して全てがうまくいっており、その映画が、後で見られるように、きちんとテープに録画されているかを確信するためだけに、不安に駆られ、録画中にその映画をテレビで見る。この場合のパラドクスは、私は実際にとても真剣に、けれどもある種の宙づり状態のなかで、実際には映画の筋を追うことなく、映画を見ているということだ――私の関心はただ、万事が順調であること、きちんと録画ができていることにある。これと似たことが、これから私が実際に性行為ができるどうかを確かめるためだけに性行為を行うような、ある種の倒錯的な性のエコノミーのなかに見出されないだろうか。たとえそのような性行為が、快楽のためになされた「正常な」性行為と実際には区別できないとしても、その根底にあるリビドーのエコノミーは全く異なっているのである。

ここでもまた、映画を見ることは映画を見ることの反対規定として現象する――別の言い方をすれば、その構造はメビウスの輪の構造である。つまり、一方の側を最後まで進むと、もう一度出発地点（映画を見ること、ゲイの性行為）に戻ってしまうが、しかしそれはその帯の反対側の出発点なのである。したがって、ルイス・キャロルは正しかったことになる――モデル／地図がその反対規定にあたる物自体である場合、すなわち、物がそれ自身とは受け取られないということが不可視のスクリーンによって保証される場合、ある国はその国の地図として機能できてしまうのである。まさにこの意味で、「根本的な」差異は、物と物との間にあるのではなく、また物とそれらの記号の間にあるわけでもない。そうではなく、それは、物についての我々の知覚を歪めることで、物が物として受け取られないようにする不可視のスクリーンという空虚と、物との間にある。物からその記号への運動は、物の代わりに記号を用いるという運動ではなく、物それ自身が（別の物の記号ではなく）、それ自身の記号になるという運動、自らの中核にある空虚になるという運動である。そして、同じことが仮面の関係にも言える。二〇〇一年の十二月、

［8］これがカント的な超越論的自我、その純粋統覚が、ヌーメナルでもフェノメナルでもない純粋に形式的な機能である理由である。それは空虚であり、どんなフェノメナルな直観もそれに一致しない。なぜなら、仮に超越論的自我がそれ自身に対して現象しようとすれば、その自己現象は「物そのもの」すなわちヌーメノンの直接的な自己透明性であろうからである。超越論的主体（$）の空虚と超越論的対象という空虚、つまり我々の認識の引き起こすアクセス不可能なXとを並べることは、ここではミスリーディングである。超越論的対象はフェノメナルな現象の彼方の空虚であるのに対して、超越論的主体はすでに空虚として現象するのである。

［9］Pfaller（未刊行論文、2002）を見よ。「代理されるものが、その大きさのまま、代理の役割のなかで自ら現象することもできる――そこにのみ、代理されるものが代理されているもの自身であると受け取られないことを保証する、なんらかの特徴があるにちがいない。そのような特徴は、代理するものの場所を代理されたものから隔てる――あるいは、それらの隔たりを象徴化する――閾によってもたらされる。したがって、この閾の背後に横たわるあらゆるものが代理されているものであると見なされる場合、その閾の前で現象するあらゆるものは代理であると仮定される。矮小化することによってではなく、巧妙に隅に追いやることによってのみ達成されるそのような隠蔽には、いくつもの実例がある。フロイトが述べているように、宗教によって禁じられるまさにその行為が、宗教の名の下に実践されている。このような――例えば、宗教の名の下になされた殺人のような――事例においては、宗教は矮小化することなどまったく必要としない。例えば、ひどく戦闘的な人命擁護論者たちは、中絶には反対するが、医療従事者を実際に殺しかねない。男性同性愛に反対するアメリカの極右たちも同様である。彼らはいわゆる「ゲイ・バッシング」を行いながら、ゲイを袋叩きにし、最終的にはゲイをレイプしてしまうのである。したがって、［殺人・同性愛に対する］防止策のふりができる条件を満たしさえすれば、最終的には、殺人というあるいは同性愛という欲動充足もまた可能なのだ。したがって、「対立」であるようにみえるものは、払いのけられるべきXがそれ自身現象することができ、非Xであると受け取られうるという効果を持っている。」

アルゼンチンの人々が現行の政府に対する、とりわけカヴァロ経済相に対する抗議デモを行った。群衆がカヴァロのいる建物の周りに結集し、今にも襲撃しかねない状態になったとき、カヴァロは（人々がカヴァロの仮面を被って彼を嘲ることができるようにと仮装品の店で売られている）自分自身の仮面を被って逃げたのである。したがってカヴァロは、少なくとも、アルゼンチンで広く普及したラカン派の運動から何か――ある物が、その物自身の最良の仮面であるという事実――を学んでいたように思われる。このことは、神性の究極的な定義――神もまた自分自身の仮面を被らなければならない――ではないだろうか。おそらく「神」とは、ヌーメナルな〈物〉としての〈絶対者〉と、自分自身の現象としての〈絶対者〉との間の究極の裂け目に付けられた名前であり、両者は同一であるという事実、両者の差異は純粋に形式的であるという事実に付けられた名前である。まさにこの意味で、「神」は究極の矛盾を名指している。〈神〉――絶対的な、表象不可能な〈彼方〉――は、そのようなものとして出現せねばならないのである。この枠組みにそって、スパイク・リーの驚嘆に値する〔作品〕『騙されて*Bamboozled*』にでてくる場面を考えてみよう。そこでは、黒人のアーティストたちがアル・ジョンソンを真似て自分の顔を黒くする。おそらく、黒い仮面を被ることは、彼らが白人であるように見えるための（すなわち、黒い仮面の下の「本当の」顔は白人であるという期待を生み出すための）唯一の戦略である。このラカン的と呼ぶに相応しい騙しにおいて、黒い仮面を被ることは自分が黒人であるという事実を隠蔽するためのものである――したがって、彼らがその仮面を洗い落とすとき、黒い肌の下に黒い肌が露わになることが衝撃的であることは驚くに当たらない。おそらくこの衝撃から身を守るために、とは言え我々は自発的に〔spontaneously〕、仮面の下の彼らの「ほんとうの」顔は彼らの仮面よりもさらに黒いと捉える。彼らが顔を黒くするのは白人文化に同化するための戦略であるという事実を、あたかも証言するかのように……〔10〕。

『めまい』において、スコッティとジュディが（〔スコッティが〕マドレイヌとデートしたときのように、またもアーニーの店で）初めて夜にデートをしたとき、向かい合ってテーブル席に座っているものの、有意義な会話をすることに明らかに失敗している場面を思い出してみよう。不意にスコッティの眼差しはジュディの背後のある点に釘付けになるが、それが同じようなグレーのガウンを羽織った、マドレイヌになんとなく似ている女性であることを我々は見ることになる。スコッティの目線の先が何であるかにジュディが気づくとき、彼女は当然深く傷ついてしまう。ここでの決定的瞬間は、我々が同一のショットにおいてスコッティの目線から二人の女性を見るときである。ジュディはスコッティの近くの右側におり、グレーのガウンの女性は背景の左側にいる。再び我々は、俗悪な現実が、薄っすらと現れた理想と並んでいるのを見るのである。ミッジのショットとカルロッタの肖像画の分裂がここでは二人の異なった人物——すぐそこにいるジュディと、束の間に亡霊のように現れたマドレイヌ——に外在化されている。スコッティはわかっていなかったのだが、実のところ、俗悪なジュディこそが、見知らぬ人々のつ

〔10〕この隙間は夢を現実から隔てる隙間でもありうる。夜中に、自分の胸の上に重たい石や動物が乗っており、そのせいで痛みを感じるという夢を見ているとき、当然この夢は実際に胸の痛みを抱えているという事実を反映している。夢は痛みを説明するための物語をつくりだしている。しかしながら、このトリックは、単に物語をつくりだすことではなく、もっとラディカルなものである。つまり、胸に痛みを感じながら、胸に痛みを感じるという夢を見ているということが起こりえるということである。自分は夢を見ているのだと自覚し、痛みを夢に移すという事実そのもの（「これは現実の痛みではない、単なる夢さ」）には、痛みを和らげる効果があるのだ。

かぬ間の姿のなかから彼が必死に捜し求めていたマドレイヌその人であるというアイロニーもそこに加わっていたのである。スコッティが、自分が見ているのはマドレイヌであるといった考えに惑わされる一瞬は、〈絶対者〉が現象する瞬間である。〈絶対者〉が「それ自体として」現象するのは、まさしく現象の領域においてであり、ある超感覚的な次元が我々の日常的実在のなかで「映現する」現象の崇高な瞬間においてである。プラトンが芸術を「模倣《コピー》の模倣《コピー》」として退け、三つの存在論的な水準（イデア、イデアの物質的模倣《コピー》、イデアの物質的模倣《コピー》の模倣《コピー》）を導入するとき見失われるのは、我々の日常的な物質的実在（第二の水準）をその模倣から隔てる距離のなかにしか〈イデア〉は生じえない、ということである。我々が物質的対象を模倣するとき、我々が実際に模倣するもの、我々の模倣が参照するものは、この特殊な対象そのものでは決してなく、その〈イデア〉なのである。それは第三の実在を生み出す仮面に似ている。この第三の実在とは、仮面の下に隠された顔ではないような仮面をつけた亡霊なのだ。まさにこの意味で（ヘーゲルやラカンの言うように）、〈イデア〉は現象としての現象である。〈イデア〉は実在（第一の水準の模倣／〈イデア〉の模倣）がそれ自身模倣されるとき現象する。それは模倣でありながら、オリジナルそのもの以上のものである。こうした背景においてこそ、我々は人の肖像画が実際の個人そのものよりもその個人のようでありうるという、ヘーゲル『美学』のカフカ的主張を把握するべきである。これが含意するのは、その人自身は決して完全には「それ自身」ではないということ、それはその〈イデア〉とは一致しないということである。プラトンがこのようなうろたえた調子で芸術の脅威に応答したのは驚くに当たらない。ラカンが『セミネールXI〔精神分析の四基本概念〕』で指摘したように、（模倣の模倣としての）芸術は、〈イデア〉の「直接的な」模倣、第一の水準の模倣としての物質的対象に比肩するのではなく、むしろそれは、超感性的な〈イデア〉そのものに比肩するのである。

アガサ・クリスティのある小説〔『百万ドル債権盗難事件』〕のなかで、エルキュール・ポアロは、醜いナースが彼が大西洋横断航海の際に出会った美しい人と同一人物であることに気づく。彼女はただ単にウィッグをかぶり、自分の生来の美しさを隠していたのである。〔シャーロック・ホームズの〕ワトスンのようなポアロの同僚ヘイスティングが残念そうに言う。美しい女性が自分を醜く見せることができるならば、どうしたら同じことが反対方向にもされうるだろうか——欺瞞のほかに、男の心酔の中にはいったい何が残るのだろうか。最愛の女性が信頼できないというこの洞察は、愛の終わりを告げはしないのだろうか、と。ポアロはこう答える。「いや、友よ、それは知恵の始まりを告げるのだ」と。このような懐疑主義、女性の美しさの欺瞞的本質に気づくことが捉え損ねているのは、女性の美しさはそれでもなお絶対的であり、現象する絶対者である、という点である。実質的な現実のレベルにおいて、いかにこの美がはかなく欺瞞的であったとしても、〈美〉の契機において／を通じて拡散するものは、〈絶対者〉である——現象の下に隠されたもののなかよりも現象のなかに、より多くの真理があるのである。そこにこそプラトンの深い洞察がある。つまり、〈イデア〉は諸現象の下にある隠された実在ではない（プラトンは、この隠された実在が永遠に変化し続ける、堕落的で堕落させられた物質のそれであることに充分に気づいていた）。〈イデア〉とは現象というまさにその形式、この形式そのものに他ならない。あるいは、ラカンがプラトンの論点を簡潔に描写しているように、〈超感覚的なもの〉は現象としての現象である。それゆえ、プラトンもキリスト教も、〈知恵〉の形式ではない。それらはともに具体化された〈反‐知恵〉なのである。

つまるところ、芸術を把握するには、恥じることなくプラトンに回帰すべきなのである。プラトンの評判が悪いのは、詩人は都市から追放されるべきとする彼の主張のせいである。私の旧ユーゴスラヴィア崩壊後の経験から判断すると、これはなかなか賢明なアドバイスである。旧ユーゴスラヴィア崩壊後に民族浄化を準備してきたのは、詩人たちの危うい夢であった（ボスニア系セルビア人の指導者ラドヴァン・カラジッチは彼らのうちの一人にすぎない）。もし西側諸国に軍産複合体があるとすれば、旧ユーゴスラヴィアにあったのは、軍詩複合体である。つまり、旧ユーゴスラヴィア崩壊後の紛争は詩的要素と軍事的要素を混ぜ合わせ、爆発させることで引き起こされたのである。したがって、ホロコーストについての詩はいったい何をしているのか、とプラトン的な立場から問うならば、それはホロコーストの「場所なき記述」を提供している。つまりホロコーストの〈イデア〉をもたらしているのだ。

男たちを肉欲の誘惑から守る古いカトリックの戦略を思い起こしてみよう。その戦略とは、官能的な女性の身体を目の前で見たとき、その身体が数十年後にどうなるか、乾いた肌、垂れた胸……を想像せよというものである（あるいは、もっと良いのは、何がその皮膚の下に今すでに潜んでいるのか想像することだ。肉や骨、内分泌液、半分消化された食べ物や排泄物……）。こうした処置は、身体の想像的呪縛を解くべき〈現実界〉への回帰を成就しないどころか、〈現実界〉からの逃避と同義である。〈現実界〉は裸体という魅惑的な現象において自らを告げるのである。つまり、性化された身体の亡霊のような現象と腐敗し嫌悪を催す身体との対立において、〈現実界〉［the Real］であるのは亡霊のような現象のほうであり、腐敗する身体は現実［reality］である。我々が腐敗する身体を頼みにするのは、その快楽の波の中へと我々を投げ入れようと脅かす〈現実界〉の致命的な魅惑を避けるためなのである。

シェイクスピアは『終わり良ければ全て良し』において、現象のこうした二重化についての息をのむほど精巧な洞察を行っている。バートラム伯爵は王の命令で、平民の医師の娘であるヘレナと結婚するように強いられている。しかし彼は、彼女と一緒に住むことも床入りも拒否し、彼女が彼の指から先祖代々伝わる指輪をはずし、彼の子を宿したら、彼女の夫になってもよいと告げる。他方で、バートラムは若くて美しいダイアナを誘惑しようとする。ヘレナとダイアナは、バートラムを正式な妻のもとへ戻すための計画を密かに企てる。ダイアナはバートラムと一夜を過ごす約束をし、真夜中に自分の寝室を訪れるようにと告げる。暗闇の中、二人は指輪を交換し合い、愛を交わす。しかし、バートラムは気づかなかったが、彼が一夜を共にした女性はダイアナではなく、彼の妻ヘレナであった。二人がほどなくして対面したとき、バートラムは結婚を承認するために自分が出した条件がどちらも満たされていることを認めざるをえない。ヘレナは彼の先祖の指輪を外し、彼の子を授かったのだ。では、このベッド・トリックをどう位置づけたらいいのだろうか。第三幕の結末部で、ヘレナ自身がすばらしい説明を与えている。

「今宵、計画通りにやってみましょう。うまくいけば、先方は邪な心を抱いて正しい行為をするわけだし、こちらは正しい心を抱いて邪な行為をするわけでしょ。どちらも罪ではないけれど、罪深い行為であることにはかわりない。ともかく、やってみましょう。」【1】

実際にここにあるのは、「邪な心を抱いた正しい行為」（結婚の成就、夫が妻と寝ることよりも正しいことがあろうか――だがそれにもかかわらず、その心は邪である。なぜなら、バートラムはダイアナと寝ていると思っているのだから）と「正しい心を抱いた邪な行為」（夫と寝たいというヘレナの意図は正しい。だが、彼女は夫を騙し、そのために夫は妻を裏切るつもりで妻と事に及んでいるのだから、その行為は邪である。）の両方である。彼ら〔夫婦〕の情事は「罪ではないけれど、罪深い行為には違いない」。実際に起きたことは結婚の成就〔床入り〕にすぎないのだから、罪ではない。しかし、二人とも意図的に相手を騙しているのだから、罪深い行為である。

ここでの真の問題は、単に「終わり良ければ全て良し」であるのかどうか、最終的な結末（実際には何も悪いことは起きず、結婚した二人は元通りになり、結婚の絆は完全に確かめられた）が邪な策略や意図を帳消しにするかどうか、ではない。問題はよりラディカルである。すなわち、法による支配が、邪な（罪深い）意図や行為によってしか、遂行されえないとしたらどうだろう、という問題である。もし、支配するためには、法が水面下における詐欺や欺瞞の作用に依拠しなければならないとしたら。これもまた、ラカンが *il n' y a pas de rapport sexuel*（性関係は存在しない）という逆説的な命題で言おうとしたことである。女性と一夜をともにしたバートラムの状況はほとんどの夫婦の実態ではないだろうか。誰しも「心の中で浮気をし」、別の相手と寝ているという空想を抱きながら、自分の配偶者とセックスをしている。実際の性関係はこの幻想上の補完物〔代補〕によって支えられなければならないのである。

このような幻想の次元がもっとはっきりする、シェイクスピアの別バージョンのプロットを想像してみることができる。それはユダヤのヤコブの物語の筋に沿ったプロットだ。ヤコブはラケルと恋に落ち、彼女との結婚を望んだが、彼の父親はヤコブをラケルの姉レアと結婚させたがっていた。ヤコブが父親やレアから騙されないように、ラケルはヤコブに、彼が夜のベッドの中で自分だとわかるように〔合図を〕教えた。しかし、情事が迫るにつれて罪悪感を抱くようになったラケルは、姉に何が合図なのかを教えてしまう。レアはラケルに、ヤコブが自分の声だとわかったらどうするのかと尋ねたのだった。そこで二人は、ラケルがベッドの下に横たわり、ヤコブがレアとセックスをしている最中に、ラケルが声を出すことに決めた。そうすれば彼は自分が誤って姉〔レア〕とセックスをしていることに気づかないだろう……［11］。したがって、シェイクスピアにおいても、バートラムとヘレナがセックスをしているベッドの下にダイアナが隠れていて、バートラムが彼女〔ダイアナ〕とセックスをしていないことに気づかないようにしかるべき音を立て、彼女の声が幻想領域の支えとなっている、ということもまた想像がつくのである。

だとすれば、ラカン的な観点から見て、最も根源的な現象とは何だろうか。妻に隠れて浮気をしている男を想像してみよう。彼は愛人と逢っているとき、出張などのふりをしている。しばらくして彼は勇気を出して妻に真実を打ち明ける。自分が出張に出ているとき、彼は愛人と一緒なのだ、と。だが、幸せな結婚の体裁が崩れ落ちた頃、愛人は神経を病み、捨てられた妻への同情から、彼と逢うのを止めてしまう。妻に誤解を与えないために夫は何をすべきであろうか。頻繁に出張に行かなくなったのは夫が自分のもとに戻ってきたからだ、と妻が誤解してしまわないためには、彼はどうしたらいいのだろうか。そう、彼は情事を捏造し、何日も家を空けなければならない。実際にはただ友人の家に泊まっているだ

【1】 Shakespeare (2008), p. 165.『シェイクスピア全集』の第三幕第七場では、「And lawful meaning in a *lawful* act」とあるが、ここで引用されている版の当該箇所では、「And lawful meaning in a *wicked* act」とある（強調引用者）。

［11］ Hasan-Rokem (2000).

けなのに、まだ情事が続いているという誤った印象を抱かせようとするのである。このような偽装こそが最も純粋な現象である。最も純粋な現象が生じるのは、罪を隠蔽するために欺瞞的な覆いをかぶせるときではなく、そこに隠蔽されるべき罪があると騙るときである。まさにこの意味で、ラカンにとって幻想それ自体が見せかけである。見せかけは、もともと〈現実界〉を隠している仮面ではなく、むしろその仮面の裏に隠されているものの幻想である。だから例えば、女性について男性が持つ根本的な幻想とは、女性の誘惑的な現象のことではなく、この魅惑的な現象がある種の測りがたい謎を隠蔽するのだという思い込みのことなのである。

3　フィヒテ的な賭け

現象の地位に関するフィヒテの誤りはどんな哲学的なルーツを持つのだろうか。通常はラディカルな主観的観念論者とされる（イエナ期の）初期フィヒテに戻ろう。フィヒテによれば、我々の実在性については二種類の叙述、つまり「独断論的な叙述」（スピノザ的決定論的唯物論。すなわち、我々は実在性の一部であり、その法則に従っており、他の諸客体と同じ一つの客体である。我々の自由は仮象である）と「観念論的な叙述」（主体は自律的かつ自由であり、絶対的自我として、自発的に実在性を定立する）とが可能である。推論だけでは、その二つのうちのどちらかを決定することはできない。その決定は実践的である。あるいは、フィヒテの有名な格言を引くならば、我々がどちらの哲学を選ぶかは我々がどんな人間であるかにかかっている。

もちろん、フィヒテは熱心に観念論を選択する……。しかし、よく調べれば、これはフィヒテの立場ではないことなどすぐに明らかになる。フィヒテにとって観念論は、唯物論に代わるべき新しい積極的な教えではない。ペーター・プロイスの明快な論述を引用すれば、観念論とは、

理論的理性の自律を認める人々に開かれた知的営為であるにすぎない。観念論の役目は、当時の決定論的なドグマを破壊することである。しかし、仮に観念論自身が今や実在性の理論的理解になろうものなら、それはどう見ても出来の悪いものとなるだろう。人間の生命はもはや単なる自然の出来事とは見なされずに、今や単なる夢と見なされるのである。我々は一方の理解においても人間ではなく、また他方の理解においても同様に人間ではないだろう。一方の理解〔唯物論〕では、私は、生命が出来事として起こる物質的なものであり、他方の理解〔観念論〕において私は、私の生命である夢に関与しない傍観者である。フィヒテはこれら二つがどちらも嘆きの理由になることを理解している。いや、課題は、一方の理論的哲学を他方のそれに置き換えることではなく、哲学から完全に手を引くことである。哲学的理性は自律的なものではなく、実践的理性すなわち意志のなかにその基礎をもっている。〔……〕実在論ではなく観念論を選ぶ、とフィヒテは広く誤解されている。〔……〕(どんな種類であれ) 実在論も、(どんな種類であれ) 観念論も、実在性についての知識、理論的理解を生み出すものではない。両者がその最終的な結論に至るなら、それらは許容できないナンセンスを生むことになる。そしてまさにこのことが、知性は自律的ではないという重要な結論をもたらすのである。知性は、或る人間全体の一部として適切に機能するためには、かの人間の活動と

関係しなければならない。人間は、確かに、実在性について観照し、それを理解しようとしているが、世界の外部の立場から〔そうするの〕ではない。人間は世界の内部に存在し、我々が世界の理解を要求するのは世界の内部の行為者としてである。知性は自律的ではないが、その基礎を我々の行為者性の中に、つまり実践的理性あるいは意志の中に、もっている[12]。

ではどのようにして意志はこの基礎を提供するのだろうか。

〔……〕信仰の行為において、意志は経験という見かけ上の画像展示《ピクチャー・ショー》を諸物や他の人々からなる客観的世界へと変える。〔……〕信仰とは、心の自由な（すなわち、理論的には正当化されない）行為を意味するのであって、この行為によって、我々の行為の可能性や知性使用の可能性の諸条件が我々にとって存在するようになるのである[13]。

したがって、フィヒテの立場は、実在の受動的観察者は決定論を選択し、実在に関与する行為者は観念論を選択するというものではない。説明の理論として見れば、観念論は実践的な関与には結び付かない。むしろ結び付くのは、自分自身の夢の観察者であるという受動的立場である（実在はすでに私によって構成されていて、私は実在をそのようなものとして、すなわち、実体的な独立した実在としてではなく、夢として観察するだけでよい）。結局のところ、唯物論も観念論もどちらも実践的活動を無意味にするか不可能にしてしまう。私が世界に関与し、実践的に能動的であるためには、自分自身を「世界内」存在として受け入れなくてはならない。つまり、私自身がある状況のなかに巻き込まれ、私に抵抗してきたり、私が変えようとしたりする実在的対象と相互に作用しあっていることを受け入れなければならないのである。さらに、私が自由な道徳的主体として活動するために受け入れなくてはならないのは、自分と同様な他の主体の独立した存在であり、私が属しており、自然的決定論から独立した、より高次の精神的秩序の存在である。このことすべてを受け入れるということは、知の問題ではない。それは、信仰の問題でしかありえないのである。したがってフィヒテの要点は、(私自身がその一部である)外的実在の存在は理論的証明の問題ではなく、実践的な必然性であり、実在に介入し、実在と相互作用しあう行為者としての私にとって不可欠な前提であるということである。

皮肉なのは、ここでフィヒテが驚くほどニコライ・ブハーリンに接近しているということである。ブハーリンは頑固な弁証法的唯物論者である。最期に彼は、『哲学的アラベスク』(これは哲学史上もっとも悲劇的な著作の一つであり、彼がルビャンカの刑務所で死刑執行を待っていた一九三七年に書かれた草稿である)において、自分の人生経験の全貌を一貫した哲学的構築物にまとめあげようと試みている。ブハーリンの直面する最も重要な論争は、外的世界の実在に関する唯物論的主張と、彼が「独我論の陰謀」と呼ぶものとの間の論争である。一旦この重要な論争に勝ち、実在世界を信頼して生命を肯定することで幻想の陰湿な牢獄から解放されたならば、我々は自由に息ができるようになり、この最も重要な結果からあらゆる結論を引き出していくだけでよい。ブハーリンは著作の冒頭の章でこのジレンマと対決することになるが、

[12] Fichte (1987), pp. IX-XI.

[13] Ibid., p. XI

その際の謎めいた特徴となるのが、形式と内容の緊張関係である。ブハーリンは、内容の水準では、二つの信仰あるいは二つの根本的な実存的決定をめぐる選択がここで扱われていることを断固として否定している。にもかかわらず、章全体は、健全だが素朴な唯物論者と、「独我論の悪魔」、「狡猾な精神」を示すメフィストフェレスとの対話のように組み立てられている。この狡猾な精神は「鋼鉄の論理という魅惑的な模様のケープで着飾って」おり、舌を出して笑うのである[14]。「アイロニーを込めて口をゆがめながら」、メフィストフェレスは次のような考えで唯物論者を誘惑する。つまり、我々が直接近づくことのできるものはすべて我々の主観的な感覚なのだから、我々の感覚から独立して存在する外的実在への信念へとここから我々が至りうる唯一の道は、信仰による跳躍、つまり「（死を賭した跳躍《サルト・モルターレ》に対する）生を賭した跳躍《サルト・ウィターレ》」[15]によってなのだ、と。要するに、メフィストフェレス、「論理の悪魔」が我々に認めさせようとそそのかしているのは、独立した外的実在は信仰の問題だということ、「神聖なる物質」の存在が弁証法的唯物論の「神学」の根本教義なのだということである。一連の議論（我々が認めざるをえないのは、これが、全く哲学的な関心を引かないというわけではないにしても、前カント的な素朴さがどうしようもないほど目立つということである）の後、ブハーリンはその章をアイロニカルな呼びかけで締めくくる（それでも、この呼びかけはそこに潜む絶望を隠すことはできない）。「黙れ、メフィストフェレスめ、いい加減なことを言うな」[16]（この悪魔祓いにもかかわらず、悪魔は全編で再登場し続ける——第十二章冒頭の一文「かなりの時間が経過してから、アイロニーの悪魔は再び姿を現す」[17]を見よ）。フィヒテの場合のように、外的実在は、信仰の問題、実践的な生を賭した跳躍で理論的な詭弁の行き詰りを打破するという問題なのである。

　この飛躍のうちには「不合理ユエニワレ信ズ」という要素があると気づいている点で、フィヒテはブハーリンよりも首尾一貫している。我々の知識と我々の倫理的実践的な関与との間の不一致は解消不可能であり、両者が完結した「世界観」のうちで一致することは不可能である。したがって、フィヒテがラディカルにしているのは、超越論的自我がその自発性においてフェノメノンとヌーメノンそのものとの間の第三の領野を占めていることをすでに推測していたカントなのである。主体の自由／自発性もまた、単にヌーメナルであるわけではない。とはいえ、もちろん、自由／自発性はフェノメナルな存在者の属性ではなく、したがって誤った現象〔仮象〕――我々が不可知な必然性にすっかり巻き込まれてしまっているというヌーメラルな事実を隠蔽する現象――として棄却されるべきでもない。かといってまた、単にヌーメナルなものというわけでもないのである。「人間の認識能力が人間の実践的使命に対して、知恵ある仕方で適合したつり合いを有していることについて」という『実践理性批判』の謎めいた節において、カントは、仮に我々がヌーメラルな領域、すなわち物自体（Ding an sich）に関わることができるようになったとすれば、何が起こるだろうかという問いに答えようとしている。

道徳的志操はまず傾向性と戦わなければならず、その戦いで何度か敗れた後に次第に心の道徳的な力が獲得されるはずだが、その戦いに代わって、神と永遠性とが、恐るべき威厳をもって絶えず我々の眼前に立ち現れるであろう。〔……〕それゆえ、ほとんどの合法則的行為は恐怖から生じ、わずか

［14］Bukharin (2005), p. 40.
［15］Ibid., p. 41.
［16］Ibid., p. 46.
［17］Ibid., p. 131.

の行為のみが希望から生じ、義務からなされる行為は一つもないということになろう。行為の道徳的価値は――最高の知恵の目には、人格の価値だけでなく世界の価値さえも、行為の道徳的価値にのみ基づくのに――まったく存在しないであろう。それゆえ、人間の振る舞いは、人間の本性が今のままであるとすれば、単なる機械じかけになってしまうだろうし、そこでは繰り人形の芝居のなかのように全てはよく身振りをさせられるだろうが、人物にはいかなる生命も見当たらないであろう[18]。

要するに、我々はヌーメナルな領域に直接接近すると、超越論的自由の中核をなす当の「自発性」を奪われてしまうかもしれない。我々は生命なき自動人形、あるいは今日の用語で言えば、「思考する機械」になってしまうかもしれないのである。この一節の含意は見かけよりもずっとラディカルで逆説的である。もし我々がその不整合を放棄すれば（恐怖と生命なき所作とが両立するなどどうしてありうるだろうか）、その帰結として、フェノメノンの水準においてもヌーメノンの水準においても、我々――人間――は自律性や自由を欠いた「単なる機械」であることになる。つまり、フェノメノンとしては、我々は自由ではなく、自然の一部であり、「単なる機械」であり、完全に因果の連鎖に従っており、因果関係の一部である。他方で、ヌーメノンとしても、我々はまたもや自由ではなく、「単なる機械」に還元されるのである（カントの言う、ヌーメナルな領域を直接的に知る人格というのは、自分の行為が快楽と苦痛の計算によって完全に規定されている功利主義的主体と厳密に一致するのではないだろうか）。我々の自由が存続するのは、フェノメナルなものとヌーメナルなものの狭間の領野においてだけである。したがって、カントは、我々はヌーメナルな水準では自由で自律的な行為者であるということを言うためだけに因果性をフェノメノンの領域に限定したわけではない。〔カントが言おうとしたのは、〕我々が自由であるのは、我々の地平がフェノメナルなものであり続け、ヌーメナルな領域が我々にとって接近不可能であり続ける場合でしかないということなのだ」（カント自身の定式化はミスリーディングである。というのもカントは、超越論的主体とヌーメナルな自我とをしばしば同一視するが、後者のフェーメナルな現象は経験的「人格」である。そのために彼のラディカルな洞察――いかにして超越論的主体は、ヌーメナルなものとフェノメナルなものとの対立を超えた、純粋に形式的構造的な機能であるかについての洞察――を逸してしまうからである）。カントはこの行き詰まりを、信仰に席を譲るために知識を制限しなければならなかったという有名な言明で表現した。同様に、

フィヒテの哲学は、完全な認識的懐疑論、つまり、本来の哲学の放棄に終わることとなり、ある種の似非宗教的な信仰に代わる知恵をさがし求めることとなる。しかしフィヒテはこれを問題とは考えていない。というのも、問題の一切は実践的だからである。つまり、人間に相応しい世界を生み出すこと、そして私が全き永遠のためにありうる人格として、私自身を生み出すことである[19]。

カントとフィヒテが、フェノメナルでもヌーメナルでもないこの自律的・自発的な主体の存在論的な地位を積極的に思考することができない点に、こうした立場の限界がある（これについてはすでに、『存在と

［18］ Kant (1956), pp. 152-153.〔邦訳、三二四―五頁〕

［19］ Fichte (1987), p. XII.

時間』でハイデガーが、伝統的な形而上学は現存在（Dasein）の存在論的な地位を思考することができない、と非難している）。ヘーゲルの解決方法は、認識論的限定を存在論的事実へと置き換えることである。すなわち、我々の知識の空虚は、存在そのものにおける空虚、実在の存在論的な不完全性に対応しているのである。

この置き換えによって、自由とは「概念把握された必然性」であるというヘーゲル的な定義に新たな光を当てることが可能になる。主観的観念論が当然行き着く考えによれば、我々はこのテーゼをひっくり返し、必然性とは（究極的には）概念把握された自由（に他ならないもの）であると理解せざるをえなくなるのだ。カントの超越論的観念論の中心的教義とは、超越論的統覚という主体の「自発的な」（すなわち、根本からして自由な）行為こそが、混乱した感覚の流れを（必然的な法則に従う）「実在性」に変えるというものである。この点は道徳哲学においてより顕著である。カントが道徳〈法則〉は我々の超越論的自由の認識根拠であると主張するとき、文字通り彼は、必然性とは概念把握された自由であると言ってはいないだろうか。つまり、我々が自分の自由を知る（概念把握する）ようになる唯一の方法は、道徳〈法則〉やその必然性という耐え難い圧力があるという事実によってである。この道徳法則の圧力によって我々は感情的《パトローギッシュ》な衝動がもつ強制に抗えと命じられる。「必然性」（我々の生を統制している象徴的な必然性）は、主体の計り知れないほど自由な行為や主体による偶然な決定、つまり、ラカンが「クッションの綴じ目」、「縫い目」と呼ぶ、混乱を新たな秩序へと魔術的に変えてしまうものに依拠しているということが、もっとも一般的な水準で、断定されるべきなのである。必然性という蜘蛛の巣にまだ巻き込まれていないこのような自由が「世界の夜」の深淵なのではないだろうか。

こうした理由から、フィヒテがカントをラディカルにしたことには一貫性があり、単なる主観主義者の奇行ではない〔ということがわかる〕。フィヒテは、主体性のまさに核心にある不気味な偶然性に注目した最初の哲学者であった。つまり、フィヒテの主体は肥大した自我＝全ての実在の絶対的〈起源〉としての自我などではなく、永遠に支配を免れ続ける偶然的な社会状況のなかに投げ込まれ、そこに巻き込まれた有限な主体なのである[20]。障害〔Anstoß〕とは、はじめは空虚なものだった主体が徐々に自己限定・自己規定するきっかけを与える、根本的な衝動であり、それは単なる機械的な外的衝動ではない。障害はまた、もう一つの主体を指し示す。この主体はその自由の深淵において、促し〔Aufforderung〕として機能し、私に自分の自由を限定／特殊化するように強いる。すなわち、抽象的利己的自由から合理的倫理的世界〔universe〕内部の具体的自由への移行を完遂するように強いるのである――おそらく、この間主観的な促しは、単に、二次的に種別化された障害ではなく、その範例となる根源的な事例だろう。そこで、ドイツ語の「Anstoß」には二つの主要な意味があることに留意することが重要となる。一つは、阻止、邪魔、妨害といった我々の努力が際限なく拡張されていくのに抵抗する何ものかという意味がある。そしてもう一つの意味は、起動力や刺激といった我々の活動を誘発する何ものかである。したがって、障害とは、単に、絶対的自我が自分の活動を刺激し、自らの課した妨げを乗り越えることで、自分自身の創造的な力を行使するために、自分に対して定立する妨げのことではない。してみると妨げは、様々な新しい誘惑を思いついてはそれらをうまく抑制することで自分の強さを確証するという、有名な倒錯的修道僧の一人遊びのようなものであることになろう。もしカントの物自体が

［20］ Breazeadale (1995), pp. 87-114を見よ。

フロイト・ラカンの〈物〉に相当するのであるとすれば、障害は、対象a、主体の「のどに引っかかった」根本的にして疎遠な身体、主体を分裂させる欲望の対象・原因により近づくことになる。フィヒテ自身の定義によれば、障害とは同化できない疎遠な身体であり、それによって主体は、空虚な絶対的主体と、非我によって限定された、一定の有限な主体とに分割されるのである。

したがって障害が示しているのは、「衝突」の契機、危険な一撃の契機、絶対的自我の観念性の只中で〈現実界〔the Real〕〉に遭遇する契機である。障害がなければ、つまり還元不可能な事実性や偶然性といった要素との衝突がなければ主体は存在しない。「自我は自分自身の内部で疎遠なものに遭遇すると想定される」。だからここでの論点は「自我そのものの内部に、還元不可能な他者性の領域の現前、絶対的偶然性や理解不可能性の現前」を認めることであり、「〔……〕結局のところ、アンゲルス・シレジウスの薔薇に限らず、あらゆる障害もまたそれが何であれ、なぜという理由なしに現前する」[21]のである。カントのヌーメノンとしての物が我々の感覚を触発するのとはまったく対照的に、障害は外部からやってくるわけではない。それは厳密な意味で外-密〔ex-timate〕であり、主観の中核にある同化できない疎遠な身体である。フィヒテ自身が強調したように、障害をめぐるパラドクスは、障害が「純粋に主観的」であると同時に、自我の活動によっては生み出されないという事実にある。一方で仮にもし障害が「純粋に主観的」ではなく、すでに非我であり、客観性の一部であれば、我々は「独断論」に陥ってしまうだろう。つまり、仮にそうだとすれば、障害は事実上、カントの物自体のぼんやりとした残滓にすぎないことになってしまい、フィヒテが首尾一貫していないことの証左となってしまうだろう（これはよくあるフィヒテ批判である）。他方で、仮にもし障害が単に主観的であるとすれば、障害は主観の虚しい一人遊びの一例を示すものとなり、我々が客観的実在性の水準に到達することなど決してなくなってしまうだろう。要するに、フィヒテは事実上独我論者となってしまうのだ（これも彼の哲学に対するよくある批判である）。きわめて重要なのは、「障害」が「実在性」の構成を引き起こすということである。つまり、純粋な自我が初めからその核において同化できない疎遠な身体を備えているのに対して、主体は形式なき障害という〈現実界〔the Real〕〉から距離をとり、そこに客観性の構造を付与することによって、実在性〔現実 reality〕を構成するのである。ここで際立ってくるのが、フィヒテの障害と、原-自我（Ur-Ich）と対象との関係についてのフロイト・ラカン的図式とのあいだに見られる類似性である。〔フロイト・ラカンにおいても〕この対象は、原-自我のただ中にある疎遠な身体なのであり、これが、原-自我のナルシシズム的な均衡を妨げ、この内的なトゲを徐々に排除し、構成していく長いプロセスを引き起こす。そしてこのプロセスを通じて、「外的な客観的実在性」（として我々が経験するもの）が構成されるのである。

　カントの物自体がフィヒテの障害〔Anstoß〕ではないというのならば、両者の違いは何であろうか。あるいは、言い換えるなら、カントのいったいどこに、フィヒテの障害を予告するものが見出されるのだろうか。カントの物自体を「超越論的対象」と混同してはならない。「超越論的対象」とは（カント自身もいくらか混同していて、ミスリーディングな定式化が見受けられるが）、ヌーメナルなものではなく「無」であり、客観性の、つまり（有限な）主観に抗するものの空虚な地平であり、最小限の抵抗の形式である。つ

〔21〕 Ibid., p. 100.

まり、それはまだ、主観が世界のなかで遭遇する、特定の積極的対象ではない。カントはここで、Dawiderというドイツ語の表現を用いているが、つまりそれは「我々に対立しながらそこにあるもの、我々に抗して存在するもの」である。このDawiderは〈物〉の深淵ではない。それは想像不可能なものの次元を指すわけではない。むしろ反対に、Dawiderとは、客観性への開けの地平であり、その地平のなかで、個別的な諸対象が有限な主観に対して現象するのである。

デヴィッド・フィンチャーの『ファイト・クラブ』(一九九九年)の中盤に、見るに堪えないほど痛々しいシーン、実に気味が悪く、デヴィッド・リンチ的とでも呼べるような場面がある。この場面は映画終盤の驚きの展開へのある種の伏線となっている。主人公は上司を強請って、仕事を辞めた後も給料をもらい続けようとする。そこで、主人公は自分で自分を血塗れになるまで殴り、上司のオフィスの近くに倒れ伏し、警備員がやってくるのを待つことにした。このようにして、上司が主人公に対して抱いている敵意を、当の主人公が、困惑する上司の目の前で、演じたわけである。同様の自己折檻の例は、『二人の男と一人の女*Me, Myself and Irene*』にも見られる。この作品ではジム・キャリーが自分で自分を殴りつけている——もちろん先ほどと違ってこちらの場合は、二重人格の一方の人格が他方の人格を叩くというある種の喜劇的な(しかし痛々しいほどに誇張された)仕方で、自分で自分を殴りつけている。この二つの映画における自己折檻は、主人公の手が、自分自身の生命を獲得して主人公の支配から逃れることで始まる——要するに、手が部分対象へ、あるいはドゥルーズ的にいえば、身体なき器官(器官なき身体の裏面)へと転じるのである。このことが、この二つの映画の主人公が戦っている分身のありようを考える鍵を与えている。この分身、すなわち主人公の〈理想自我〉、ある亡霊的/不可視的な、幻想上の存在物は、主人公にとって単に外的なものなのではない――その効果は主人公の身体そのものの内部に、その器官の一つ（手）の自律化［autonomization］として書き込まれているのだ。それ自身で機能する手とは、主体の欲望の弁証法を無視する欲動である。欲動とは根本的に、死なざる「身体なき器官」の自己主張であり、そこで表されているのは、ラカンのラメラと同じく、性的差異からなる象徴的空間の中で自身を主体化するために主体が喪失せざるをえないものなのである。

これが、分身がこのような不安を引き起こす「カント的な」理由である。つまり、分身とはすなわち、主観がヌーメノンとしてそうであるところのものである対象・〈物〉である。ヴォルフガング・ペーターゼンのスリラー映画『プラスティック・ナイトメア／仮面の情事 *Shattered*』で、トム・ベレンジャーは自動車事故に遭い、なんとか一命をとりとめる。数週間後、彼が病院で目を覚ますと、顔や体は整形手術によって接ぎはぎだらけとなり、自分の素性についての記憶をすっかり失ってしまっていた。――彼は自分が誰なのかを思い出せない。だが、周囲の人々（彼の妻だという女性もいる）は皆、彼を大企業の社長かなにかのように扱っている。次々と不可解な出来事が起きた後に、トムは廃倉庫へと向かう。その倉庫にある石油缶の中に彼の殺した人間の死体が隠されていると告げられたからだ。死体の頭を液体の中から引き上げると、彼は驚いてその場で固まってしまう。その頭は彼自身の頭だったのだ[22]。自分の外部で、自分の分身という姿で自分自身に出会うというこの恐怖こそ、主体の自己同一性をめぐる究

［22］このミステリーは以下のように解決する。トムは彼の妻だと主張する女性の夫ではなく、彼女の愛人である。彼は愛人の夫の車を運転しているときに事故に遭い、なんとか一命をとりとめるが、誰だかわからなくなるほどの重傷を顔に負った。その際、彼女は自分の夫を殺したあと、彼を自分の夫であるとして、夫をモデルに彼の顔を成形しなおす手術を注文したのである。

極の真理である。つまり、主体はその分身のもとで、対象としての自分自身に出会っているのだ。

ジャン・パウル（リヒター）の『巨人』は、フィヒテのロマン主義的なパロディーと呼ぶにふさわしい（それどころか、それはフィヒテの「脱構築」でさえある）作品である。ジャン・パウルが余すところなく明らかにしたように、非我は自我の分身である。つまり、非我とは、自我の実在的な対立物ではなく、自我の受動性として（という見せかけで）能動的に活動する自我の一部なのである（フィヒテの「自我は自我である」はヘーゲル的な無限判断として読まれるべきである。ヘーゲル的な無限判断の「真理」は、対立した二物の一致である〔「自我は非我である」〕）。フィヒテがカントの〔コペルニクス的〕転回の余波にあずかっているのは、まさしく、分身というこの論点においてである。カントの転回がどこまで及んだかについては、文学における分身というテーマについての認識が突如変化したということのうちに、はっきりと見てとることができる。一八世紀末ごろまでは、大抵、分身というテーマでは喜劇的なプロット〔の文学作品〕が作られていた（例えば、そっくりな二人の兄弟が同じ女性を誘惑するといったものである。ゼウスはアンフィトリオンを装ってアンフィトリオンの正妻を誘惑した。そのために、たまたまそのときに帰宅したアンフィトリオンは、寝室から出てきた自分自身と出くわす羽目になったのである）。ところが、カントの転回とちょうど同時期の歴史の一局面において、分身というトピックは、突如、恐怖や不安と結びつくようになる。自分の分身と出会うこと、あるいは分身に付きまとわれ責め立てられることは、究極の恐怖経験であり、主体の同一性の中核を打ち砕くものなのである。

したがって、分身というテーマがもつ、ひとを恐怖させるこの側面は、カント的な主体が純粋な超越論的統覚として生起〔創発〕することと関わっている。すなわち、実在的な対象ではないような、自己意識の実体なき空虚としての主体である。主体が自分の分身というみかけのもとに出会うのは、対象としての主体自身、すなわち、主体自身にとって「不可能な」対象としてある対極的なものである。カント以前の空間の中ではこの出会いはトラウマ的とはならなかった。なぜなら個人は自分を積極的な存在者、世界内部の対象と考えていたからである。――同じことを論ずるもうひとつのやりかたは、私の分身のなかに、私自身である出会われた対象のなかに、ラカンの対象aを置いてみることである。分身がひどく不気味なものとなり、また他の世界内部の諸対象と区別されるのは、単に分身が私に似ているからではない。「私のなかの、私以上のもの」、「私がまさにそれである」ところの当の到達不可能／理解不可能な対象、つまり私の自己経験をめぐる現実〔the reality〕にあって絶えず私に欠けているもの……そうしたものが、件の分身によって肉体を得るからなのである。

『啓蒙の弁証法』の終章をなす断片の一つ、「進歩の代償」のなかで、アドルノとホルクハイマーは、クロロホルムによる麻酔治療に関する、一九世紀のフランスの生理学者ピエール・フローレンスの問題提起を取り上げている。フローレンスの主張によれば、この麻酔薬は記憶に関わる神経組織にしか作用しないということが証明されている。要するに、手術台の上で生きながらにして切り刻まれている間、我々は実にひどい痛みを感じているのに、術後に目が覚めるとそれを覚えていないというのだ……。アドルノとホルクハイマーにとって、これはもちろん、自分自身の内なる自然の抑圧の上に成り立つ〈理性〉の運命の完璧なメタファーである。つまり、主体の身体、主体の内なる自然の一部は痛みを十分感じているのだが、主体はただ、抑圧のためにそれを思い出すことができないだけなのだ。ここにあるのは、自然に対する我々の支配に向けられた、自然からの完全なる復讐である。我々は知らぬ間に、自分自身の最大の犠牲者になっていたのであり、自分自身を生きながらにバラバラにしていたのだ……。これを、自分自身を対象として目撃するという、主体をめぐる完璧な幻想上のシナリオとして解釈することもまた可能ではないだろうか。

4 障害(Anstoß)と事-行(Tat-Handlung)

したがって、要約すれば、障害はラカンの対象 a と形式的に同質のものである。つまり障害は、ひとつの磁界のように、自我の定立活動の焦点であり、この活動がその周囲をめぐる点である。とはいえ、障害は、それ自体としては、全く非実体的である。というのも、障害を創造/措定し、生み出すのは、障害に反応し、障害を処理する当の過程そのものであるからだ。これは、兵役を免れるために精神異常を口実とした徴集兵にまつわる古いジョークのようなものである。その徴集兵の「症候」は、手に入る限りの書類を強迫的に調べ、その挙句、「これじゃない!」と叫ぶことだった。軍の精神科医の診察の際に、彼は同じことをしたため、最終的に精神科医は兵役免除を認める書類を彼に渡したのだった。その徴集兵はその書類に手を伸ばし、よく調べて、「これだ!」と叫んだという。ここでもまた、捜し求めること自体が捜し求めている対象を生み出している。フィヒテの障害をめぐる究極のパラドクスはここにある。つまり、障害とは、反省の循環運動にとって無媒介的に外的なものではなく、むしろその(自己反省の)循環運動そのものによって定立される対象なのである。障害の超越性(絶対的不可入性、表象された通常の対象への還元不可能性）は、障害の絶対的内在性に一致するのである。

では、障害は内在的なのだろうか、それとも超越的なのだろうか。障害は外部から自我を「刺激／妨害」するのだろうか。あるいは、障害は自我自身によって定立される、つまり、まず（観念的に）自己定立する自我の純粋な〈生命〉を得た後に、そうした自我が障害を定立するのだろうか。もし障害が超越的であるのならば、主体は障害によって限定された有限な主体であることになる（カント的な〈物自体〉という形式においてであれ、あるいは（今日ならばこちらのほうがもっとずっと受け入れられやすいだろうが）間主体性という形式、つまり、唯一の真なる〈物〉あるいは倫理的な障害としての、他なる主体という形式においてであれ）。あるいは、もし障害が内在的ならば、そこで得られるのは、克服するために当の障害を定立するという、自我の退屈で倒錯的な論理である……。したがって、唯一の解決法は、自己定立と妨げとの絶対的な同時性／重なりあいである。すなわち、妨げとは自己定立の過程の排泄物としての「拒否」であり、自己定立活動の相対物として、定立されるというよりもむしろ放出され、排泄／分泌されている。この意味で、障害は、定立の超越論的アプリオリであり、自我を際限なき定立へと駆り立てる何か、定立されない唯一の要素である。あるいは、ラカンの「非-〈全体〉」の論理にならってラカン風に言えば、（有限な）自我と非我（対象）は互いに限定しあう一方で、絶対的なレベルでは、自我でないものは何もなく、自我は限定されていない。それゆえ、自我は非-〈全体〉である——障害とは自我を非-〈全体〉にするものである。

シルヴァン・ポルティエはこの重要な論点を明確に定式化している。彼の説明によると、「「限界〔limit〕」を説明しようとするなら、客観的な仕方、あるいはむしろ客観化された仕方で、限界というものを思い浮かべてしまわないように注意すべきである」[23]。標準的な理解では、カントが、我々が感覚を経験するときには我々を触発する外的なXを前提する必要があるということを常に承知していたのに対して、フィヒテは、超越論的独我論の円環を閉じてしまったとされている。しかしこの理解では、フィヒテの議論の要点や、その機微を捉え損なってしまう。つまり、フィヒテが物自体を退けるのは、彼が超越論的主体を無限な〈絶対者〉として立てるからではなく、まさしく、超越論的主体が有限だからなのである——あるいは再度ヴィトゲンシュタインを引用するならば、「我々の生は、我々の視野が限界を持たないのとまさに同じように、終わりを持たない」[24]。すでに述べたように、我々は自分の有限性の内部にいるからこそ、我々はその有限性から降りて、その限定〔limitation〕を知覚することはできないのである。それはまたフィヒテが、超越論的自我は、諸々のヌーメナルな存在者からなる別の外的空間に囲まれた閉じた空間として把握されるべきではないと強調したときに目指していたものである。

同じことは、言表内容の主体と言表行為の主体をめぐるラカンの区別によっても、はっきりと指摘されうる。世界の内で他の存在者たちと並んで存在しながら、私が自分自身を有限な存在として直接的に定立／定義するとき、言表行為の、あるいは私が発話する際の立場のレベルでは、私はすでに自分自身とそれ以外の世界との間の限界を対象化している。つまり私は、そこから実在を観察したり、その中に自分自身を見出したりできるような無限な立場を採用しているのである。逆に、私が自分の有限性を真に主張できる唯一の方法は、自分の世界が無限であることを受け入れることである。なぜなら、自分の世界の内部にいながらにしてその限界を見出すことは私にはできないからである（この点もフィヒテの障害概念をひどく難解なものにしている。つまり、障害とは、表象された実在性の内部にある対象ではなく、実在性の内部で、実在性の外部にあるものの代理を務めているものなのである)。ヴィトゲンシュタインが指摘するように、これは死に関する問題でもある。つまり、死とは、生の内部には位置付けられえない生の限界なのである――そして、イングマール・ベルイマンがその偉大な無神論宣言のなかで明確にしたように、この事実を完全に受け入れられる者だけが真の無神論者なのである。このことを彼はまさに、彼の極めて「宗教的な」映画『第七の封印 *The Seventh Seal*』と関連付けて、次のように展開している。

> 死に対する私の恐れは私の宗教観とかなりの程度で結びついていた。後年、私はちょっとした手術を受けた。そのとき手違いがあって、過剰に麻酔を投与されてしまった。私はあたかも自分が現実から消えてしまったかのように感じた。あの数時間はどこにいってしまったのだろうか。数時間が瞬く間に過ぎ去ってしまったのだ。ふいに私はこれこそがあるがままのありようであることに気づいた。ひとが存在から非-存在へと変化しうるということ――〔かつて〕それは納得しがたいことだった。だが、死に対する絶えざる不安を持った人間にとっては、それは今や〔その不安から〕解放してくれるものとなる。しかし同時に一抹の寂しさがあるかもしれない。人は誰しも自分に言い聞かせている。私の魂がしばしの休息をとり、私の身体から離れていることに慣れてくれれば、新たな経験と出会うのが楽しくなるだろう、と。けれども私は人が誰しもそういうふうになるとは思わない。人はまず存在し、次いで存在しなくなるのだ。このことに私は深い満足を覚える。かつては

〔23〕 Portier (2005), p.30.

〔24〕 Wittgenstein (1961), prop. 6.4311.〔邦訳、一四六頁〕

ひどく得体の知れない、恐ろしいものであった何か、つまり、この世界の彼方に存在すると思われていたものは、存在しないのだ。あらゆるものはこの世界に属している。あらゆるものは我々の内部で存在し、生起するのであり、我々は相互に流入し流出しあっている。すべてこれでいいのだ[25]。

したがって、死への恐れに対するエピクロスの一見平凡な主張（恐れることは何もない。まだ生きているのなら死んでいないのだし、死んだときには何も感じないのだから）は、真理を含んでいる。つまり、死への恐れの源は想像力であり、出来事としての死とは究極の漸進的進化《アナモルフォーシス》なのだ――我々が死に対して恐れを抱くとき、非-出来事、非-存在者（非-存在への我々の移行）は出来事として経験されるのである。

エルネスト・ラクラウは、敵対関係においていかに外的差異が内的差異に一致するかについて、次のように明らかにしている。すなわち、私の周りをとり囲む他の存在から私を分離することによって私の同一性を保証する差異は、同時に私の同一性に切れ目を入れ、ひび割れた、不安定で、切れぎれにするる[26]。この緊張関係は対立する二項の完全な弁証法的同一性にまで高められなくてはならない。同一性の可能性の条件は、同時に、同一性の不可能性の条件であり、自己同一性の肯定はその反対物、どんな同一性も切れぎれにする還元不可能な残余に基づいているのである。

だからフィヒテが次のように主張するのは正しい。つまり、あらゆる同一性の原型は自我＝自我、主体のそれ自身との同一性である――（自己）同一性の形式論理的概念は二次的なものであり、それは自我の自己同一性という超越論的論理学上の概念に根拠づけられなければならないのである。絶対的自我は事実（Tatsache）ではなく事行（Tathandlung）であり、その同一性は純粋かつ一貫して過程的なものであるとフィヒテが強調するとき、それはまさに、主体とは主体が主体になることに失敗した結果だということを意味するのである。つまり、私は自分自身を主体として完全に実現しようとするが、私は（主体になることに）失敗する。この失敗こそが（私がそれであるところの）主体なのである。ただ主体の場合にだけ、失敗と成功はこのように完全に一致し、同一性が自分自身の欠如に根拠づけられたものとして完全に一致する。他のあらゆる場合においては、実体的な同一性の現象が、過程性に先行し、もしくはそれを下支えするのである。そして、実在論的「独断論」に対するフィヒテの批判の要点は、このような自我の純粋な過程性が、あらゆる実体的な存在者に対して超越論的・存在論的優位性をもつということである。つまり、どんな実体的な同一性の現象も、超越論的発生によって、純粋な自我の過程性の「物象化された」結果として説明されなければならない。したがって、自我＝自我から、自我と非我の間の境界画定へと移行するとは、内在的な敵対関係から、対立した二極の同一性を保証する外在的な限定へと移行することである。自己定立する純粋な自我は、単に、定立された非我と、その非我と対立する有限な自我へと自分自身を分割するわけではない。純粋な自我は、自己定立の過程性に内在する緊張関係を解消するために、相互に限定しあう対立項として非我と有限な自我を定立するのである。

主体の限定は外的であると同時に内的であり、主体の外的限界はつねにその内的な限定である――この主張は、もちろん、フィヒテによって「絶対的な超越論的観念論」の根本テーゼへと発展させられる

［25］ Bergman (1995), pp. 240-241.

［26］ Laclau (1995) を見よ。

ことになる。そのテーゼによれば、あらゆる外的限定は内的な自己限定の結果である。カントにはこれを理解することはできない。というのも、カントにとって物自体とは、直接的に、主体によって構成されたフェノメナルな領域の外的限界であり、言い換えれば、ヌーメナルなものをフェノメナルなものから分離する限界とは超越論的主体による自己限定ではなく、超越論的主体にとって外的な限界にすぎないからである。標準的な解釈によれば、超越論的絶対的観念論への移行をフィヒテがしるし付けたとされている。この超越論的絶対的観念論においては、主体性のあらゆる外的限界が、主体の無限な自己媒介／自己限定の契機として繰り入れられ、再び書き込まれることになるのである。しかし、ここで展開されてきたことは、そうした標準的解釈を支持するだろうか。おそらくこのテーゼは、主体のどんな限界も主体による自己限定（に根拠づけられているもの）であるという主張として、外的限定の内的限定との重なりあいと併せて解釈されるべきである。この解釈によって、主体の「自己限定」のアクセントが主語属格から目的語属格へと移ることにも説明がつくだろう。つまり、主体の「自己限定」とは、主体は自分自身の限定のまったき行為者あるいは主人であり、自らの自己媒介の活動のなかに自らの限界を含めるという意味での「自己の限定〔自己が限定すること〕」ではない。そうではなく、それは、自己の外的な限定が主体の同一性そのものを内側から切れぎれにするという意味での「自己の限定〔自己を限定すること〕」である。この点を明確に述べたのは、（再び）ポルティエであった。

それゆえ、自我がまさに「絶対的自我」であるかぎりで、自我ではないところのもの、すなわち、「非我」そのものは、（自我にとって）絶対的な無であり、純粋な無、あるいは、フィヒテ自身が述べるように、ある種の「非‐存在」である。〔……〕したがって、自我とは異なる水準にあるものとして非我をイメージしてしまわないよう気をつけなければならない。定立する自我の「超越論的領野」の外部に真に存在するのは、一切の空間の不在に他ならない。別の言い方をすれば、非‐水準、非我に固有の空虚に他ならないのである〔27〕。

要するに、絶対的自我の（自己）定立の外部には何も存在しないので、非我が生じうる――定立されうる――のはただ、自我が定立されていないということ〔the I' s non-positedness〕の相関物としてのみである。つまり、非我とは自我の非定立〔the non-positedness of the I〕に他ならない。あるいは、日常経験により近い言葉で言いかえるなら、フィヒテの絶対的な自我論理的な視点から見れば、全ての自己定立の活動は自我の活動であり、だから、能動的なものとしての非我、すなわち、自我を能動的に強制したり自我に抵抗したりするような客観的実在性としての非我に自我が出会うとき、自我の定立活動は自我自身の受動性の結果でしかありえない。つまり、非我が能動的であるのは、自我が自分自身を受動的にし、そうすることで非我を自分に働きかけ返させるときだけである。（フィヒテの極めて倫理的・実践的スタンスとの関連でいえば、このことが意味するのは、私が情況の強制に屈しているときはいつでも、私が自分を情況の強制によって規定されるがままにしているのであり――私が外的原因によって規定されるのは、私が自分を外的原因によって規定されるがままにしているかぎりにおいてのみだということである。つまり、私はけっして直接的に外的原因によっ

〔27〕 Portier (2005), pp. 134, 136.

て規定されはしないのであり、外的原因による規定を私が黙認することによって常に媒介されているのである。）フィヒテは、ここにこそカントの物自体の致命的欠陥があると考えた。カント的な〈物〉が自我から独立して存在し、そのようなものとして自我を強制していると考えるならば、その能動性と自我自身の受動性そのものが一致することなどないような非我の能動性を我々は扱っていることになる。だからこそフィヒテは、カント的な〈物〉はまったく思考しがたいものであり、形而上的な独断論の残滓であると考えたのである。ここから主体の有限性という論点が導かれてくる。フィヒテにおいてのみ、有限なものと無限なもののアプリオリな綜合は、定立する自我の有限性なのだ。

自我すなわち「自己内反省の行為」は常に「自我の外部になんらかの絶対的なものを定立しなければならない」が、その間自我は、絶対的なものというこの存在者は「自我とって」しか存在しえないということを、言いかえれば、自我の有限性と自我の直観という様態に相対的にしか存在しえないということを認めているのである〔28〕。

このようにフィヒテは反省哲学の基本的な洞察を要約している。反省哲学については多くの場合批判的な仕方で次のように定式化されている。つまり、主体が自分を、反省において二重化されたり、対立のうちに巻き込まれたりするもの等々として経験するやいなや、主体は直ちに、自分自身の分裂した／媒介された状態を、何らかの前提された〈絶対者〉に関係付けなければならない。そしてこの〈絶対者〉は当の主体にとって接近不可能であり、主体がそこに復帰しようとする基準として設けられている。より常識的な観点から、同様の洞察を行うこともできる。すなわち、我々人間が活動の混乱に陥った際に、我々の活動に方向性や安定性を提供してくれるのは、絶対的な外的参照点を想像する人間の傾向性なのである。フィヒテがここで行っているのは、超越論的現象学のもっとも優れた伝統に連なりながら、この〔反省哲学〕の布置を純粋に内在的に読解することである。決して忘れてはならないのは、まさしく主体が自分の活動の前提として〈絶対者〉を経験する以上、当の〈絶対者〉は実際に当の主体によって定立されているということである。つまり、この〈絶対者〉は「当の主体にとって」のみ存在しうる。以上の内在的な読解から二つの決定的に重要な帰結が導かれる。第一に、無限な〈絶対者〉は有限な主体の前提である。つまり、有限な主体が自らの有限性そのものを経験する地平の内部でしか無限な〈絶対者〉の亡霊は姿を現しえない。第二に、主体を無限な〈絶対者〉から分離する隙間を経験することはもとより実践的な経験であり、主体に絶えざる活動を強いるものである。ザイデルがはっきりと結論づけているように、フィヒテはこの実践的な見解を通じて、新しいラディカルな絶望のための空間を切り拓いた[29]。この絶望は、私は〈理想〉を実現できないという私個人の絶望だけでもなければ、現実は過酷すぎるという絶望だけでもなく、〈理想〉はそれ自体で無効化されているのだという疑念、〈理想〉にはそれに見合う価値がまったくないという疑念なのである。

〔28〕 Ibid., p.54.

〔29〕 Seidol (1993), pp. 116-117.

5　分割と限定

ようやく我々は、フィヒテの全理論体系において「限定」の概念がいかに中心的な役割を担っているかを理解できる。実体的な非我を唯一の真の独立した行為者として定立する独断論的観念論や、唯一の真の実在性はモナド的な精神的実体の実在性であって非我のあらゆる活動は単なる仮象にすぎないとするデカルトあるいはライプニッツ風の「観念論的実在論」とは対照的に、フィヒテにとって自我と非我との関係は相互限定の関係にある。この相互限定は、つねに絶対的自我の内部で定立されるにもかかわらず、重要なのは、この絶対的自我を、実在論的な仕方で「それ自身のうちにあらゆるものを含む」精神的実体としてではなく、抽象的かつ純粋に超越論的・理念的なものとして、自我と非我が互いに限定しあう媒体として、把握することである。この絶対的自我は「(最も高次な) 実在性」であるような絶対的自我ではない。反対に、自我自身が実在性を得ることができるのは、自分を挫折させ、限定する非我の対立する力に実在的に関与することを通じて／においてだけである。――自我の実在性は、その非我との対立の外部、対立する力／挫折させる力のこの衝撃の外部、そうした力とのこの遭遇の外部には存在しないのである (概してこの力には、自分自身の身体の自然な慣性力から自我にのしかかる社会的な制約や制度の圧力に至るまでが含まれており、さらにもうひとつの自我〔他我〕のトラウマ的な現前も含まれていることは言うまでもない。)。自我から非我を奪うことは自我からその実在性を奪うことに等しい。したがって非我は、もともとから、主体が距離をとって観照する抽象的客体〔Objekt〕ではなく、対象〔Gegenstand〕すなわち私に対してそこに立っているものとしての【2】、私の努力に対する妨げとしての客体である。定立という実践的な努力や定立的努力を挫折させる客体に直面する際の主体の受動性は、そのようなものとして、まさに情動的《パセティック》あるいはむしろ病的《パシック》である［30］。あるいは、また別の言い方をすれば、主体が挫かれ／妨げられること、客体を妨げとして経験することがあり得るのは、主体がそれ自体外へと方向付けられ、自らの実践的努力によって外部へと「突き進む」限りにおいてのみなのである。

それゆえ、（絶対的に定立する）自我の内部で、（有限な）自我と非我とが、可分的なものとして定立され、互いを限定しあっている。あるいは、フィヒテの有名な定式にあるように、「自我はその自我の中で可分的な非我を可分的自我に反立させる」。したがって、フィヒテにあてた有名な書簡で、ヤコービがフィヒテの後期『知識学』を「物質なき唯物論」と独特の定式で呼んだのは、ある意味においては正しかったのだ。その内部で自我と非我が互いに限定しあっている絶対的自我の「純粋な意識」は、実際、抽象的な唯物論における物質の観念論版〔概念〕として、自我と非我とに際限なく分割され続ける抽象的（数学的）空間として、機能する。

フィヒテとヘーゲルの近さと同時に前者を後者から遠ざける相違が最もはっきりと見て取れるのは、両者の限定概念の差異においてに他ならない。両者が共有しているのは、いかにして限定と真無限とが

【2】ここでジジェクは、ドイツ語の「対象〔Gegenstand〕」という言葉が、「対してGegen」「立つStand / stehen」という意味を持っていることに依拠している。

［30］Portier (2005), p. 154.

相互に排除しあわないどころか、むしろ逆説的に、同じ布置の二側面であるかという洞察である。ヘーゲルにおいて、真無限と自己限定の重なりあいは自己関係の概念のなかで展開されており、真無限においては自他関係は自己関係と一致する。これは、ヘーゲルにとって生命の最も基本的な構造を定義するものである。すでに指摘したように【3】リン・マーギュリスからフランシスコ・ヴァレラに至るまで、現代の一連の研究者が主張していることだが、ほんとうの問題は、有機体とその環境とがいかに相互作用し結合するかということにあるのではない。むしろまったく反対のこと、つまり、独自の自己同一的な有機体がいかにしてその環境から出現〔創発〕しうるのかということである。いかにして細胞は自分の内と外を分離する薄膜を形成するのだろうか。それゆえ、ほんとうの問題は、有機体がいかにその環境と適合するかということなのではなく、そもそも自分を適合させなければならないような何か、つまりそうした或る独自の存在がおよそ存在するのはいかにしてなのか、ということなのである。

しかしフィヒテにおける無限性と限定の関連はヘーゲルのそれとはまったく異なる。フィヒテの無限性は「行為する無限性」[31]、主体の実践的関与の無限性である。明らかに動物もまた対象／妨げによって挫折させられ得るが、その境遇を厳密な意味で限定された状態として経験することはない。動物は単に自分の限定によって／のなかに拘束されているため、自分の限定を意識していないのである。しかし人間はその境遇そのものを、挫折感を引き起こす限定された状態として経験し、この経験は人間がその境遇を突破しようという無限の努力を続けることで維持される。このようにして、人間の「行為する無限性」は、まさに人間自身の有限性の経験に基づいている。あるいは、少し違った言い方をすれば以下のようになる。動物が単純に／無媒介に限定されている、つまり、動物の限界が動物にとって外的なものであるため、その限界が動物が制約された地平の内部からは不可視である（もし仮に動物が話せたとしても、「私は自分の慎ましく貧しい世界に縛られていて、失っているものに気づかないのです」と言うことはできないだろう）のに対して、人間の限定は、人間の同一性そのものに内側から切れ目を入れ、それを挫折させ、「有限化する」というまさにその意味で「自己限定」なのである。それはあたかも、人間の努力を挫折させる諸々の対象／妨げが、人間の同一性を内側から掘り崩し、人間が——「世界になること」を妨げるだけでなく——自分自身になることもまた妨げるかのようである。このことこそは、いかに「自我は、自我において、可分的非我を可分的自我に反立させる」かについてのフィヒテの根本命題の（しばしば見落とされる）もう一つの側面である。自我と対象／妨げとの間の境界が自我の内部にあるという事実は、自我は自分自身とその客体たる他者とを包括する統一体であるという勝ち誇った帰結を含意するだけでなく、対象／妨げが自我の同一性そのものに切れ目を入れ、自我を有限化／挫折させるという、ずっと不愉快でまさにトラウマ的な帰結をも含意するのである。

　この重要な洞察によって、一部の解釈者がまさしくフィヒテの問題と捉えていることにアプローチできるようになる。その問題とは、自我から、非我へといかにして移行するのかという問題である。つまり自我の反省的な自己運動の外部に一貫性を持つ自体としての非我への移行である。自我の循環的な自己定立は全く地に足をつけられない中空のなかに宙づりにされているのではないだろうか。右で言及したように、他ならぬスタール夫人がすでに、フィヒテが自我の自己定立について説明した後、ぴしゃり

【3】本書一九九—二〇〇頁を参照。

—［31］Portier (2005), p. 158.

とこう言い返していたのではなかったか。「なるほど、絶対的自我というのは自分の髪をつかんで自分を引っ張り上げ、沼に溺れる自分自身を救ったとかいうミュンヒハウゼン男爵のようなものですね」と。ピエール・リヴェ〔32〕は以下のような巧妙な解決を提示した。彼の述べるところでは、自我にとってはある種の外的参照点がなければならず（外的参照点がなければ、自我はただ自分の内部で崩壊してしまうだろう）、だがそれにもかかわらず、この参照点は自我にとって無媒介的に外的なものではありえない（このような外在性を認めることは自我の絶対的な自己定立を妨げるカント的な〈物自体〉への譲歩になってしまうだろう）。それゆえこの行き詰りを突破するための一貫した方法は一つしかない。すなわち、根拠づけられたXが遡及的にX自身の根拠を与えるというミュンヒハウゼンのような不可能なトリックを用いるのではなく、自分自身における反省性の循環運動を、もう一つの自我〔他我〕を参照することによって根拠づけるのである。この方法によって、特異な自我のための外的参照点が得られる。特異な自我は、その参照点を不透明で、入り込むことのできない核として経験するが、それにもかかわらずその参照点は〈自己〉定立という反省的運動にとって疎遠なものではない。というのも、その参照点は、単に、もう一つのそのような〈自己〉定立する円環だからである（このような手続きによって、フィヒテは間主観性のアプリオリな必然性を根拠づけることができる）。

我々はこの明快な解決策の的確な平易さを称賛せずにはいられないのだが、この解決策は、近寄りがたいトラウマ的な〈物〉としての隣人というラカン・フロイト的な概念を彷彿させる。しかしながら、どんなに明快であるとしても、この解決策はうまくいかない。というのもそれは、自我の対象との関係は、超越論的発生の厳密に形式的な意味においては、自我の他者〔他我〕との関係に先立っているという事実を考慮していないからである。原初的〈他者〉、〈物〉としての〈隣人〉は、もうひとりの主体ではない。その前主観的な地位から主体（となるであろうもの）を呼び起こす障害は、（相互的）間主観性の〈他人〔the Other〕〉ではなく、一個の〈他なるもの〔an Other〕〉なのである。

6 有限な絶対者

いまや我々は、フィヒテを極端なドイツ観念論者であり、「最悪な」観念論者であるとして退ける見解は致命的に誤りであることを理解できる。このありがちな見解によれば、ヘーゲルは狂気の契機であり、「絶対知の体系」という夢想だ……。とはいえ、――とこの見解は語り続ける――ヘーゲルは、歴史、政治、文化、美学についての極めて具体的、歴史的、物質的な価値のある洞察ももたらした。それに対しフィヒテは、ヘーゲルの頭のおかしい先行版のようなもので、ただの狂気にすぎないというわけである（バートランド・ラッセルの『西洋哲学史』を見よ）。ラカンでさえもついでの仕方で、独我論のラディカルな立場は賢明な者たちが支持することのない狂気だと述べている……。そして、フィヒテを称賛する人々でさえ、彼の思想には近代的主観性について極端な定式化がなされていると見ている。実際に、フィヒテ

［32］ Livet (1987)を見よ。

をざっと読むだけならそのように見えるのも無理はない。フィヒテは自我＝自我、自我の自己定立から出発し、次に非我へと至り、次に……というように、数学と論証へのばかげた参照によって純粋に抽象的な推論が裏付けを与えられ、奇妙な飛躍と貧相な常識との間を行ったり来たりするからである。

しかし、パラドクスは、カントやシェリングそしてドイツ観念論の全体に見られるように、抽象的思弁に見えるものが我々の最も具体的な経験に関連付けられるやいなや実質的な洞察になる、というところにある。例えば、「絶対的／理念的自己が有限な自己によって定立されるからこそ、非我の反立が出来する」というフィヒテの主張は、有限な主体の具体的な実践的関与についての思弁的な叙述として理解される。つまり、私（有限な主体）が理念的な／到達不可能な実践的目標を「定立する」とき、私の外部の有限な実在は「自己ではないもの〔not-self〕」として、すなわち、私の目標を妨げる、乗り越えられるべき／変容されるべき妨げとして現象する。これが、カントにならってフィヒテの考える「実践理性の優位」である。私が実在を認識する方法は私の実践的投企に依拠している——投企なくして妨げはない。私が自分の周りの実在を認知的に認めるということ、常に、私の実践的投企によって条件づけられ／色付けられている。妨げとは、一人の存在者としての私に対する妨げではなく、投企の実現に取り組む者としての私に対する妨げである。つまり、「健康問題の専門家としての私の理想が命を守ることだとすれば、私は自分の患者のうちに関心を持つべき事柄を認めるようになるだろう。つまり、私は高血圧、高コレステロール値等々の「諸々の事柄」を認め始めるだろう」〔33〕。あるいは、さらにわかりやすい例として挙げられるのは、「もし〔……〕私が、空調の効いたリムジンでスラム街を運転する裕福な資本家なら、地域住民の貧困や苦悩に気付きはしない。私が気付くのは、怠惰ゆえに働こうとしない生活保護をうける人々である、等々」[34] というものである。したがって、サルトルが『存在と無』の有名な一節において以下のように主張するとき、彼は実際にはフィヒテ主義者だったのである。

対自は、自分の置かれている状況がどんなものであるにせよ、この状況を、その逆行率がいかに耐え難いものであれ、それも含めて全面的に引き受けなければならない。〔……〕私こそが、私自身を決定することによって、物の逆行率や、その予見不可能性までをも決定しているのではないだろうか[35]。

「逆行率」という奇妙に響くフレーズはガストン・バシュラールのものである。バシュラールは、フッサールの現象学がノエマ的客観性を超越論的な主観のノエシス的活動によって構成されるものとして把握している点を指摘し、その点においてフッサールの現象学は、主体の占有に抵抗するような対象の惰性〔inertia〕を見逃していると非難した。サルトルは、即自の惰性や実在的なもの〔the real〕の愚鈍さについての〔バシュラールの〕主張へと譲歩しながらも、我々は自分の規定的投企との関連においてしかこの〈現実界〔the Real〕〉の惰性を苦難や妨げとして経験することはないと、フィヒテと同じように指摘している。

[33] Seidel (1993), p. 102.
[34] Ibid., pp. 87-88.
[35] Sartre (1957), p. 327.〔邦訳Ⅲ巻、三一三―四頁〕

私自身の目標や投企を選択する私の自由のなかには、私が目標に至る途中で出会う妨げも選んでいるということが含まれる。この山を登ると決めることによって、私は自分の身体のか弱さやその絶壁の険しさを妨げへと変えたのである。私が椅子に座ってくつろぎながらその山を眺めるだけで満足しているときには、それらの妨げは存在しなかったのだ〔36〕。

フィヒテはどのようにして認識された物を、それを認識する活動に還元するのだろうか。言い換えれば、フィヒテはどのようにして（認識された）物をそれを認識することから生み出そうとしているのだろうか。これについて適切に理解する鍵を与えてくれるのは、以上のような実践の優位だけである。この現象学的立場からすると、対象の即自〔自体〕とは、主体が、その表象の領域内で、単なる仮象的現象と、現象する物がそれ自体であるあり方とを区別することを学ぼうと長々と難儀をした結果なのである。そのため、即自〔自体〕もまた現象のカテゴリーである。つまり、即自〔自体〕とは、それが我々に対して現象する仕方から独立してあるような物の直接性ではなく、現象のもっとも媒介された様態なのである。だが、それはどのようにしてだろうか。

自我は一定量の実在をそれ自身の外部へと移動させ、その活動の一部を非我の内で外在化する。それによってこの非我の内で外在化された活動の部分は「定立されていないものとして定立され」、自我から「独立した」ものとして現象するのである。ここでのフィヒテのパラドクスは、「自我が自分を関係付ける非我を客体化する様々な様態を不可避にするのは、この自我の有限性であって〔……〕自我固有の反省性ではない」[37]というものである。いくらか単純化して述べれば、自分の自己内で完結した客体化の循環に自我が巻き込まれているのは、自我があらゆる存在の無限の根拠であるからではなく、まさしく自我が有限であるからなのである。したがって、重要な点として見逃すべきでないのは、有限性と（外的限定の不在という意味での）無限性とが逆説的に結びついているということである。つまり、あらゆる限定が自己限定でなくてはならないのは、自我が全存在の無限な神的根拠であるからではなく、まさに自我の根源的有限性ゆえになのだ。自我はそれ自体有限なので「自分の肩に乗ることはできない」（あるいは、自分の影を飛び越えることはできない）し、自分自身の外的限定を認識することができない。ポルティエが「有限な絶対知の「円環〔循環〕」[38]について語るのは全くもって正しい。有限性と無限性はもはや対立していない。我々が妨げと出会う（そうして、自分の有限性を否応なしに自覚させられる）ときにこそ、我々は自分自身の内部の無限性を自覚すると同時に、我々の存在の核心につきまとう無限の義務をも自覚するのである。

したがって、「衝撃」の必然性、すなわち、主体の活動性の引き金となるような妨げと出会う必然性をフィヒテは演繹できないというよくある非難は、単純に、彼の以下の論点を捉え損なっている。この「衝撃」は、主体の根源的な有限性ゆえに、「どこでもない場所から」出来せざるをえないのであり、「衝撃」は、定義上それ自体演繹されえない根本的な〈外部〉の介入を表しているのだ（仮に衝撃を演繹することが

［36］ Bernasconi (2006), p. 48.
［37］ Portier (2005), p. 222.
［38］ Ibid., p. 244.

可能であったとしたら、自分自身から自分の内容の全てを生み出すような形而上学的な主体／実体に逆戻りしてしまうだろう)。

フィヒテの天才的発想は、紛れもなく、自分の定言的演繹に不可避の欠如を自分の体系の弱みにするのではなく、最大の強みにしている点にある。つまり、〈必然性〉は実践的な観点からしか演繹されえないという事実は、それ自体、(理論的にも実践的にも) 必然的なのである〔39〕。

まさに、偶然性と必然性、自由と限定のこうした一致においてこそ、ほんとうの意味での「フィヒテの体系の真骨頂」〔40〕がある。それはつまり、非我が自我にもたらすこうした「衝撃」あるいは衝突であり、フィヒテはこれを「不可能なもの」であると同時に「必然的なもの」として叙述するのである。この点において、有限性(〈他なるもの〉によって制約されていること) と自由は、もはや対立しない。なぜなら、妨げとの衝撃的な遭遇を通じてしか、自我が自由になることはないからである。

だからフィヒテによれば、非我ではなく、無限な自我こそが、自分を「有限化」し、(自己) 限定された自我として現象し、絶対的自我と非我に反立した有限な自我とに分割されねばならないのである。これが意味するのは、ポルティエが見事に簡潔に述べたように、「どんな非我〔non-I〕も或る自我にとっての非我〔the non-I of an I〕であるが、どんな自我も或る非我にとっての自我〔the I of a non-I〕ではない」〔41〕ということである。このことはしかし、非我は単に自我にとって内的であり、自我の自己関係の結果である、ということとは違う。ここで我々は正確を期すべきだ。つまり、自我を非我の一部として、客観的実在性の一部として把握したいというありがちな「独断論的」衝動〔temptation〕の向こう側あるいはその先にあるのは、よりトリッキーで、それに劣らず「独断論的な」超越論的実在論そのものへの衝動である。つまり、有限な主体をそのフェノメナルな／経験的な現象として生み出すような、ある種のヌーメナルなメタ〈主体／実体〉へと絶対的自我を実体化することへの衝動である。この場合、真に「実在的な」対象は存在しないことになるだろう。諸々の対象は、究極的には、幻覚の〔phantom〕対象、絶対的自我が循環的に自分自身と戯れるなかで生み出した亡霊ということになってしまうからだ。フィヒテは笑うべき「絶対的観念論」者であるという思い込みを避けようとするなら、この論点はとても重要である。（絶対的自我は、障害を定立してはそれを乗り越え、しかもその間ずっと密かに、家にいるプレイヤー／行為者は自分一人だけであることに気づいているというように、単に自分自身と戯れているだけではない）。絶対的自我は、万物の絶対的な実在根拠／観念根拠ではない。絶対的自我の地位は根本的に観念的であり、唯一の「実在」として実践的に関与する有限な自我にとっての、理念的な前提である（なぜなら、すでに見たように、非我という妨げと出会うことによって自己を限定することを通じてしか、自我は「実在的」にはならないからである）。だからこそ、フィヒテは道徳的観念論者であり、無限な義務の観念論者なのである。自由は、実体として自我と共存するようなものではなく、骨の折れる闘争や、陶冶や自己教育の努力を通じて獲得されなければならないものである。――無限な自我とはそれ自身の無限な生成過程に他ならない。

［39］ Ibid., p. 230.
［40］ bid., p. 238.
［41］ Ibid., p. 253.

こうして、我々は、独我論問題のフィヒテによる解決にたどり着く。実在に関する理論的観察の水準においては、我々は受動的な受け手である。その一方で、実践の水準においては、我々は能動的であり、我々は世界に介入し、世界に自分の企図を課す。独我論の乗り越えが可能なのは理論的な立場からではなく、実践的な立場からである。つまり、「努力なければ、対象なし」[42]である。理論的な自我としての私は、自分自身を孤独なモナドとして、しかも自身の様々な幻想からなる希薄で実質なき網目に巻き込まれたものとして、たやすく想像することができる。しかし、実践に関与するやいなや、私は対象による抵抗と闘争せねばならない。あるいは、フィヒテ自身が述べるように、「信仰がそれによって実在性のなかに身を置くことになる強制とは、道徳的強制である。道徳的強制だけが、自由な存在者にとって可能なものである」[43]。あるいは、ずっと後になってからラカンが述べているように、倫理とは、〈現実界〉の領域、想像的な均衡と象徴的な均衡が乱されている領域である。これが、力学的アンチノミーのカント的な解決をフィヒテが退けることができ、また退けなければならなかった理由である。つまり、もしカントのように、対立した二つのテーゼの各々を異なった水準に単純に割り当てることで（つまり、我々はフェノメナルなものとしては必然性に巻き込まれているが、ヌーメナルなものとしては自由であるとすることで）力学的アンチノミーを解決するならば、まさにフェノメナルな実在こそが、我々が自由を求めて闘争する世界であり、かつ、我々が自由な行為でもって介入する世界である、という事実が不明瞭になってしまう。これはまた、すでに言及した『実践理性批判』におけるカントの行き詰りをフィヒテが回避できた理由でもある。カントは仮に我々がヌーメナルな領域すなわち物自体に接近できるようになるとしたら、我々にはどんなことが起こるのだろうかという問いに回答を与えようと奮闘した結果、我々は自由を奪われた単なる操り人形になるだろうと述べたのだった……。我々がヌーメナルなものとフェノメナルなものの対立に固執するとしたら生じるこうした混乱をフィヒテは払拭してくれる。自我はヌーメナルな実体ではなく、自己定立という純粋な自発性である。だからこそ、自我の自己限定は、我々の道徳的成長を促進するために、(我々の知を限定している)我々の地上の境遇を操作するような超越的な神を必要としない。主体の限定は、全く内在的な仕方で演繹されうるのだ。

解釈者たちが好んで強調するのは、カントとフィヒテの間の根本的な断絶や「パラダイムシフト」である。しかし、フィヒテは主体の有限性に焦点を当てているのだから、フィヒテとシェリングの間にもこれに劣らない根本的な断絶が認められるべきである。シェリングの(若きヘーゲルも共有した)見解によれば、フィヒテの一面的な主観的観念論は客観的観念論によって補完されるべきである。というのも、この二面的なアプローチによってしか、我々は絶対的な〈主体/客体〉の完全なイメージを手にすることができないからである。フィヒテからシェリングに至るこの移行で失われているのは、主体の有限性についてのフィヒテのユニークな立ち位置である(この有限性が、実在に対するフィヒテの基本的な態度を、実践的に関与する態度として規定している。フィヒテ的綜合は、実践的努力すなわち際限なき努力としてしか与えられえないのだ)。フィヒテにおいては、有限なものと無限なものの綜合は、有限な主体の無限な努力において与えられており、絶対的自我それ自身は、「定立的」な実践的で有限な主体の仮-定〔hypo-thesis〕である。それに対して、シェリングにとって、根源的な〔original〕与件は、主体・客体の無差別としての

[42] Ibid., p. 232.
[43] Ibid., p. 224.

〈絶対者〉であり、客体と反立したものとしての主体は、〈絶対者〉からの堕落〔Abfall〕として生起する。だからこそ、シェリングにとって、〈絶対者〉に応答することはもはや自我の実践的努力の問題ではなく、〈絶対者〉の無差別に没入するという美学の問題となり、主体の自己克服に等しくなるのである。いいかえればフィヒテの立場からみると、シェリングは前カント的な「観念論的実在論」に退行している。つまり、シェリングの〈絶対者〉は、ふたたびヌーメナルで絶対的な存在者になっており、一切の有限な／限定された存在者はその結果／堕落なのである。反対に、フィヒテにとって、〈絶対者〉(自己定立する自我)の地位は、徹頭徹尾、超越論的・観念的なものに留まっている。フィヒテの〈絶対者〉は、有限な自我の実践的関与の超越論的条件であり、その仮-定なのであって、決して積極的に与えられるような所与としての最も実在的な存在者〔ens realissimum〕ではないのである。

まさしくフィヒテにとって〈絶対者〉の地位が超越論的・観念的なものにとどまっているからこそ、彼は時間と空間は感性のアプリオリな形式であるというカントの基本的洞察に忠実であり続けたのだった。これによって、有限な／物質的な／感覚的な実在性を、叡智的〔intelligible〕／ヌーメナルな真の宇宙から派生する「混濁した」宇宙と見なす、素朴なプラトン的な考えはみとめられないことになる。――カント(そしてフィヒテに)とって、物質的な実在性は、真のヌーメナルな領域を曖昧にした派生形態ではなく、それ自身で完全に構成された実在性である。つまり、空間と時間は感性のアプリオリな形式であるという事実が意味しているのは、カントが「超越論的図式論」と呼んだものが還元不可能だということである。感性や知性の両秩序／水準は還元不可能なほどに異質であり、純粋理性のカテゴリーそのものから物質的な実在性に関してなにも演繹することはできないのである。

それにもかかわらず、自然の地位に関するフィヒテの立場は、カントの立場をよりラディカルにしたものにとどまっている。もし実在性が初めから自我の実践的活動に対する妨げとして経験されるならば、詰るところ、自然（物質的な諸対象の惰性〔慣性〕）は我々の道徳的活動の素材としてしか存在しないということになり、自然は実践的・目的論的にしか正当化されえず、思弁的に正当化されることはありえないということになる。だからこそ、フィヒテは思弁的な自然哲学のあらゆる試みを退けたのだ。したがって、自然哲学の偉大なる論者シェリングその人が、フィヒテを笑いものにしたのは驚くことではない。もし自然が目的論的にしか正当化されえないのであれば、空気と光は、道徳的諸個人が互いに理解しあい、そうして相互作用することができるためだけに存在するということになってしまうではないか、と……。フィヒテは、このような見解が我々の信憑性の感覚に対して困難をもたらすことに十分気がついており、辛辣な笑いで応酬した。

彼らは私に答えて言う、アプリオリな空気と光。ちょっと考えてもみたまえよ。はっはっは〔……〕さあ、君も一緒に笑いたまえ。ははは――ははは――アプリオリな空気や光。クリームパイ、はっはっは。アプリオリな空気と光。クリームパイ、はっはっは〔……〕。こんな具合で、延々に続くのである[44]。

［44］ Fichte (1971b), pp. 478-479.〔邦訳、一六〇頁〕

この沸き起こる哄笑の奇妙な本性は、この哄笑が哲学者の妙な思弁に対する常識的笑いとは正反対のものだという事実である（常識からくる哄笑の典型的な例としては、哲学者／独我論者に対する悪趣味なジョークが挙げられる。「頭を固い壁にぶつけさせちまえ、そうしたら奴は自分が天涯孤独かどうかすぐにわかるだろうさ、ははは！」というあれだ）。ここで哲学者フィヒテが笑うのは、「空気や光はここでどう見たって、単に我々の道徳的活動を可能にするものであるわけないじゃないか。——我々が行為しようがしまいが、空気や光は端的に現にそこに存在しているではないか……」という常識的な議論である。フィヒテの哄笑は、伝統的な実在論哲学者が抽象的な思弁を反駁する最良の論拠として自明な実在に直接訴えるのに似ているだけに、かえっていっそう奇妙である。キニク学派のディオゲネスが運動の非‐存在についてのエレア学派の証明に直面したとき、彼はただ中指をたて、動かした、と言われている……。別の言い伝えでは、彼はただ立ち上がり、歩き出したという。しかしながら、ヘーゲルによれば、居合わせた弟子の一人が運動は存在するというこの証明について師を称賛したとき、ディオゲネスは彼を殴りつけたという。無媒介な実在は哲学において価値がない、概念的思考のみが証明の役目を果たすのである、と。フィヒテは常識的な実在論の立場（この立場によれば、運動は存在するのであり、そして、空気と光は現にそこに我々の活動から独立して存在する）に立って笑っているのではなく、むしろこの立場を笑っているのである。だが、そうだとすると、フィヒテの笑いは何を意味しうるのだろうか。（重要な記述を脚注に入れたり、補遺に回したりして隠す哲学者によく見られるように）この答えの鍵は括弧の間に挟まれている。ここが、フィヒテが非我についての決定的な説明を加えている箇所である。

〔一般的には、非-自己〔非我〕という概念は、一切の表象されたものを（allem Vorgestellten）捨象することによって成立する一般的概念にすぎないと考えられている。しかしこうした説明の浅薄さは容易に明らかにすることができる。もし私がいやしくも何かを表象しようとするなら、私はこれを表象するもの（表象する自己）に対して反立させなければならない。さて、表象（Vorstellung）の客体の内部には、ある種のXがありうるし、なくてはならないが、このXは自分を表象されるべきものとして開示するのであって、表象するものとしては開示しない。しかし、このXを含みうる一切のものが、表象するものではなく、むしろ表象されるべきものであるということは、私がいかなる対象からも教わることのできないことである。というのも、単に或るものを対象として定立しうるためにさえ、私はすでにそのXを知っていなくてはならないからである。したがって、Xは、あらゆる可能的経験に先立って、始めから、表象するものとしての私自身のうちに存していなければならない――そして、この考察は極めて明白なことであるから、これを把握できず、それゆえに超越論的観念論にまで高まらない人は、間違いなく、精神的盲目に苦しむにちがいない。〕[45]

この論証の論理は、ドイツ観念論に詳しくない人には驚くべきもののように見えるかもしれない。非-〈自己〉のなかに、客体のなかに、主体の諸表象（Vorstellungen）以上の何物かが存在している。その何物かは、諸表象から抽象された一般的で共有可能な性質には還元されず、「自分を、表象するものとして

[45] Seidel (1993), pp. 50-51 に引用されている。

ではなく、表象されるべきものとして開示している」がゆえに、私の諸表象を超え出るこのような剰余が、私のなかに、表象する主体のなかに、存しなくてはならないのである。（すでにカントが、超越論的な綜合について説明する際に、同様の主張を行っている。いかにして我々は、受動的で主観的で混濁した多様な印象から、客観的実在性の一貫した認識へと至るのか。という問いを立て、それは、この主観的な多様性を、再び、超越論的綜合という主体の行為でもって補完することによってである……、とカントは結論付けている）。

したがって、フィヒテの非我はカントが「無限判断」と呼んだものに従って読まれるべきであると強調したザイデルは、全く正しい。カントは否定判断と無限判断の間に以下のような重要な区別を設けた。すなわち、「魂は可死的である〔the soul is mortal〕」という肯定判断は次の二つの方法で否定され得る。主語に対して述語が否定される場合（「魂は可死的ではない〔the soul is not mortal〕」）と、否定の述語が肯定されるとき（「魂は不-死である〔the soul is non-mortal〕」）である。この違いは、スティーヴン・キングの読者なら誰でも知っている違い——「彼は死んでいない〔not dead〕」と「彼は死に損ない〔不-死者〕〔un-dead〕である」——とちょうど同じものである。無限判断は根底にある区別を掘り崩してしまうような第三の領域を開く。つまり、「死に損ない〔不-死者〕」とは生きている者でも死んだ者でもない。まさしく怪物のような「生ける死者〔living dead〕」なのである。そして同じことが「人でなし〔inhuman〕」にも言える。「彼は人間ではない」は「彼は人でなしである」と同じではない。「彼は人間ではない」が意味しているのは、単純に、彼は人間に属していない、動物あるいは神であるということだが、「彼は人でなしである」の意味はそれとはまったく異なっている。つまり、彼は人間でもなければ人間であらざるものでもなく、恐るべき過剰によって特徴づけられているという事実を意味する。この過剰は「人間性」

として理解されているものを否定するのにもかかわらず、人間であることにもともと備わっている。これこそがカントの転回の前後で変化したものであると、あえて仮定してみてもよいだろう。カント以前の世界において、人間は単に動物的な欲や神的な狂気という過剰と戦う人間、理性的存在者だったのに対して、カントとドイツ観念論以降、戦いが挑まれるべき過剰は全くもって内在的なものになり、主体性そのものの核心をなすものになったのである（だからこそ、自身を取り囲む闇と戦う〈理性の光〉という啓蒙主義的な概念とは対照的に、ドイツ観念論では主体性の核心を表すメタファーが〈夜〉や〈世界の夜〉となったのである）。それゆえ、カント以前の世界において、主人公が発狂するとき、それは自分の人間性を奪われ、動物的な感情あるいは神的な狂気に乗っ取られたことを意味するのに対して、カントとともに、狂気は人間存在の核心が抑制されずに爆発することであると考えるようになるのである。まさにこの意味において、フィヒテ的な非-〈自己〉は述語の否定ではなく、否定辞〔非-〕を伴う述語の肯定である。つまりそれは、「これは〈自己〉ではない」〔否定判断〕ではなく、むしろ「これは非-〈自己〉である」〔無限判断〕なのだ。だからこそしばしば、「〈自己〉でないもの〔not-Self〕」ではなくむしろ「非-〈自己〉〔non-Self〕」と英訳したほうがよい場合が多いのである［46］（より正確に言えば、フィヒテの第三〔根本〕命題――〈自己〉と非-〈自己〉の相互限定〔delimitation〕／規定――に至るやいなや、非-〈自己〉は、実際に、〈自己〉でないもの〔*a not-Self*〕、すなわち、或るもの〔something〕になる）。

　フィヒテは定立判断から出発する。すなわち、「自我＝自我」、〈生命〉の純粋な内在性、純粋な〈生成〉、純粋な自己定立、事行〔Tat-Handlung〕、定立されたものと定立するものの完全な一致、から出発するのである。私は私自身を定立する過程を通じてしか存在しないし、私とはこの過程に他ならない。

これは知的直観であり、意識にとっては接近不可能な神秘的な流れである。つまり、あらゆる意識は自分に対立する何かを必要とする。ところで――ここは重要だ――、知的直観の純粋な流れから非我が産みだされることは（まだ）自我による限界づけ〔delimitation〕ではない。それは、存在から無に至るヘーゲル的な移行と同様に、純粋に形式的な転換である。自我も非我もどちらも限定されておらず、絶対的である。では、どのようにして非我〔the non-I〕から自我でないもの〔not-I〕としての対象が導かれるのだろうか。それは障害を通じて、つまり、この外-密な障害を通じてである。障害〔Anstoß〕は（自我を含む）非我でもなく、（外的に自我と反立している）対象でもない。それは（ミレールがその古典的なテキストの中で用いた縫合というラカンの論理を参照すれば）（つまり、限定された対象）でもない。障害は「絶対的な無」でもなく、或るもの（1という数が、1として数えられた0であるのと同様に）或るものとして数えられた無である。フィヒテが強く主張していた形式と内容の区別が、ここでは決定的に重要である。障害は、その内容については無であるが、その形式については（すでに）或るものである。したがって、障害は「或るものの形式における無」である。形式と内容のこのような最小の区別は、すでに、第一根本命題から第二根本命題への移行において機能している。つまり、A＝Aとは純粋な形式、自己同一性の形式的な所作、ある形式のその形式自身との自己同一性である。また、非-〈自己〉とは、純粋な形式と対称をなす反対物、形式なき内容である。この最小レベルでの反省の働きによって、A＝A（自我＝自我）から非-〈自己〉の定立への移行が必然的なものとなる。つまり、このような最小の隔たりが形式と内容との間になければ、絶対的な〈自己〉と絶対的な非-〈自己〉は、単に直接的に、重なりあうことになってしまうだろう。

『純粋理性批判』第二版の序文においてカントは以下のように主張している。「理性の可能的な思弁的認識の一切は単なる経験の対象に制限される。とはいえ十分注意されなくてはならないが、我々は、その対象を物自体として認識することはできないにせよ、その対象を物自体として少なくとも思考することに関しては、留保しておかなければならない。さもなければ我々は、現象が現象する或るものなしで存在しうるという、不条理な結論に陥るだろう」[47]。これはまさにヘーゲル／ラカン的なテーゼではないだろうか。「現象としての現象」であるような〈超感性的なもの〉とは、まさしく、そのなかで何ものも現象しない〔無が現象する〕現象ではないだろうか。あるいは、『精神現象学』の別の箇所でヘーゲルが述べているように、現象というヴェールの向こう側には、主体がそこに据えるものしかないのである[48]。これが〈崇高〉の秘密であり、カントにはまだこの〈崇高〉の秘密に取り組む用意ができていなかった。そして、フィヒテに戻れば、障害Anstoßとはまさにこのような、現象するものなき現象、或るものとして現象する無ではないだろうか。この点で、フィヒテの障害はラカンの対象a、欲望の対象／原因に接近する。それは欠如に積極的な形を与えるもの、空虚のための代理物である。

　数十年前、ラカンがファルスの意味は-1の平方であると述べた時、それを馬鹿にするような反応が起きたが、すでにカントが、理性的存在者としての物自体を「負の数の平方根」[49]になぞらえていた。この喩えがフィヒテの障害にも適用されなければ、私たちが考えることしかできないものと私たちが知

［46］ Ibid., p. 89.
［47］ Kant (2003), B26.
［48］ Hegel (1977), § 165.〔邦訳上巻、一六六―七頁〕
［49］ Freuler (1992), p. 223 に引用された、Kant, unedited reflection from 1785-1788.

ることができるものとの間にカントが設けた区別が活かしきられることはない。我々は障害Anstoßを思考することしかできないのであり、それを特定の〈表象の対象〉として知ることはできないのである。

7　定立された前提

要約すれば、物自体を片付けようとするフィヒテの試みは大変正確な論理に従っており、彼のカント批判の要所に関係するものである。カントが〈物〉を導入したのは、主体が自分の感官を通じて対象を経験するときに当の主体を触発するXとしてであったことを思い出してみよう。〈物〉はまず何よりも感性の触発の源である。したがって、我々が〈物〉を片付けようとする場合に絶対に重要となるのは、いかにして主体は自分を触発しえるのか、いかにして主体は、叡智的な水準においてのみならず（感性の）触発の水準においても、自分を触発し、自分に影響を与えたりすることができるのか、といったことを示すことである――絶対的な主体は、時間における自己触発ができるのでなければならない。

フィヒテにとって、このような自我の「感情的な自己触発〔sentimental auto-affection〕」は全実在の究極的な基礎であり、それによって主体は自分自身の存在や所与的な惰性〔慣性〕的性格を経験し、そうすることで受動的なもの、触発されたものとして自分と関係する（あるいは、むしろ、対自的になる）。とはいえこのことは、全実在が、つまり惰性〔慣性〕的な／抵抗するものとしての他者に関する全経験が、主体の自己経験に還元されうるということではない。むしろ、主体の受動的な自己関係のみが主体を他者性の経験へと開くのだ。

ここで、つまり主体と容体の究極的な綜合としての主体の「感性的自己触発〔sensnal auto-affection〕」という概念の展開において、フィヒテの全努力は頂点に達する。もし「感性的自己触発」が実現可能ならば、もはや主体が超越論的自我の自発性の背後に、主体が「実在的にそうである」ところの不可知な「ヌーメナルなX」を定立する必要はない。あるいは、もし純然たる自己触発があるとすれば、自我は自分を完全に知ることもできる。すなわち、もはや、カントが『純粋理性批判』においてそうしたように、ヌーメナルな「思考する〈私〉、〈彼〉、〈それ〉(物)」が参照される必要はない。また、以上のことから、〈物自体〉の克服というフィヒテにとっての切迫した課題が、彼が主体の自由のなかにその倫理的・実践的関与を根拠づけていたことといかに関連しているのかも理解できるだろう。もし、主体のフェノメナルな(自己)経験が単に不可知のヌーメナルな実体の現象にすぎないのであれば、我々の自由は単に仮象的現象にすぎず、実際に我々は不可知のメカニズムによって自分の行為を統制された操り人形のようなものとなってしまう。すでに指摘したように、カントはこのラディカルな帰結を十分自覚していた。そしておそらく、フィヒテの全仕事は、このようなカントの行き詰りを回避する試みとして読まれることもできるのだ。

しかし、自分を完全に知ることができるようになる主体の能力についての以上の主張は、フィヒテが主体について、その努力を挫折させる対象/妨げに実践的に関与し、それらと闘争することで必然的に有限になるものとして見ていたことと齟齬をきたしはしないか、無限な存在者しか自分自身を完全に知ることができないのではないか、と問う人がいるかもしれない。それに対する答えは次のようなものだ。

フィヒテ的主体とはまさに、有限性と自由という、この二つの性質の逆説的な結合である。なぜなら〔フィヒテにとって〕主体の無限性（主体の倫理的関与という無限の努力）は、それ自体、当の主体の有限な条件の一側面だからである。

ここで再び、主体と客体の、〈自己〉と非-〈自己〉の相互限定というフィヒテの概念が鍵となる。〈自己〉が受動的なものとして定立されなければ、どんな能動性も対象において／対象として定立されることはない。そして、このように〈自己〉を受動的なものとして定立することは、やはり〈自己〉の行為であり、〈自己〉の自己限定なのである。私が対象によって触発される受動的なXであるのは、私が自分自身を受動的な受け手として（能動的に）定立する場合だけである――ザイデルはこのことを「能動性保存の法則」と皮肉をこめて呼んでいる。すなわち、「実在性（能動性）が自己において無効にされるとき、同じ量の実在性（能動性）が非-自己のなかに定立されるようになる。能動性が非-自己のなかに定立されるならば、その反対（受動性）が自己において定立される。つまり、私は、（能動的に）熟していく林檎を（受動的に）見るのである」。しかしながら、「能動性が非-自己において定立されるように、私が私の自己において受動性を（能動的に）定立するという理由」でしかそれは起こりえない。〔……〕非-自己が私の意識に対して作用することを私が（能動的に、すなわち、自由に）許さなければ、非-自己はそうすることができないのである。」〔50〕

カントはすでにこのことをいわゆる「包含テーゼ」において予告していた。それはつまり、諸々の原因が私を触発することを私が許さなければ、それらが私を触発することはない、というものである。だから、「なすべきであるがゆえになしうる」のである。つまり、（「私はそれをしなくてはならないことをわかっているが、できない、それは不可能である……」という言い訳が指し示すような）どんな外的な不可能性も、否認された自己限定に依拠している。〈自我の受動性と厳密に相関関係にあるものとしての非我の能動性〉というフィヒテのこの概念を「能動的」な男性的立場と「受動的」な女性的立場という性的対立に当てはめれば直ちに、男性の堕落を具体化したものとしての女性というオットー・ヴァイニンガーの概念になる。つまり、男性が受動的立場を引き受けなければ、女性が（そこに存在し、男性に働きかけ、男性の倫理的態度を侵害し／揺るがし、男性の道を誤らせるものとして）存在することはない。女性は、文字通り、男性の受動性への退隠の結果であり、したがって、男性が能動的に女性と一戦を交える必要はないのである。女性の実存からその根拠を剥奪するために男性は能動的な位置を引き受けさえすればよい。なぜなら、女性の全存在は男性の非-存在に他ならないからである。

ここでひとつの問いが生じる。「フィヒテは、そもそも自己の量（すなわち、その能動性）が零であり（＝0）うるのか、そもそも自己は完全に静止しうるのか、そもそも自己は完全に受動的でありうるのか、と自問する」のである。フィヒテの答えは、もちろん、否である。「というのも、非-自己が実在性を有するのは、非-自己によって自己が触発されるときだけであるからだ。非-自己が自己を触発しなければ、非-自己がそれ自体実在性を有することはない……。私は自分が見たくないものを見ることはない[51]」。しかしながら、ここでこそ、我々が非-〈自己〉の正確な地位を読む読み方が重要になる。もし我々がカントの無限判断に従って、（「死に損ない〔不-死者〕」が死を包むのと同様に）自己それ自体を包む非-〈自己〉

[50] Seidel (1993), p. 104. —— [51] Ibid.

として、非-〈自己〉の地位を読むならば、自我の構成する／構成的な所作は、客体性を定立するのに先立って、非-〈自己〉の不動化、退隠、自己無化であり、零への自己還元であるはずである。この零が自己自身なのである。このような零への還元が、文字通り、定立／媒介という自我の活動〔能動性〕のための空間を開くのである。

　フィヒテは円環〔循環〕のうちに捉えられている。彼の第一〔根本〕命題は、A＝A、自我＝自我、すなわち、絶対的な自己定立、純粋な実体なき生成、事行、「知的直観」である。次に〔第二〕根本命題が続く。第二根本命題は、A＝非A、自我＝非我、自己は自分と絶対的に反立する非-自己を定立する――それは絶対的矛盾である。次に相互限定〔第三根本命題〕が続く。この相互限定は、二重の形式、つまり実践的形式（〈自己〉は、自己でないものを自己によって限定されたものとして定立する）と理論的形式（自己は自分自身を自己でないものによって限定されたものとして定立する）で、以上の自己矛盾を解決する。――〈自己〉と自己でないものは同じ水準で可分的なのである（フィヒテによるこのような反省的定式化のきめ細やかさに注意しなくてはならない。理論的形式においては、自己は自分自身を限定されたものとして定立するが、自己を限定するものとしての対象を直接的に定立するわけではない。実践的形式においては、自己は対象を自己によって限定された／規定されたものとして定立するが、自己が対象を限定するもの／形式化するものとして自分自身を直接的に定立することはないのである）。曖昧さは次の事実にある。「第一原理の絶対的自己〔絶対的自我〕は或るものではない〔……〕、それは端的に、それがそうであるところのものである」[52]。限界づけによってのみ、

両者は或るものとなる。つまり、自己ではないもの〔非我〕とは自己〔自我〕がそれではないとこ

ろのものであり、逆もまた成り立つ。絶対的自己〔絶対的自我〕に対して反立されるときは（自己ではないもの〔非我〕が絶対的自己〔絶対的自我〕に対して反立されうるのは、それがそれによって表象される限りにおいてのみであり、それが自体的にある限りでにおいてではない。このことはそのうち示されるだろう）、非-自己〔非我〕は端的な無（schlechthin Nichts）である。つまり、限定可能な自己〔自我〕に対して反立されるときには、それは負量なのである［53］。

しかしながら、実践的な立場からすれば、有限な〈自己〉は、〈自己〉と〈自己〉でないものの統一の理念という見かけのもとに、無限な〈自己〉を定立し、そうすることで、非-自己を乗り越えられるべき妨げとして定立する。このようにして我々はいつの間にか円環〔循環〕のなかにいることになる。つまり、〈絶対的自己〉は非-自己を定立し、その限界づけによって自分自身を有限化するのである。しかしながらその円環は閉じている。絶対的な前提それ自体（純粋な自己定立）が、前提されたものとして回帰する。すなわち、定立されたものの前提〔定立されたものによって前もって定立されたもの the presupposition of the posited〕として、そしてこの意味で、定立されたものに依拠するものとして回帰する。このことは非一貫性であるどころか、フィヒテにおける決定的に重要な、思弁的というに相応しい契機である。すなわち、前提それ自体が、自分の生み出す過程によって（遡及的に）定立されているので

［52］ Ibid., p. 64.
［53］ Ibid., pp. 64-65.〔前注と本注ならびに注45の引用箇所において「自己」と訳出されているものは全てフィヒテの原文でIchとなっている。しかしジジェクの引用文では全てselfとなっているため、前後のジジェクの文章との関連に配慮した。なお、「非-自己」と「自己ではないもの」の訳し分けについては、本書三〇五頁を参照。〕

ある。

だからおそらく、フィヒテを主観主義という狂気の頂点として退ける前に、我々は彼にもう一度チャンスを与えるべきなのである。

付録
「なぜ世界は存在しないのか」【1】

マルクス・ガブリエル

非常に多くの物が存在する、いや、それどころか、あまりにも多くの物が存在するのでそのすべてを数え上げてみようなどとは誰も夢にも思わない。このように言えば、皆さんも簡単に納得してくれるでしょう。フランス、ルネッサンス時代の絵画、無限集合論、アンゲラ・メルケル、月のクレーターといったものが存在するだけではありません。まったく存在しない物、もはや存在しない物、まだ存在しない物、つまり過去のものや未来のものも、存在すると言いたくなるかもしれません。あらゆる存在する物は世界のうちで現れます〔ただし〕この講演で示されるように、ここで言う「世界」をいわゆる「宇宙」と同一視してはいけません〕。だから、世界というのはかなり包括的なわけで、厳密にいえば、世界とはすべてを包括するものなのです。世界は、存在するものすべてが現れる領域であり、それゆえ、存在するものはどれも、〔世界において〕他のあらゆる存在するものと連関しあってもいるのです。

【1】 新年度開始記念講演（ボン大学、二〇〇九年十月十九日）

さて、当然のことながら、世界は時間の中で繰り広げられています。例えば、この講演には、一定の時間にわたって実施されるということが含まれています。この大学の式典という枠組みの中で講演は生じています。そして、私が発する言葉、声の抑揚、それから皆さんが私や私の講演内容に抱く期待、こういったものはどれも時間を必要としており、時間は講演という出来事の存在に関わっている〔共に規定している mitbestimmen〕のです。過去、いま私が語ってきたもろもろの言葉――そこには〔たったいま口にした〕「過去」という言葉もさらに含まれていたのですが――もまた、現在行われている講演の存在に属しているのです。

したがって、次のことは明らかでしょう。例えばこの講演がそうであるように、そのいくつかの構成〔要素〕が、すでに存在しなくなっているという形でしか存在しないものがあるのです。してみると、存在しないものが存在するものを規定しているということになります。存在するものの中には、その歴史なくしては理解されえないものがあるのです。いつだって、歴史とは存在しない物の現前です。歴史とは、私たちが過去を振り返って見る際に当てる光のもとでも、決して存在していなかった物の現前なのです。なぜなら、そうした〔過去の〕物が存在した時には、それらの物はいま存在する物を規定できるような物ではなかったからです。いま存在するものは、過去の物が存在していた時には、まだまったく存在していなかったのですから。

一見すると、「世界」を「存在するものの総体」と定義することは、これまで私が述べてきたところからすれば、意味があるように思われるかもしれません。哲学者ルードウィヒ・ヴィトゲンシュタインの有名な『論理哲学論考』は次のような命題から始まります。

「一　世界は成立している事柄の総体である。

一・一　世界は事実の総体であって、ものの総体ではない」〔1〕

ヴィトゲンシュタインは世界を非常に大きな集合、「事実の総体」として定義しています。つまり、世界は、何か或るものについて真なる言明とともに主張されうるものの「総体」であると定義しているわけです。したがって、「ボンはジークブルク〔ボンから十キロほど離れた町〕よりも大きい」ということはヴィトゲンシュタインのいう「世界」に属しています。ボンやジークブルクだけが世界に属しているのではなく、「ボンはジークブルクより大きい」という事実もまた世界に属しているのです。世界とは事実の総体なのであって物の総体ではない、とヴィトゲンシュタインが主張した際に彼が考えていたのはこういうことです。

それゆえ、世界は、互いに力を及ぼしあいながら変形・変化していく物を保管している巨大な容器ではありません。もしそんなものが世界であるとすれば、事実は存在しないことになってしまうでしょう。なぜならば、事実とは物ではなく、私たちが物や、物の連関について主張できる真理こそが事実だからです。例えば、世界は巨大な容器であるという考えも、万が一それが真であるとすれば、巨大な容器の

［1］ Wittgenstein, Ludwig: *Tractatus logico-philosophicus*, Frankfurt am Main 1984.〔ウィトゲンシュタイン『論理哲学論考』野矢茂樹訳（岩波書店、二〇〇三年）十三頁〕

うちに現れる物ではなく、事実ということになるでしょう。

こうして私たちの出発点はすでに複雑なものになってしまいました。講演の冒頭では、私はおおよそ次のように言いました。つまり、世界とは空間と時間における物の巨大な集積であって、そうした物のうちのいくつかは歴史を持つが、その他の物、例えば数学的真理などは、少なくともドイツ連邦共和国と同じように歴史を持つわけではない、と。ところが、ヴィトゲンシュタインを手掛かりにすることで、物だけでなく、事実も、いや、おそらくこういって良いでしょうが、事実こそが世界に属しているということがわかったのです。例えば、空間的な関係やもっと単純な連関といった物の配置もやはり世界に属しており、その意味で、存在しています。現在の月と火星との隔たりは事実なわけですが、それは月や火星のような物ではないのです。

「世界は存在しない」という、困惑を呼びそうな命題を基礎付けるために、哲学的な思索をさらに進めていきたいのですが、その前に、ここまでの私たちの到達点をもう一度まとめておきましょう。

一、世界はすべてを包括する総体であるように見える。

二、すべてを包括する総体における展開の一部では、物が総体のうちで歴史を伴って現れる。

三、すべてを包括する総体は物を包括するだけでなく、事実も、いやむしろ、事実だけを、包括する。

実は、ヴィトゲンシュタインがまだ注意を払わなかったことがあります。つまり、「総体」という表現を世界に適用することは或る操作を前提していて、その操作の結果が一つの集合、つまりすべての事実の集合であるということに、彼は注意を払いませんでした。集合論の学説史に関わる歴史的な理由から、ヴィトゲンシュタインは間違いなく意図的に、そのような表現から距離をとっていたのです。ですが、ここではそうした事情に深入りする必要はないでしょう。

むしろ興味深いのは、存在するもののすべては、その都度、ある対象領域においてのみ存在する、つまり、存在するもののすべては或る対象領域においてのみ現れるということ、そして、対象領域は集合に類似する点がいくつもあるということです。例えば、ボンにはポスト・タワー〔ボンの高層ビル〕が存在すると私が確言する場合には、私は建築という対象領域、あるいは会社という対象領域の観点から物に接しているわけです。原子の集合体あるいは芸術作品として、同一物〔ポスト・タワー〕に接することもできるでしょう。私は同じ物の同一性をまったく違ったやり方で配置することもできます。例えば、かつての〔西ドイツ時代の議員会館である〕ランガー・オイゲン〔ポスト・タワーの横に立つ高層ビル〕とポスト・タワーを一括りにし、一つの物として把握することだってできるでしょう。そもそも、ポスト・タワーとしてそこにある物を把握する際にも、エレベーターからドアノブ、表札、さらには洗面台等々に至るまでの様々な物を一括りにしているのです。いずれにせよ、ポスト・タワーの同一性は、ポスト・タワーがその都度どんな対象領域において現れるか、また、対象領域に入る際の規則がどのように確定されているかということにかかっているのです。ポスト・タワーは天文学や心臓の循環障害のような対象領域に配置されることはできません。なぜならば、ポスト・タワーは惑星でも恒星でもその他の旋回する巨大物体でもなく、また、有機体でもないからです。したがって、物や事実だけでなく、対象領域も存在します。この対象領域が、或るものが何として配置されるかをその都度規定しているのです。

こうして、世界はより一層複雑になってきました。なぜなら、いまや世界は物や事実だけでなく、対象領域までをも包括することがわかったからです。ところで、このことこそが、世界が宇宙と同一ではありえないことの理由になります。「宇宙」は物理学の対象です。けれども、物理学はすべての対象領域を研究したりするのではなく、物理学が学問分野として形成した対象領域を研究するにすぎません。とりわけ、物理学は対象領域の概念一般を研究するのではなく、せいぜい物理学にとって意味があるとされる対象領域の相互連関を研究する程度です。しかし、物理学の対象領域とは異なる、かなり多くの対象領域が存在します。それは、他の諸科学から政治を経て、私たちの日頃共有されている世界が固定されている、状況依存的で極めて複雑な——例えばレストランを訪れたり、電車で旅をしたり、隣人と自然に会話をしたり、といった——対象領域に至るまで様々です。それゆえ、私たちは世界を宇宙と区別しなければなりません。宇宙がかなり大きい対象領域だとしても、それは他の対象領域と並んだ一つの対象領域にすぎないのです。

私たちはすでに、世界が物、事実、そして諸々の対象領域から成り立っていることを知っています。いま問うべきなのは、世界そのものは物や事実あるいは対象領域なのかということ、そして、そのことから、それぞれ何が帰結するのか、ということです。世界が何かから成り立っていると言うことはそもそも可能なのでしょうか?

世界が物ではないことは確かです。というのは、物は、いつもなんらかのあり方をしているからです。物はあれやこれやのあり方をしています。例えば、フォルクスワーゲン社のニュー・ビートル〔車の名前〕もなんらかのあり方をしていて、例えば昔のケーファー〔同じくフォルクスワーゲン社の車の名前〕に似ているわけですが、ニュー・ビートルの方がスポーティーなデザインなので、この商品はアメリカナイズされた名前で宣伝すべきだと考えたわけです。私が今朝飲んだコーヒーもやはりなんらかのあり方――ミルクあり、砂糖なし――をしていました。すべての物は性質を持っています。この性質が物を規定し、物がなんらかのあり方をしているという風になるのです。しかしながら、この性質というものは、原理上常にいくつもの物に属するものであって、物を分類し、その性質が属する物の集合を生み出します。物があれやこれやであると私たちが述べるとき、性質は物について言い表されています。これは、性質が述語として言い表されるということです。述語、「○○は馬である」といった述語は概念であり、そこにはいくつかの物が属することができます。例えば、すべての馬は「○○は馬である」という概念に属するでしょう。哲学者であり数学者でもあったゴットロープ・フレーゲが述べたように、何か或るものが存在すると主張する際の存在〔Existenz〕は、空虚ではないという概念の性質、つまり或るものがその概念に属している、という性質なのです。したがって、馬が存在する、と人が断言する時には、馬については何も興味深いことを言い表しておらず、単に、「○○は馬である」という概念は空集合と同一ではない、ということを主張しているにすぎません[2]。

皆さんを混乱させたくないので今日のところは触れませんが、とある理由から、私は集合ではなく対象領域について論じたいと思います。諸概念はいくつもの対象領域を生み出し、そしてこれらの対象領域において物や事実が現れます。連邦共和国という政治的システムは歴史的に生まれ、制度として実現

[2] この点については、Frege, Gottlob: „Dialog mit Pünjer über Existenz", in: Ders.: *Schriften zur Logik und Sprachphilosophie. Aus dem Nachlaß*, hrsg. von Gottfried Gabriel, Hamburg 2001, 1-22.〔フレーゲ「存在に関するピュンヤーとの対話」中川大訳、『フレーゲ著作集〈2〉算術の基礎』(勁草書房、二〇〇一年)一―二二頁〕を参照。

されたものですが、この政治システムとともに自由で民主主義的な基本秩序という概念は一つの対象領域を生み出します。そしてこの対象領域において、規則が通用し、特定の物や事実が現れ、作り出されるわけです。一つの対象領域のうちで現れるものはすべて存在するのであり、それがその中で現れる対象領域に照らして、あれこれの性質をもつものとして存在するのです。

それでは、世界そのものはどのような概念に属することになるのでしょうか？　他の物もそれに属しうる概念に、世界は属しているのでしょうか？この問いは、どの対象領域において世界は現れるのか、と表現することもできます。世界が何か或る概念に属するのであれば、世界は或る対象領域において現れるでしょう。けれども世界は、あれやこれやであって、他ではないような物ではありません。あれこれに規定された物はすべて、自らを他の諸物から区別する諸々の性質からなる有限な集合を持つことになります。超限集合でさえ、例えば、猫あるいは他の集合から自らを区別する性質をもっています。世界のうちに現れないものは何物も存在しないのですから、世界は〔世界のうちに現れる物の〕すべての性質を持っていることになります。それゆえ、世界は他のものとの区別を可能にするようななんらかの性質さえも持つことがないのです。したがって、世界はなんらかの仕方であらゆるものであるがために、世界は同時に何物でもない〔無 nichts〕ということになり、つまり、他の物と並んだ規定された物ではないということになります。そう、世界は物ではないのです。

それだけではありません。物だけでなく、対象領域も存在しています。つまり、対象領域も世界において現れるのです。こうした事情を背景にして、マルティン・ハイデガーは世界を「全領域の領域」〔3〕と呼び、続けて、これを――ハイデガーに特徴的なシュヴァルツヴァルト風に――「開《あ》け【2】」と名付けました。それによってハイデガーが指摘しようとしたのは、諸々の対象領域の対象領域としての全体は存在者では決してなく、存在する〔existieren〕と言うことのできるものではないということが、古典形而上学の伝統――この伝統は、（例えば、プラトンがパンテロース・オン〔pantelôs on〕、十全な存在者と呼んだ）完全な全体という概念から出発します――には見逃されてきたということです。ハイデガーの指摘は、世界は世界のうちでは現れない、と表現することができるでしょう。

だからこそイマヌエル・カント以降の哲学において、世界は地平であるという比喩――これを私は素朴な世界の物モデルと区別して、世界の地平モデルと呼ぶことにします――が用いられてきたのです。物モデルは、世界をそれ自身物であるような諸物の巨大な容器として表象します。これに対して、地平モデルは、なんらかの特定の数の諸性質を用いて世界を特徴付けるという仕方では、世界を同定することはできないという考察に基づいています。ところが、このことが意味するのは、私たちは世界をまったく同定することができないということなのです。世界は他のものと並ぶ規定されたものではなく、それゆえ、示すこともできません。端的に言えば、世界は対象ではないのです。だから、世界が存在すると言うことはできません。世界は存在しない、あるいは、世界は世界のうちでは現れないのです。

あらゆるものが生じる場所それ自体は生じることがありません。ハイデガーは意図的に不適当な仕方でアレマン語を参照しながら、この場所のことを「会域〔Gegnet〕」、つまり、そこにおいて、あらゆる

〔3〕 Heidegger Martin: *Vorträge und Aufsätze*, 10. Auflage, Stutgart 2004, 270.

【2】原語はLichtungである。この語は「森の中の開けた場所」を意味するためにガブリエルは「シュヴァルツヴァルト風」と言っている。

ものが出会われるけれども、それ自体は出会われることができない領域〔Gegend〕と呼んでいます〔4〕。そこですべてが生じているにもかかわらず、自らは存在しないというこの奇妙な領域、つまりは、世界のことをハイデガーは「性起」とも呼んでいますが、それはすべてが生じているのは、どこにおいてでもないというパラドキシカルな事態を描写するもう一つの言葉を導入しようとしたからでした。したがって、世界は存在するのではなく、性起するのです。世界は端的に性起なのです。そして、私たちは、この性起へと構成的に関与しています。なぜなら、私たちが諸々の対象領域を生み出していて、物は、その中ではじめて、あれこれに規定されたものとして現れることができるからです。

最後にもう一度違う角度からこの思想にアプローチして、それから締めくくりにチクリと批判の棘を埋めこみましょう！　この大講堂には、メゾスコピック〔1nm～1μm の世界〕の次元で観察可能な性質を備えた物も多くの対象として存在しています。これらの対象はどれも、常に、すでに或る一定の光のもとで現れていて、一定の重要性を持っているわけですが、通常私たちはそのことについてとりたてて意識することはありません。私たちはドアを通り抜けて椅子に座り、場合によってはスカートやシャツの位置を直し、そして、なじみの顔を眺めます。〔その時、〕装飾は後景に退き、出来事の前景を一定の仕方で明け渡すのです。たとえ皆さんのうちの幾人かはすでに、早く私の話が終わらないかと密かに思っているとしても――だからといって私は気を悪くすることはありません、そういうことだって学術的な催しに含まれるものなのですから……――私たちはあれやこれやの仕方でこの場面に没頭していたわけです。私がここで主張しようとしているのは次のことです。つまり、性起のあらゆる要素が――いま私たちは総じて新年度開始の式典を行っているのであって、たとえば物理学の実験を行っているのではないというしかたで――一定の光のもとで現象しているということです。この光のもとであらゆるものが現象しているにもかかわらず、光それ自体は現象しません。むしろこの光は、私たちが特定の仕方でこの場面に没頭するように、取り計らっているのです。そしてこの光こそが、世界に他なりません。世界は対象を配列する際の規則を明け渡し、そうすることで私たちが或る何ものかを扱うことをそもそも可能にしてくれるのです。世界によって明け渡されたものだけが存在しています。それに対して、世界そのものは私たちの干渉の届かないところに退いて〔退隠して entziehen〕います。なぜなら、世界そのものがなんであるか、光すなわち〔諸対象の〕配列規則がなんであるかを問う時にはいつでも、この問いはもう一つの地平を再び生み出してしまうにすぎず、同様に、この〔新たな〕地平もそれ自体同様の問いによって再びずらされてしまうからです。世界を世界として考察できるような絶対的な立脚点は存在しません。制限された地平が常に存在するだけであって、その地平のうちで、物があるなんらかの仕方、しかも常に他のあり方が可能であるような仕方で、示されるのです。

それにもかかわらず、世界が存在しないというのは歓迎すべき事態です。あらゆる出来事の究極的な意味、つまり性起が絶え間なく退隠し続けるからこそ、諸対象一般が存在し、私たちは諸対象をあれこれと規定されたものと見なそうとすることに関わることができるのです。もし退隠をしつこく追いまわして、その謎を解こうとするならば、私たちの傲慢に対するいわば罰として、私たちは拠り所を失い、

〔4〕 Heidegger, Martin: *Feldweg-Gespräche(1944/45)*. Frankfurt am Main 1995. 114ff.〔ハイデガー「野の道での会話」麻生建他訳、『ハイデッガー全集第七七巻』（創文社、二〇〇一年）一五三―一五四頁〕そこでは会域〔Gegnet〕はとりわけ「すべての領域を包括した領域〔Gegend aller Gegenden〕」(ebd. 113〔同上、一五二頁〕）に対する名前として導入されている。

一切のものの意味喪失という深淵の中へ落下してしまうでしょう。

ゲーテは次のように何度も強調しました。つまり、人間は「光そのものを見るためではなく、光に照らされている物を見るようにできている!」[5]、と。地平、性起、真なるもの、世界――あるいはいったいそれを何と呼ぼうと――といったものを決して手に入れられないということに私たちが気付かないでいるならば、それ自体は場所をもたない場所を捉えて対象にしようという試みは、悲劇的な結末を迎えるでしょう。存在しないもの、つまり本日私がとりわけ世界として語ってきたものと、存在するものとの間にある隔たりのうちで、私たちの生は営まれているのです。

ところで、こうした考察は重大な意味を持つだけでなく、批判的なものでもあります。本日私が大枠を語った思考の歩みが正しいならば、世界の大多数の哲学科において遺憾ながらも幅を利かせている自然主義というイデオロギーは破綻するのです。「自然主義」というのは、簡単にいえば、最良の自然科学的理論だけが世界を完全に、まったくありのままに把握することができるという想定のことです。それゆえ、世界にどんな意味があるのを知りたければ、例えば詩人などではなく、厳格な科学に頼らねばならない、と自然主義は考えるわけです。しかし世界は対象ではなく、退隠しつつ、私たちを拒む(ありがたい!)ものを捉えようという多元的な試みにおいてのみ現れるのだから、自然主義や、厳格な科学の認識力に対する、しばしば純粋に経済的な利害に動機付けられた信頼――これは自然主義の基礎をなしています――は危険なイデオロギーであることが暴露されることになるでしょう。なぜなら科学だけではなく、詩、贈り物、身振り、夢、あるいは香港の街巡りにおいても世界は現れているからです。それ自体は自然科学の具体的な仕事とは関わりのないものではあるとはいえ、自然主義のイデオロギーがいかに危険なものになりうるかは、最近のあらゆる試みからもわかります。つまり、人間的自由や、制御されないものと関わるという人間の特種性を、脳の電気信号や自己組織する進化論物語にまで落ちぶれさせようとする試みです。文化や歴史、存在しないものにも関わるような諸対象は、常にそうした［自然主義の］試みに反対するものなのです。そこで、この講演をライナー・マリア・リルケの詩の数節で締めくくらせてください。これは私が考えていることを表現してくれると信じています。

われわれはかつて一度も、一日も、
ひらきゆく花々を限りなくひろく迎え取る
純粋な空間に向きあったことがない。われわれが向きあっているのは、いつも世界だ。
決して「否定のないどこでもないところ」――例えば空気のように呼吸され
無限と知られ、それゆえ欲望の対象とはならぬ純粋なもの、
見張りされぬものであったことはない。幼いころ
ひとはときにひそかにそのほとりへ迷いこむ、と手荒に
揺すぶり醒まされる。また、ある人は死ぬときそれになりきっている。
なぜなら死に臨んでひとの見るのはもはや死でなく、

［5］ Goethe, Johann Wolfgang von: *Pandra*, vs. 958, in: ders. *Hamburger Ausgabe*, Bd. 5, 362.［ゲーテ「パンドーラ」片山敏彦訳、『ゲーテ全集第四巻』（人文書院、一九六〇年）三三〇頁］

その眼はずっと遥かを見つめているのだから。おそらくはつぶらな動物の瞳で。
愛の人々も、もしその視線をさえぎる愛の相手がいなければ
それにちかづく、そして驚歎の眼をみはる……
ふとしたあやまちからのようにそれがその人々に開かれるのだ、
愛の相手の背後に……。しかし誰もその相手を
乗り越えて進みはしない。そして閉ざされた世界がふたたびかれらの前に立ちふさがる。
わたしたちはいつも被造の世界に向いていて、
ただそこに自由な世界の反映を見るだけだ、
しかもわたしたち自身の影でうすぐらくなっている反映を。または、物言わぬ動物が
わたしたちを見上げるとき、その眼は静かにわたしたちをつらぬいている。
運命とはこういうことだ、向きあっていること、
それ以外の何物でもない、いつもただ向きあっていること［6］。

［6］ Rilke, Rainer Maria: Duineser Elegien. Die achte Elegie, vs. 14-34, in: Ders.: *Die Gedichte.* Frankfurt am Main/Leipzig 1998, 658f.〔リルケ『ドゥイノの悲歌』手塚富雄訳（岩波書店、二〇一〇年）第八歌、十四—三四行、六四—六五頁〕

訳者解説

本書は、Markus Gabriel, Slavoj Žižek, *Mythology, Madness, and Laughter: Subjectivity in German Idealism*, Continuum, 2009の全訳に、付録として„Warum es die Welt nicht gibt", in: Fohrmann, J. (Hrsg.): *Bonner Chronik für das Akademische Jahr 2008/2009, Akademischer Festvortrag.* Bonn: Druckerei der Universität Bonn, 29-36. の全訳を追加したものである。

著者の一人、マルクス・ガブリエルは、一九八〇年四月六日に旧西ドイツのレーマーゲンで生まれ、二〇〇五年に後期シェリングについての研究で博士号を、二〇〇八年には古代懐疑論研究で教授資格を、それぞれハイデルベルク大学にて取得し、アメリカのニュー・スクール・フォー・ソーシャル・リサーチの助手・准教授を経て二〇〇九年以来現在に至るまでドイツ・ボン大学で教鞭をとっている。ガブリエルの専門はシェリングをはじめとしたドイツ観念論であるが、それに留まらず、彼の関心はプラトン、ピュロンからヴィトゲンシュタインやハイデガー、あるいはメイヤスーらフランス現代思想、英米系の分析哲学に至るまで、西洋哲学の幅広い分野にわたる。とりわけ、主にシェリングと後期ハイデガーの思想に基づいて彼が展開する「新実在論」——その中核となるテーゼが、本書所収の講演タイトルにある「世界は存在しない」(この講演と同名の著作は世界的なベスト・セラーとなった)である——は、本書でも批判的に検討されるクァンタン・メイヤスーの思弁的唯物論(ないし思弁的実在論)と並んで、現代思想の新機軸を提示するものと見なされよう〔1〕。さらにガブリエルは、哲学研究者としてのキャリアに留まらず、人文学のあり方について積極的に発言を行うなど、多方面で目覚ましい活躍をとげている。

他方のスラヴォイ・ジジェクは一九四九年三月二一日に旧ユーゴスラヴィアのリュブリャナに生まれ、一九八一年にリュブリャナ大学で、一九八五年にはパリ第八大学でそれぞれ博士号を取得し、現在はスロヴェニア・リュブリャナ大学教授である。ヘーゲルやシェリング、カントとラカン派精神分析をもとにした多くのジジェクの著作がすでに日本でも紹介・翻訳されており、なじみのある読者も多いと思われる。シェリングを扱った『仮想化しきれない残余』、カントとヘーゲルをもとにイデオロギーを論じた『否定的なもののもとへの滞留』、そしてヘーゲルとフィヒテ読解とラカンを結び付けた近著『無よりも少ない』〔2〕——この書名の枠組みはガブリエルが新実在論を展開するための立脚点としているものでもある〔3〕——など、ジジェクはラカンと並んで、カントやドイツ観念論の現代的意義を積極的に発信しつづけている。

こうした二人の手になる『神話・狂気・哄笑』の特徴を理解するために、まず付録のガブリエルの講演録「なぜ世界は存在しないのか」を見ておきたい。本書がドイツ観念論の議論の細部に立ち入った議論を展開しているのに対し、この講演は一般向けのものという性格から平易に語られているからである。次いでこれをもとに、ガブリエルの執筆の背景にあると思われる現代思想の一潮流、すなわちメイヤスーの議論に簡単に触れつつガブリエルの主張を検討し、最後にジジェクの主張の位置づけとその梗概を示しておくことにする。

ガブリエルの講演の主張の核心は、講演のタイトルに見られるように、「世界は存在しない」という命題にある。この命題は、宇宙（ガブリエルによれば「宇宙」は物理学の対象である）と世界（ハイデガーからガブリエルが継承する「世界」の定義は「全領域の領域」である）を区別した上で、宇宙に関する言明によって世界を把握しようとする自然主義に対する批判として論じられる。

世界を説明しようとする際に我々が用いる契機としてガブリエルが挙げるのは、物、事実、対象領域の三つであるが、第三の契機、つまり「対象領域」が、「世界は存在しない」と主張する上で重要になる。世界のうちに存在する「物」や、それについて述定を行うことで生じる「事実」は、いずれも、説明の対象をそれとして分節化することを可能にする「対象領域」を必要とする。ところが、こうした「対象領域」をそれとして分節化するためには、それを可能にする別の（こうした背進によって成立する新たな境位は「高階的」と呼ばれる）「対象領域」が必要となる。してみると、我々が或るものについて言明を行う時には、その言明の境位である「対象領域」は、その都度その都度高階的な「対象領域」を生み出すことになる。ここで重要なのは、「対象領域」がこのように絶えず高階的に生み出され続ける構造が、言明そのものの性質としてではなく、言明を行う主体を含む世界そのものの構造として理解されている点である（のちに『神話・狂気・哄笑』において論じられるように、ガブリエルとジジェクは、認識ないし言明の主体を含む、あるいはそれを可能にするものとしての存在論の構築を、ドイツ観念論の課題として理解している）。つまり、或るも

［1］ガブリエルの思想家としての略歴ならびにその主張の特徴については、浅沼光樹「解題　マルクスガブリエル「形而上学の根本的問いに対するシェリングの答え　『啓示の哲学初稿』における」を読むために」、『ニュクス』第二号、堀之内出版、二〇一五年を参照。

［2］Slavoj Žižek, *Less than Nothing, Hegel and the shadow of dialectical materialism*, London 2012.

［3］Markus Gabriel, *Warum es die Welt nicht gibt*, Berlin 2013, 21ff.

のについて言明を行う際に我々は常に「対象領域」を必要とし、しかもその際の「対象領域」は常に高階的な「対象領域」にとってかわられ、決して何者かとして言明されることはできないという構造が、世界そのものの「退隠〔Entzug〕」[4]の構造なのである。

それゆえ、「世界は存在しない」というガブリエルの主張は、次のように理解される。「世界」は、いずれかの「対象領域」から特権的にアクセス可能であるような——まさに自然科学の「対象領域」を特権化しようとするのがガブリエルの理解する「自然主義」[5]である——固定した物や「対象領域」ではない。そして「全領域の領域」である「世界」は、常に、特定の言明を行う主体に、その言明を可能にするものとしての「対象領域」を与え、しかもそうする中で自身は背後へ退く。したがって、世界は、主体が言明した途端に主体の把握を逃れることになるため、存在するものとして言明するのは不可能である。これが、世界が存在しない理由である。

それでは、講演のこうした主張と本書『神話・狂気・哄笑』とが連関する点はどこにあるのか。二人の問題設定は、緒論の次の言葉に集約される。すなわち「ドイツ観念論は、単に前批判的形而上学に退行してしまうことなしに、認識論から新しい存在論への移行を成し遂げることを目指したのであった。ドイツ観念論は、いわゆる絶対的なもの（物自体）と相対的なもの（フェノメナルな世界）との隙間を絶対的なものそのもののうちに位置付ける。第一哲学としての認識論の乗り越えに寄与するべくカントからポスト・カント的観念論への移行を理解することこそ、現代のポスト・カント的観念論に課せられた決定的な責務に他ならない。」（本書二〇頁）ここで言われる「認識論から新たな存在論へ」というドイツ観念論のプロジェクトに、講演のガブリエルの主張との連続性を見いだすことができる。主体の言明ないし主体が行う認識をベースにして世界の構造に論及しようという試みは、ガブリエルが世界の「退隠」構造に即して批判したものであった。つまり、世界の存在論的構造を、世界に対する人間の関わりの観点から捉えることだけでは不十分であり、人間がそのように世界に対して関わり、言明を行うこと（人間の主体性）が、そもそも世界のいかなる構造によって可能にされているのか、ということが明らかにされねばならないのである。それゆえ同時に、主体の世界への関わりを無視して、主体なき世界の存在論を展開することもまた不十分であることが注意されねばならない（これは、日本語版へのまえがきにあるメイヤスー批判とも関わる論点である）。つまり、ガブリエルとジジェクは、主体性を度外視した存在論と、存在論の認識論（主体性論）への一面化の双方を克服する「新しい存在論」の可能性を、ドイツ観念論の議論から読み取ろうとしているのである。本書の副題が、あえて「ドイツ観念論における主体性」とされていることとも、これと関連するとみることができるだろう。

本書第一章のガブリエルの論考の特徴を、右で見た講演の視角から見ていこう。本章の特徴を理解するために、まずは、ガブリエルが先述のドイツ観念論の問題設定に内在しながら、現代思想の問題構成

［4］ガブリエルが後期ハイデガーの「退隠」ならびに「性起」概念を、世界をある種の言明に対してのみ特権的にアクセス可能にしてしまうような見方を克服するものとして積極的に評価しているのに対して、メイヤスーは「性起」の概念を相関主義として退けている（*Après la finitude*, p. 23）。これについてはハイデガー研究の蓄積を踏まえた議論の活発化が期待される。ガブリエルの後期ハイデガー理解については以下を参照。Markus Gabriel, „Ist die Kehre ein realistischer Entwurf?," in: D. Espinet, T. Hildebrandt(Hg), *Suchen Entwerfen Stiften: Rändgange zu Heideggers Entwurfsdenken*, München 2014.

［5］なお本書第一章では、同様の文脈で「科学主義」という語が批判的に用いられている。なおガブリエルがヘーゲルとシェリングに基づいて「自然主義」を論じた理解としては、Markus Gabriel, „Die metaphysische Wahrheit des Skeptizismus bei Schelling und Hegel," in: *Internationales Jahrbuch des Deutschen Idealismus*, Bd. 5を参照。

に積極的に踏み込んでいる点を明らかにしておく必要がある。なぜなら、そこではまさに、フランスの哲学者クァンタン・メイヤスーに代表され、日本への紹介も徐々に進みつつある「思弁的唯物論」の問題構制が、ドイツ観念論の議論から捉え返されているからである。

メイヤスーは、主著『有限性の後で——偶然性の必然性についての試論』[6]において、「存在と思考」の「相関」というカント以来の哲学的伝統を批判し、「思考なき存在を思考する」[7]というプロジェクトを展開している。「認識が対象に従うのではなく対象が認識に従う」というカントによるコペルニクス的転回以来、主体と対象との関係は相互に独立したものではなくなり、認識の形式的条件としてのカテゴリーに従ってのみ、対象について語ることが可能になった。換言すれば、思考との相関関係を欠いた仕方で対象について語ることは、前批判的独断論であるとして退けられることになったのである。しかしもちろん、このようにカント以来の哲学を「相関主義」と規定するメイヤスーは、無邪気にカント以前への独断論への還帰を称揚するわけではない。そうではなく、あくまで前批判的独断論に後退することなく、思考に先行する存在、あるいは絶対者を捉えることがメイヤスーの目的なのである[8]。ところで、メイヤスーにとって相関主義が抱える問題は、それが鬼子としての「事実性」を不可避的に生み出してしまう点にある[9]。すなわち、思考と存在との相関のみに依拠し、こうした相関を可能にしているいかなる法則（例として挙げられるのは「根拠律」である）をも退ける限り、思考と存在の相関自体ですら、論証不可能な事実として断言されることとしかできないのだ。こうした論証不可能性こそ、まさに思考の「有限性」を示すものに他ならない[10]。そして、こうした相関主義そのものがもつ「事実性」に着目することで、翻って「絶対者」を再構成し直す点にメイヤスーの特徴がある。つまり、存在と思考との相関に基づく「相関主義」が行き着いた「事実性」が示すのは、相関がそれ自体何者によっても基礎付けられえず、他のものでもありうる可能性を決して排除できないもの、つまり「偶然性」だということ、そして、すべてが偶然であることだけが必然なのだ、ということである。相関主義そのものを内在的に批判することで、「偶然性の必然性」が提示されるのである。ここに、存在者（étant）としての絶対者（存在者としての絶対者は、メイヤスーにとってすべてを絶対化してしまうイデオロギーに他ならない［11］）とは違った絶対者——必然的な存在者は絶対に不可能であるという意味での絶対性——を導き出すメイヤスーの真骨頂がある。

こうしたメイヤスーの議論を陰に陽に意識しながら、ガブリエルの議論が展開されている。第一節のヘーゲルの「反省論」論では——相関主義（批判）というメイヤスーの問題構成こそ明示化されないものの——ヘーゲルのカント批判を継承しつつ、さらにヘーゲル批判が行われる。ガブリエルは、カントにおける認識論と存在論の分離を乗り越えようとするものとして「反省の二重化」を論じたヘーゲルを一方では評価する。つまり、反省の働きは存在者と離れて行われるものではなく、両者を反省という運動において二重化し、それによって存在論の内部で反省を捉え返すことを可能にした点に、ヘーゲルの功績を認めるのである。しかしガブリエルは他方で、ヘーゲルが反省の働きを特権化し、反省を可能にし

［6］Quentin Meillassoux, *Après la finitude. Essai sur la nécessité de la contingence*, Paris 2006.
［7］*Après la finitude*, p. 39.
［8］*Après la finitude*, p. 40.
［9］*Après la finitude*, p. 52.
［10］*Après la finitude*, p. 55.
［11］*Après la finitude*, pp. 46-7.

ていた領域そのものを反省に回収してしまった点を批判する（本書八八頁）――これが、思考との関連でしか存在を思考できないとするメイヤスーの相関主義批判と、反省／思考を可能にしていた存在の、反省への内部化を批判するガブリエルの問題構成の連関の一つである。つまり、反省は、それを可能にする存在を必要とする限りで「有限なもの」であるにもかかわらず、この有限性をヘーゲルは適切に捉えていないというのである。

こうしたヘーゲル批判を経て、第二節でガブリエルが着目するのが、後期シェリングの「思考以前の存在」であり、「神話」概念である。つまり、ヘーゲルが反省、そして概念の必然性のうちに回収してしまったもの――ヘーゲルにおいて反省に回収された存在を、ガブリエルはシェリングを用いて「思考以前の存在」と理解する――を再度捉え返すものとして、シェリングの「神話」が再考されるのである。ここでは、先述の講演で、それ自体は存在しないことによって我々の言明を可能にするものとして論じられていた「世界」が、後期シェリングの「神話」概念によって新たに捉え返されている。とはいえ、「神話」概念によって、ガブリエルは、反省や我々の認識が前もって基礎付けられていたことを示すわけではない。つまり、反省がそうしていたのとは別に新たな確固とした秩序の領域を「神話」のうちに見出そうというのではない。「神話」によって主体の言明を高次の観点から基礎付けを行うのとはまったく反対に、むしろ、まさに我々の反省が偶然性を免れえないことを表現するものそのものとして、「神話」が理解されるのだ。「「神話」の概念は、〔……〕無制限な高階の偶然性という立場を保証することを意図したものである。」（本書一四九頁）

このように、主体ないしはその言明の持つ偶然性を表現するものとしての「神話」という理解によって、メイヤスーの論ずる「偶然性の必然性」をさらにラディカルにするのが、第三節である。相関主義の帰結としての「事実性」から導き出される「偶然性」に依拠して、メイヤスーが「偶然性の必然性」を唱えるにしても、そこで「必然性」が措定される限り、常に高次の基礎付けという誤謬に晒されざるを得ない（本書一六三頁）[12]。ここで、主体の言明を可能にするものではあっても、決してそれを基礎付けるものではないという「神話」の性格が重要になる。つまり、「偶然性の必然性」は、「必然性の偶然性」に反転しなくてはならない。ここに、どこまでも不確定性・偶然性を擁護しようとするシェリングの「神話」論の現代的意義をガブリエルは見て取るのである。

右に見てきたように、ガブリエルの主張の最大の特色は、シェリングの「神話」概念を、ヘーゲルの反省論批判という視角から捉え返しつつ、さらにそれを相関主義批判という現代思想の問題圏に接続する点にある。そしてその際に最も重要であったのが、ヘーゲルの「反省」概念が捉え損ねていた「偶然性」を救い出すことであった。緒論で戯画的に論じられている、括弧つきのドイツ観念論理解——絶対的観念論によって、明晰判明でまったき透明性を備えた知が成立するという——に抵抗して、ガブリエルは件の偶然性、ないし認識論的主体の不透明性・不確実性を暴き出す議論として、ドイツ観念論の議論を継承しているのである。

本書におけるジジェクの主張の位置付けにも触れておきたい。ジジェクは、ガブリエルの理解する

［12］ただし、メイヤスーが「偶然性の必然性」を主張する際に、常に絶対者ないし必然性を「存在者」としてではない仕方で理解しようとしていた点を踏まえれば、このことについては議論の余地があるだろう。まさにメイヤスーが「形而上学（的）」との対において用いる「思弁（的）」という概念の含意はここにあるからである。cf. *Après la finitude*, p. 47.

ヘーゲルとは別のヘーゲル像を提示し、ヘーゲルが論じる主体の構造そのものに潜む不確実性の側面を明らかにしている。ガブリエルが、主体の有限性、偶然性を見落としたかどでヘーゲルを批判したのに対し、ジジェクは、ヘーゲルの『精神哲学』における「狂気」概念を検討することで、ヘーゲルその人が主体の不確実性、不可能性の問題をはっきりと論じていたことを示そうとしている。つまりジジェクは、反省に存在を回収し、主体の有限性／偶然性の問題を捉え損ねてしまう、ガブリエルのヘーゲルとは違ったヘーゲルを見出そうとするのである。

　第二章において、カントの非社交的社交性——他者との共同性を目指す社交性と孤立した自己に留まる非社交性の相克としての文明的人間——との関連でジジェクが読解する『精神哲学』の「狂気」と「習慣」との間では、カントのモデルとは異なる規律訓練《ディシプリン》が生じる。カントにおいて、「習慣」は自由と対立し、したがってそれは自律に基づく主体にとっては自由の妨げとなる。これに対して、ヘーゲルの論ずる「習慣」は「狂気」との関連で捉えられるものであり、むしろ「狂気」を安定させ、自由を可能にする規律訓練《ディシプリン》となるのである。

　このように論じるヘーゲルの論述においてジジェクが「狂気」に着目するのは、「習慣」によって安定させられる「狂気」そのものが、ヘーゲルの描く「自己」の重要な側面に光を当てているからである。ヘーゲルにとって「狂気」とは、「現実の世界からの撤退」によって定義付けられるが、これは、まさに「方法的懐疑」を行うデカルトの「我思う」の構造に他ならない（本書一八四頁）。まさにこうした「狂気」の構造が、ヘーゲルの描く「精神」のもっとも原初のレベル——受容した感覚を、現実の世界に属する他の何ものでもなく、まさにこの自己が受け取ったものとして、自己のうちで一纏めにする過程——において、精神の成立にとって必然的な契機として描かれているのである。つまり、こうしてジジェクが読み取るヘーゲルの主体は、「習慣」――主体の意識的な関与を欠いた機械的なもの（本書一九四頁）――によって、「狂気」を常に安定化させねばならないものなのだ。これこそ、常に不安定な「狂気の可能性」をうちに含み続けるものとしてジジェクが描き出すヘーゲルの主体に他ならない。

第二章でヘーゲルの「狂気」概念を論じることによって、ジジェクは、自身のうちに狂気を可能的に内包し続けるヘーゲルの「自己」の構造を明らかにした。ただ、これが緒論で言う「こけおどし」（本書三三頁）の絶対的観念論像に対する一つのアンチテーゼだとしても、ジジェクにはもう一つ別の課題がある。緒論後半にあるように、件の絶対的観念論者ヘーゲルという像がその威信を喪失したのちにドイツ観念論理解そのものにおいて生じた、ネオ・プラグマティズムによる「デフレ」ドイツ観念論理解の克服がそれである。「本書へのまえがき」でガブリエルが述べているメイヤスー批判が、「主体を無視しているだけ」（本書二〇頁）というものであったとすれば、「デフレ」ドイツ観念論に対してジジェクが行う批判は、「絶対者を無視しているだけ」というものだといえよう。

それゆえ第三章では、「デフレ」ドイツ観念論の「絶対者」観とは違った「絶対者」の提示が課題となる。ジジェクは、その「デフレ化」が問題になっているヘーゲルではなくフィヒテを検討しているが、興味深いのは、「真の革命家は反省した保守」（本書二三五頁）という独特の視角から、フィヒテの主観的観念論の一面性を批判する立場に対する「遡及的反批判」として、フィヒテの議論を再構成している点である。自我の自己定立という自己運動には回収されず、「純粋に「主観的」であると同時に、自我によっては生み出されない」（本書二七〇頁）というフィヒテの「障害」概念を踏まえることで、まずジジェクはフィヒテを「主体性のまさに核心にある不気味な偶然性に光を当てた最初の哲学者」(本書二六九頁)として評価する――これは本書第二章の「主体」に関わる議論の延長線上にある。

本章で重要なのは、この「偶然性」から、主体の「有限性」が明らかにされ、それを乗り越えようとする「無限な努力」との関連で「絶対者」が捉えられている点である。「有限な主体が自分の有限性そのものを経験する地平の内部でしか無限の〈絶対者〉の亡霊は姿を現しえない」(本書二八五頁)。つまり、フィヒテの「絶対者」は、既に出来上がったものではなく、主体が自らの有限性そのもののゆえにそれに向かおうと定立するものである。「絶対者」を既にそこにあるものとみなしてフィヒテを批判する立場(この立場はフィヒテにとって「観念論的実在論」(本書三〇〇頁)と呼ばれる)に対するフィヒテの「哄笑」は、主体の「有限性」そのものとの関係で「絶対者」を論じようとするフィヒテの立場を示すものに他ならない。こうした「絶対者」観に基づいて「存在」についての議論を再構築しようと――この意味でジジェクは、「存在論的コミットメントから解放された」(本書三三頁)、「デフレ化された」のとは違うドイツ観念論の可能性をフィヒテに見出そうとしていると思われる――するフィヒテの可能性が示唆されている。

本訳書は、著作として出版されたものとしてはガブリエルの初の邦訳書である[13]。右では、主にガブリエルのメイヤスーとの対決という観点から、彼がドイツ観念論をどう理解しているかを概観したが、本書を一読すると明らかなように、メイヤスーだけでなくヴィトゲンシュタイン、ハイデガー、レヴィ＝ストロース、ブルーメンベルク、バディウなどなど、非常に多くの思想家とドイツ観念論との接合ないし批判が試みられており、ここにガブリエルの哲学の射程の広さを見て取ることができるだろう。ガブリエルの今後の展開を検討していくとともに、ガブリエルの思想やドイツ観念論研究と、ガブリエルが援用する多くの思想家の研究との間での議論が活発化することが期待される。加えて、批評理論における人気とは反対に、哲学においては必ずしも十分に顧みられていないように思われるジジェクの主張に対して、ドイツ観念論研究の側からの応答も期待されよう[14]。

[13] ガブリエルはすでに二〇一三年に来日したことがあり、その際の講演原稿はすでに日本語で読むことができる。中島新訳「シェリング『世界年代』における時間哲学」、『国際哲学研究別冊五号　哲学と宗教―シェリングWeltalterを基盤として』、東洋大学国際哲学研究センター、二〇一四年一〇月。

[14] 第三章の結論は「フィヒテにチャンスを与える」(本書三一四頁)というものであるのに対して、ジジェクは近著において本書の議論を継承しながらさらなる理論的展開を試みている。cf. *Less than Nothing*, pp. 171-189. なお同書でジジェクはドイツ観念論の立場からメイヤスーの思弁的唯物論を検討している。cf. ibid., pp. 625-647.

あとがき

今回「nyx《ニュクス》叢書」の第一号を飾ることになった本書の内容については、訳者の一人である岡崎龍氏が執筆した詳細な解説を参照していただくとして、このあとがきでは改めて本書の意義について簡単に述べておきたい。

本書の最大の意義は、何よりも現在ドイツで注目を集めている気鋭の哲学者マルクス・ガブリエルの著書の最初の翻訳書籍であるということであろう。本書には、二十代（執筆当時）とは思えぬ驚くべき読書量に裏打ちされた、ガブリエルのきわめてオリジナルかつ明快なドイツ観念論の歴史の再構築が記録されているだけでなく、二〇一三年に出版されドイツではベストセラーとなっている『なぜ世界は存在しないのか』(*Warum es die Welt nicht gibt* (Berlin: Ullstein, 2013)) につながる重要な洞察を数多く見いだすことができる。さらに、メイヤスーとの対峙、ラディカル・デモクラシー論、科学主義批判といった、いわゆる「ドイツ観念論」との関連で論じられることの少ない現代的な問題への示唆を含んだ、若さ溢れる野心的な論文であり、ガブリエルの思想が単なる「流行りもの」ではないということが、一読していただければ十分に理解していただけると思う。

ジジェクについては紹介するまでもないだろうが、現在影響力のある哲学者の中で唯一といってよいほど、ドイツ観念論についての深い見識を持ち、かつその現代的意義を語ることのできる哲学者である。本書では、ヘーゲルの人間学とフィヒテの自我論に取り組んでいるが、主体や自我の受動性に着目するその議論は、ガブリエルのドイツ観念論解釈と共鳴し合っている。

かつてはディーター・ヘンリッヒ、マンフレート・フランク、ヴァルター・イェシュケなどのドイツ観念論の論文や著作が毎年数多く刊行され、日本でも多くのドイツ観念論関連の専門書が続々と翻訳された時代があった。しかしながら、近年では一時代を築き上げた研究者たちが大学を退官するようになっているだけでなく、ドイツでもドイツ観念論関連のポストは、違った専門分野によって置き換えられてしまい、その数は減少し続けている。その結果、ブラジルや中国で職を見つけようとするドイツ人研究者も少なくないような状況になりつつある。フランクが『ツァイト紙』(二〇十五年九月二十四日付)で、「ヘーゲルはもはやここには住んでいない Hegel wohnt hier nicht mehr」というタイトルの文章を寄稿し、ドイツの知的現状を嘆いているが、その内容はなんら誇張ではない。

そうした状況で、ガブリエルのような新世代の研究者が登場したことは、明るいニュースであろう。早速、ガブリエルが教鞭をとるボン大学では「ノルトライン・ヴェストファーレン州哲学センター(Internationales Zentrum für Philosophie NRW)」が開設され、ガブリエルは元シカゴ大学のマイケル・フォスターと共に共同代表として人文学(哲学)の活性化を精力的に試みている。また、ドイツ国外に目を向ければ、本書で度々言及される「アメリカにおけるヘーゲル・ルネッサンス」も重要な現代哲学の一潮流となりつつある。そうしたなかで、「存在論」に重きを置くガブリエルやジジェクの解釈とピッツバーグ・ヘーゲリアンとの論争も、「ドイツ観念論」という地理的制限を脱した「ポスト・カント的観念論」として今後進展していくに違いない。
残念ながら日本では「新実在論」系も、ピッツバーグ系も翻訳が未だほとんどない状態である。訳者としては、本書の翻訳が現代の「ポスト・カント的観念論」の一潮流を日本に紹介することで、日本における研究や論争の活発化に少しでも貢献できれば望外の喜びである。

本訳書の分担と翻訳担当者は以下の通りである。

日本語版へのまえがき　斎藤幸平
緒論　岡崎龍
第一章　斎藤幸平（第1節まで）・飯泉佑介（第2節以降）
第二章　池松辰男
第三章　岡崎佑香
付録　岡崎龍
訳者解説　岡崎龍

訳文の作成に当たっては、まず各分担者が下訳を作成し、ついでその訳文を訳者全員が検討することによって統一的な訳文を作り上げることに努めた。最後に、大河内・斎藤が再度訳文全体をチェックしたうえで、訳語・文体の統一などに努めた。最終的な訳文については大河内・斎藤が責任を負っている。

原文に関する疑問や間違いについては著者に問い合わせ、間違いが確定したものは、著者の承諾を得て訂正した。また、本文の引用にあたっては、既存の訳がある場合はできるだけ邦訳を参照するように努め、注のなかで該当ページ数を挙げておいた。ただし、前後の関係から多少表現や語順を変更している箇所もある。ジジェクの論文については、作業中に、ジジェクが断りなしに過去の著作から様々な文章をそのまま繰り返し使っている箇所があることに気がついた。該当箇所の数は非常に多いため、訳注でいちいち指摘することはしなかったが、気がついた範囲内で既刊の邦訳を参照し、訳文作りの参考にさせていただいた。

最後に本書刊行に際して労をとられた堀之内出版に感謝申し上げる次第である。

二〇十五年十一月
国立／ベルリン
訳者を代表して　大河内泰樹・斎藤幸平

Schürmann, R (2003), Broken Hegemonies. Bloomington: Indiana University Press.

Seidel, G. J. (1993), *Fichte's Wissenschaftslehre of 1794. A Commentary on Part I.* West Lafayette: Purdue University Press.

Sextus Empiricus (1936), *Against the Physicists*. Tr. R. G. Bury. Cambridge, MA: Loeb Classical Library.　セクストス・エンペイリコス「自然学者たちへの論駁」『学者たちへの論駁』3、金山弥平・金山万里子訳、京都大学学術出版会、2010年

Shakespeare, W. (2008), *All's Well that Ends Well*. Oxford: Oxford University Press.　ウィリアム・シェイクスピア『終わりよければすべてよし』(「シェイクスピア全集」25）小田島雄志訳、白水社、1983年

Sturma, D. (1985), *Kant über Selbstbewußtsein. Zum Zusammenhang von Erkenntniskritik und Theorie des Selbstbewußtseins.* Hildesheim/Zürich/New York: Georg-Olms-Verlag.

Trendelenburg, F. A. (1867), 'Über eine Lücke in Kants Beweis von der ausschließlichen Subjectivität des Raumes und der Zeit', in Id., *Historische Beiträge zur Philosophie*. Vol. 3, Berlin: Bethge, pp. 215–276.

Varela, Francisco (1996), 'The Emergent Self', in John Brockman, ed., *The Third Culture*. New York: Simon & Schuster.

Verene, D. P. (1985), *Hegel's Recollection*. Albany: SUNY Press.

Wallace, R. M. (1985), 'Translator's Introduction', in Blumenberg (1985a), pp. vii–xl.

Wilshire, B. (2002), *Fashionable Nihilism. A Critique of Analytic Philosophy*. Albany: SUNY Press.

Wittgenstein, L. (1953), *Philosophical Investigations*. Tr. by G. E. M. Anscombe. Malden: Blackwell Publishing. ルートヴィヒ・ウィトゲンシュタイン『哲学的探究――第一部読解』黒崎宏訳、産業図書、1994年

—(1961), *Tractatus Logico-Philosophicus*. Tr. by D. F. Pears and B. McGuinness. London: Routledge.　ルートヴィヒ・ウィトゲンシュタイン『論理哲学論考』野矢茂樹訳、岩波書店、2003年

— (1969), *On Certainty*. Tr. by G. E. M. Anscombe. Malden: Blackwell Publishing.　ルートヴィヒ・ウィトゲンシュタイン『確実性の問題』(「ウィトゲンシュタイン全集」第9巻）黒田亘訳、大修館書店、1976年

— (1979), Remarks on Frazer's 'Golden Bough'. Tr. by A. C. Miles (Bishopstone: Brynmill, 1979)　ルートヴィヒ・ウィトゲンシュタイン『フレイザー『金枝篇』について』(「ウィトゲンシュタイン全集」第6巻）杖下隆英訳、大修館書店、1975年

— (1980), *Philosophical Remarks*. Tr. by R. Hargreaves and R. White. Chicago: University of Chicago Press.　ルートヴィヒ・ウィトゲンシュタイン『哲学的考察』(「ウィトゲンシュタイン全集」第2巻）奥雅博訳、大修館書店、1978年

Wright, C. (1992), *Truth and Objectivity*. Cambridge, MA: Harvard University Press.

— (2004a), 'Warrant for Nothing (and Foundations for Free)?', in *Aristotelian Society Supplementary* 78/1, pp. 167–212.

— (2004b), 'Wittgensteinian Certainties', in D. McManus (ed.), *Wittgenstein and Scepticism*. London: Routledge, pp. 22–55.

Žižek, Slavoj (2000), *The Art of the Ridiculous Sublime. On David Lynch's Lost Highway*. Seattle: University of Washington Press.

— (2006), *The Parallax View*. Cambridge, MA: MIT Press.　スラヴォイ・ジジェク『パララックス・ヴュー』山本耕一訳、作品社、2011年

— (2008), *For They Know not What They Do. Enjoyment as a Political Factor* (second edition). London: Verso.　スラヴォイ・ジジェク『為すところを知らざればなり』鈴木一策訳、みすず書房、1996年

Zöller, G. (2008), 'Thinking and Willing in the Later Fichte', in D. Breazeale and T. Rockmore (eds), *After Jena. New Essays on Fichte's Later Philosophy*. Evanston: Northwestern University Press, pp. 51–66

しき知識』(「ニーチェ全集」第8巻) 信太正三訳、筑摩書房、1993年

Novalis (1997), *Philosophical Writings*. Tr. by M. Stoljar. Albany: SUNY Press.　ノヴァーリス『ノヴァーリス作品集』第一巻、今泉文子訳、筑摩書房、2006年

Pelevin, V. (2001), *Buddha's Little Finger*. Tr. by A. Bromfield. New York: Penguin Books. ヴィクトル・ペレーヴィン『チャパーエフと空虚』三浦岳訳、群像社、2007年

Pfaller, R. (unpublished paper, 2002), 'The Potential of Thresholds to Obstruct and to Facilitate. On the Operation of Displacement in Obsessional Neurosis and Perversion'.

Pippin, R. (2005), *The Persistence of Subjectivity*. Cambridge: Cambridge University Press.

Plato (1926), *Cratylus, Parmenides, Greater Hippias, Lesser Hippias*. *Tr.* H. N. Fowler. Cambridge, MA: Loeb Classical Library.　プラトン『パルメニデス、ピレボス』(「プラトン全集」第4巻) 田中美知太郎訳、2005年

Poe, E. A. (1996), *Poetry, Tales, and Selected Essays*. New York: Literary Classics Press.

Portier, S. (2005), *Fichte et le depassement de la 'chose en soi'*. Paris: L'Harmattan.

Preuss, P. (1987), 'Translator's Introduction', in Fichte (1987), pp. vii– xiv.

Priest, G. (1995), *Beyond the Limits of Thought*. Cambridge: Cambridge University Press.

Quine, W. V. O. (1964), 'Two Dogmas of Empiricism', in Id., *From a Logical Point of View* (second, revised edn). Cambridge, MA: Harvard University Press, pp. 20–46.　ウィラード・ヴァン・オーマン・クワイン『論理的観点から』飯田隆訳、勁草書房、1992年

Rancière, J. (1995), *La Mésentente. Politique et philosophie*. Paris: Galilée.　ジャック・ランシエール『不和あるいは了解なき了解　政治の哲学は可能か』松葉祥一ほか訳、インスクリプト、2005年

Ravaisson, F. (1984), *De l'habitude*. Paris: Fayard.　フェリックス・ラヴェッソン『習慣論』野田又夫訳、岩波書店、1938年

Rilke, R. M. (1974), *Duineser Elegien*. Frankfurt/Main: Insel.　ライナー・マリア・リルケ『ドゥイノの悲歌』(改版) 手塚富雄訳、岩波書店、2010年

Russell, B. (2004), *History of Western Philosophy*. London: Routledge.　バートランド・ラッセル『西洋哲学史』全3巻、市井三郎訳、みすず書房、1970年

Sartre, J.-P. (1957), *Being and Nothingness*. Tr. by H. Barnes. London: Methuen.　ジャン=ポール・サルトル『存在と無——現象学的存在論の試み』松浪信三郎訳、筑摩書房、2007-2008年

Schelling, F. W. J. (1856–1861), *Sämmtliche Werke*. Ed. by K. F. A. Schelling, I. Abtheilung Vols. 1–10, II. Abtheilung Vols. 1–4. Stuttgart: Cotta.　この版(SW)の引用はすべて巻数および頁数への指示によって行う。

— (1994), *On the History of Modern Philosophy*. Tr. by A. Bowie. Cambridge: Cambridge University Press.　フリードリヒ・ヴィルヘルム・ヨーゼフ・フォン・シェリング『近世哲學史講義』細谷貞雄訳、福村書店、1950年

— (2006), *Philosophical Investigations into the Essence of Human Freedom*. Tr. by J. Love and J. Schmid. Albany: SUNY Press.　フリードリヒ・ヴィルヘルム・ヨーゼフ・フォン・シェリング、『人間的自由の本質とそれに関連する諸対象についての哲学的探究』(「シェリング著作集」4a) 藤田正勝訳、燈影社、2011年

—(2007), *The Grounding of Positive Philosophy: The Berlin Lectures*. Tr. with an Introduction by B. Matthews. Albany: SUNY Press.

— (2008), *Historical-critical Introduction to the Philosophy of Mythology*. Tr. by M. Richey and M. Zisselsberger with a foreword by J. M. Wirth. Albany: SUNY Press.

Schlegel, Friedrich (1968), *Dialogue on Poetry and Literary Aphorisms*. Tr. by E. Behler. University Park: Pennsylvania State University Press. Schulz, W. (1975), *Die Vollendung des Deutschen Idealismus in der Spätphilosophie Schellings*. Pfullingen: Neske.

Kant, I. (1956), *Critique of Practical Reason*. Tr. L. W. Beck. New York: Palgrave Macmillan.　イマヌエル・カント『実践理性批判』(「カント全集」第7巻) 坂部恵ほか訳、岩波書店、2000年

— (2003), *Critique of Pure Reason*. Tr. N. K. Smith. New York: Palgrave MacMillan.　イマヌエル・カント『純粋理性批判』全3巻、平凡社、2005年

Kleist, H. v. (1999), *Sämtliche Briefe*. Stuttgart: Reclam.　ハインリヒ・フォン・クライスト『全訳　クライストの手紙』中村啓訳、東洋出版、1979年

Kosch, M. (2006), *Freedom and Reason in Kant, Schelling and Kierkegaard*. Oxford: Oxford University Press.

Lacan, J. (1998), *The Four Fundamental Concepts of Psychoanalysis (The Seminar of Jacques Lacan , Book 11)*. Tr. by A. Sheridan. New York: W. W. Norton & Company.　ジャック・ラカン『精神分析の四基本概念』新宮一成ほか訳、岩波書店、1979年

Laclau, E. (1995), *Emancipation(s)*. London: Verso Books.

Lévi-Strauss, C. (1979), *The Raw and the Cooked. Introduction to a Science of Mythology: I*. Tr. J. and D. Weightman. Octagon Books: New York. Livet, P. (1987), 'Intersubjectivite, reflexivite et recursivite chez Fichte', in *Archives de Philosophie*, pp. 581–619.　レヴィ=ストロース『神話論理〈1〉生のものと火を通したもの』早水洋太郎訳、みすず書房、2006年

Lyotard, J.-F. (1988), *The Differend. Phrases in Dispute*. Tr. by G. Van Den Abbeele. Minneapolis: The University of Minnesota Press.　ジャン=フランソワ・リオタール『文の抗争』陸井四郎訳、法政大学出版局、1986年

Maker, W. (1989), 'Hegel's Critique of Marx', in W. Desmond (ed.), *Hegel and His Critics*. Buffalo: SUNY Press, pp. 72–92.

Malabou, C. (2005), *The Future of Hegel*. London: Routledge.　カトリーヌ・マラブー『ヘーゲルの未来』西山雄二訳、未来社、2005年

Marx, K. (1978), 'Class Struggles in France', in Id., *Collected Works*. Vol. 10. London: Lawrence and Wishart.　カール・マルクス「フランスにおける階級闘争」(「マルクス・エンゲルス全集」第7巻) 中原稔生訳、大月書店、1961年

— (1988), 'Critique of Hegelian Dialectic and Philosophy as a Whole', in *Economic and Philosophic Manuscripts of 1844*. Tr. M. Milligan. Amherst: Prometheus Books, pp. 141–170.　マルクス『経済学・哲学草稿』城塚登・田中吉六訳、岩波書店、1964年

Matthews, Bruce (2007), 'Introduction', in Schelling (2007), pp. 1–84.

McDowell, John (1996), *Mind and World*. Cambridge, MA/London: Harvard University Press.　ジョン・マクダウェル『心と世界』神崎繁訳、勁草書房、2012年

— (1998), 'Having the World in View: Sellars, Kant, and Intentionality', in *The Journal of Philosophy* XCV/9, pp. 431–491.

Meillassoux, Quentin (2008), *After Finitude. An Essay on the Necessity of Contingency*. Tr. by R. Brassier. New York/London: Continuum.

Nagel, T. (1989), *The View from Nowhere*. Oxford: Oxford University Press.　トマス・ネーゲル『どこでもないところからの眺め』中村昇ほか訳、春秋社、2009年

Nancy, J.-L. (2001), *The Speculative Remark (One of Hegel's Bons Mots)*. Tr. by Céline Surprenant. Stanford: Stanford University Press.

— (2007), *The Creation of the World or Globalization*. Tr. by F. Raffoul and D. Pettigrew. Albany: SUNY Press.　ジャン・リュック=ナンシー『世界の創造あるいは世界化』大西雅一郎ほか訳、現代企画室、2003年

Nietzsche, F. (1974), *The Gay Science*. Tr. by W. Kaufmann. New York: Vintage Books.　フリードリヒ・ニーチェ『悦ば

ヘーゲル『イェナ体系構想』加藤尚武監訳、法政大学出版局、1999年
— (1975), *Lectures on the Philosophy of World History. Introduction: Reason in History*. Tr. by H. B. Nisbet. Cambridge: Cambridge University Press.　ゲオルグ・ヴィルヘルム・フリードリヒ・ヘーゲル『歴史哲学』(「ヘーゲル全集」第10a巻) 武市健人訳、岩波書店、1954年
— (1977), *Phenomenology of Spirit*. Tr. by A. V. Miller. Oxford: Oxford University Press.　ゲオルグ・ヴィルヘルム・フリードリヒ・ヘーゲル『精神の現象学』全2巻 (「ヘーゲル全集」第3～4巻)、金子武蔵訳、岩波書店、1971年
— (1991), *The Encylopedia Logic*. Tr. by H. S. Harris. Indianapolis: Hackett Publishing.　ゲオルグ・ヴィルヘルム・フリードリヒ・ヘーゲル『(改訳) 小論理学』(「ヘーゲル全集」第1巻) 真下信一ほか訳、岩波書店、1996年
— (1998), *Aesthetics: Lectures on Fine Art*. Tr. by T. M. Knox. Oxford: Oxford University Press.　ゲオルグ・ヴィルヘルム・フリードリヒ・ヘーゲル『美学講義』(「ヘーゲル全集」第18～20巻) 竹内敏雄訳、岩波書店、1960年
— (2002), *Philosophy of Right*. Tr. by A. White. Newburyport: Focus Publishing.　ゲオルグ・ヴィルヘルム・フリードリヒ・ヘーゲル『法の哲学』(「ヘーゲル全集」第9b巻) 上妻精ほか訳、岩波書店、2001年
Heidegger, M. (1978), *Being and Time*. Tr. by J. Macquarrie and E. Robinson. Malden: Blackwell Publishing.　マルティン・ハイデガー『存在と時間』原佑・渡邊二郎訳、中央公論新社、2003年
— (1997), *Kant and the Problem of Metaphysics*. Tr. by R. Taft. Bloomington: Indiana University Press.　マルティン・ハイデガー『カントと形而上学の問題』(「ハイデッガー全集」第3巻) 門脇卓爾訳、創文社、2003年
— (1998), 'Phenomenology and Theology', Id., *Pathmarks*. Tr. by W. McNeil. Cambridge: Cambridge University Press.　マルティン・ハイデガー『道標』(「ハイデッガー全集」第9巻) 辻村公一ほか訳、創文社、1985年
— (1999), *Contributions to Philosophy (From Enowning)*. Tr. by P. Emad and K. Maly. Bloomington: Indiana University Press.　マルティン・ハイデガー『哲学への寄与論稿』(「ハイデッガー全集」第65巻) 大橋良介ほか訳、創文社、2005年
Henrich, D. (1967), *Fichtes ursprüngliche Einsicht*. Frankfurt/Main: Klostermann.　ディーター・ヘンリッヒ『フィヒテの根源的洞察』座小田豊・小松恵一訳、法政大学出版局、1986年
— (1978), 'Hegels Logik der Reflexion. Neue Fassung', in Id., *Die Wissenschaft der Logik und die Logik der Reflexion*. Bonn: Bouvier.
— (2008), *Between Kant and Hegel*. Tr. D. S. Pacini. Cambridge, MA: Harvard University Press.
Hesiod's Theogony. Tr. and ed. by M. West. Oxford: Oxford University Press (1999).　ヘシオドス「神統記」『全作品』中務哲郎訳、京都大学学術出版会、2013年
Hogrebe, W. (1989), *Prädikation und Genesis. Metaphysik als Fundamentalheuristik im Ausgang von Schellings 'Die Weltalter'*. Frankfurt/Main: Suhrkamp.
— (1996), *Ahnung und Erkenntnis*. Frankfurt/Main: Suhrkamp.
— (2007a), 'Das dunkle Du', in Id., *Die Wirklichkeit des Denkens*. Heidelberg: Universitätsverlag Winter, pp. 11–35.
— (2007b), 'Sein und Emphase – Schellings Theogonie als Anthropologie', in Id. (2007a), pp. 37–60.
Hölderlin, F. (1988), 'Judgment and Being', in Id., *Essays and Letters on Theory*. Tr. by T. fau. Albany: SUNY Press, pp. 37-38.　フリードリヒ・ヘルダーリン「判断と存在」『省察』武田竜弥訳、論創社、2003年
Houlgate, S. (1999), 'Schelling's Critique of Hegel's "Science of Logic"', in *The Review of Metaphysics* 1999 (1), pp. 100–128.
Hyppolite, J. (1997), *Logic and Existence*. Tr. by L. Lawlor and A. Sen. Albany: SUNY Press.　ジャン・イポリット『論理と実存』渡辺義雄訳、朝日出版社、1975年
Inwagen, P. van (1990), *Material Beings*. Ithaca: Cornell University Press.
Jonas, H. (2001), *The Phenomenon of Life. Toward a Philosophical Biology*. Evanston: Northwestern University Press.

— (2001), 'Dialog mit Pünjer über Existenz', in Id., *Schriften zur Logik und Sprachphilosophie. Aus dem Nachlaß, hrsg. von Gottfried Gabriel*, Hamburg: Felix Meiner Verlag, pp. 1-22. ゴットロープ・フレーゲ「存在に関するピュンヤーとの対話」(「フレーゲ著作集」第2巻) 中川大訳、勁草書房、2001年

Freud, S. (1950), *Totem and Taboo. Some Points of Agreement between the Mental Lives of Savages and Neurotics*. Tr. by James Strachey. New York/ London: W. W. Norton & Company. ジークムント・フロイト『トーテムとタブー』(「フロイト全集」第12巻) 門脇健ほか訳、岩波書店、2009年

Freuler, L. (1992), *Kant et la Metaphysique Speculative*. Paris: Vrin.

Gabriel, M. (2005), 'Sein, Mensch und Bewußtsein. Tendenzen der neueren Forschung zur Spätphilosophie Schellings', *Philosophische Rundschau* 52/4, pp. 271–301.

— (2006a), *Das Absolute und die Welt in Schellings Freiheitsschrift*. Bonn: University Press.

— (2006b), *Der Mensch im Mythos. Untersuchungen über Ontotheologie, Anthropologie und Selbstbewußtseinsgeschichte in Schellings 'Philosophie der Mythologie'*. Berlin/New York: DeGruyter.

— (2007), 'Die metaphysische Wahrheit des Skeptizismus bei Schelling und Hegel', *International Yearbook of German Idealism* 5.

— (2008), *An den Grenzen der Erkenntnistheorie. Die notwendige Endlichkeit des objektiven Wissens als Lektion des Skeptizismus*. Freiburg/München: Alber.

Gabriel, M. and Halfwassen, J. (2008), *Kunst, Metaphysik und Mythologie*. Heidelberg: Universitätsverlag.

— (2009a), 'Der ästhetische Wert des Skeptizismus beim späten Wittgenstein', in J. Volbers and G. Gebauer and F. Goppelsröder (eds), *Philosophie als Lebensform*. München: Fink (forthcoming).

— (2009b), *Skeptizismus und Idealismus in der Antike*. Frankfurt/Main: Suhrkamp (forthcoming).

— (2009c), "The Art of Skepticism and the Skepticism of Art", in: Philosophy Today 53（2009）, pp. 58-70.

Gadamer, H.-G. (1999), 'Kant and the Question of God', in Id., *Hermeneutics, Religion, and Ethics*. Tr. by Joel Weinsheimer. New Haven: Yale University Press.

— (2004), *Truth and Method*. Tr. by J. Weinsheimer and D. G. Marshall. New York/London: Continuum. ハンス・ゲオルク・ガダマー『真理と方法』轡田收ほか訳、法政大学出版局、1986-2012年

Gehlen, A. (1956), *Urmensch und Spätkultur*. Bonn: Athenäum. Goodman, N. (1978), *Ways of Worldmaking*. Indianapolis: Hackett Publishing Company. アルノルト・ゲーレン『原始人と現代文明』平野具男訳、思索社、1987年

Hasan-Rokem, G. (2000), *Web of Life. Folklore and Midrash in Rabbinic Literature*. Tr. by B. Stein. Stanford: Stanford University Press.

Hay, K. (2008), *Die Notwendigkeit des Scheiterns/Un échec nécessaire*. Diss. Paris/München.

Hegel, G. W. F. (1969), *Science of Logic*. Tr. by A. V. Miller. Amherst, NY: Humanity Books. ゲオルグ・ヴィルヘルム・フリードリヒ・ヘーゲル『論理の学』全3巻、山口祐弘訳、作品社、2012-2013年

— (1971), *Philosophy of Mind: Part III of the Encyclopaedia of the Philosophical Sciences*. Tr. by A. V. Miller. Oxford: Clarendon Press. ゲオルグ・ヴィルヘルム・フリードリヒ・ヘーゲル『精神哲学』(「ヘーゲル全集」第3巻) 船山信一訳、岩波書店、1996年

— (1974a), *Lectures on the Philosophy of History*. Tr. E. S. Haldane and F. Simson. London: Humanities Press. ゲオルグ・ヴィルヘルム・フリードリヒ・ヘーゲル『哲学史』(「ヘーゲル全集」第11巻) 武市健人訳、岩波書店、1974年

— (1974b), 'Jenaer Realphilosophie,' in *Fruehe politische Systeme*. Frankfurt: Ullstein, p. 204; translation quoted from Verene, D. P. (1985), *Hegel's Recollection*. Albany: SUNY Press, pp. 7–8. ゲオルグ・ヴィルヘルム・フリードリヒ・

Bukharin, N. (2005), *Philosophical Arabesques*. London: Pluto Press.

Castoriadis, C. (1997a), *The Imaginary Institution of Society*. Tr. by Kathleen Blamey. Cambridge: Polity Press. コルネリュウス・カストリアディス『想念が社会を創る　社会的想念と制度』江口幹訳、法政大学出版局、1994年

— (1997b), 'The Logic of Magmas and the Question of Autonomy', in D. A. Curtis (ed.), *The Castoriadis Reader*. New York/Oxford: Oxford University Press.

Calvino, I (1993), 'A King Listens', in Id., *Under the Jaguar Sun*. Tr. by W. Weaver. London: Vintage.

Cavell, S. (1999), *The Claim of Reason. Wittgenstein, Skepticism, Morality, and Tragedy*. New York: Oxford University Press.

— (2006), 'The World as Things', in Id., *Philosophy The Day After Tomorrow*. Cambridge, MA/London: Harvard University Press.

Chasseguet-Smirgel, J. (1998), *Creativity and Perversion*. London: Free Association Books.

Chesterton, G. K. (1995), *Orthodoxy*. San Francisco: Ignatius Press. Conant, J. (2004), 'Varieties of Scepticism', in McManus, D. (ed.), *Wittgenstein and Scepticism*. London: Routledge.

Derrida, J. (1978), *Writing and Difference*. Tr. by Alan Bass. Chicago: The University of Chicago Press. ジャック・デリダ『エクリチュールと差異』合田正人ほか訳、法政大学出版局、2013年

— (1996), 'How to Avoid Speaking: Denials', in S. Budick and W. Iser (eds), *Languages of the Unsayable: The Play of Negativity in Literature and Literary Theory*. Stanford: Stanford University Press.

Eshelman, R. (2008), *Performatism or the End of Postmodernism*. Aurora: The Davis Group Publishers.

Fichte, J. G. (1971a), *Fichte's Werke*. Ed. by I. H. Fichte. vol. 10, Berlin/New York: Walter De Gruyter. ヨハン・ゴットリープ・フィヒテ『ベルリン大学講義一』(「フィヒテ全集」第19巻) 藤澤賢一郎訳、哲書房、1995年

— (1971b), *Fichte's Werke*. Ed. by I. H. Fichte. vol. 2, Berlin/New York: Walter De Gruyter. ヨハン・ゴットリープ・フィヒテ『哲学評論・哲学的書簡』(「フィヒテ全集」第10巻) 三重野清顕訳、哲書房、2015年

— (1987), *The Vocation of Man*. Tr. by P. Preuss. Indianapolis: Hackett Publishing. ヨハン・ゴットリープ・フィヒテ『人間の使命』(「フィヒテ全集」第11巻) 量義治訳、哲書房、2010年

— (2005), *The Science of Knowing: J. G. Fichte's 1804 Lectures on the Wissenschaftslehre*. Tr. by W. E. Wright. Albany: SUNY Press. ヨハン・ゴットリープ・フィヒテ『1804年の「知識学」』(「フィヒテ全集」第13巻) 山口祐弘訳、哲書房、2004年

Foucault, M. (1994), *The Order of Things*. Tr. by Alan Sheridan. New York: Vintage Books. ミシェル・フーコー『言葉と物』渡辺一民・佐々木明訳、新潮社、1974年

Frank, M. (1975), *Der unendliche Mangel an Sein. Schellings Hegelkritik und die Anfänge der Marxschen Dialektik*. Frankfurt/Main: Suhrkamp.

— (1991), *Selbstbewußtsein und Selbsterkenntnis. Essays zur analytischen Philosophie der Subjektivität*. Stuttgart: Reclam.

Franks, P. (2000), 'Transcendental Arguments, Reason, and Skepticism: Contemporary Debates and the Origins of Post-Kantian Idealism', in Robert Stern (ed.), *Transcendental Arguments: Problems and Prospects*. Oxford: Oxford University Press, pp. 111–146.

— (2003), 'Does Post-Kantian Skepticism Exist?', *International Yearbook of German Idealism*, 1, pp. 141–163.

— (2005), *All or Nothing: Systematicity, Transcendental Arguments, and Skepticism in German Idealism*. Cambridge, MA: Harvard University Press.

Frege, G. (1950), *The Foundations of Arithmetic*. Tr. by J. L. Austin. Oxford: Oxford University Press. ゴットロープ・フレーゲ『算術の基礎』(「フレーゲ著作集」第2巻) 野本和幸ほか訳、勁草書房、2001年

参考文献

「日本語版序文」と「付録」の文献情報については、該当箇所の脚注を参照されたい。

Adorno, T. W. (1995), *Negative Dialectics*. Tr. by E. B. Ashton. New York/ London: Continuum Press.　テオドール・アドルノ『否定弁証法』木田元訳、作品社、1996年

Adorno, T. W./Horkheimer, M. (2002), *Dialectic of Enlightenment*. Tr. by E. Jephcott. Stanford: Stanford University Press.　テオドール・アドルノ／マックス・ホルクハイマー『啓蒙の弁証法』徳永恂訳、岩波書店、1991年

Alain (1983), *Idees*. Paris: Flammarion.　アラン『イデー』(『アラン著作集』第6巻）渡辺秀訳、白水社、1980年

Badiou, A. (2007), *Being and Event*. Tr. by Oliver Feltham. New York/London: Continuum.

Bataille, G. (2004), *The Unfinished System of Nonknowledge*. Tr. by S. Kendall. Minneapolis: University of Minnesota Press. ジョルジュ・バタイユ『非−知　閉じざる思考』西谷修訳、平凡社、1999年

— (2005), *The Cradle of Humanity. Prehistoric Art and Culture*. Tr. by S. Kendall. New York: Zone Books.　ジョルジュ・バタイユ「先史時代の宗教」『神秘／芸術／科学　社会科学論集2』(「ジョルジュ・バタイユ著作集」第15巻）山本功訳、二見書房、1973年

Bergman, I. (1995), *My Life in Film*. London: Faber and Faber.　イングマール・ベルイマン『ベルイマン自伝』木原武一訳、新潮社、1989年

Berkeley, G. (1998), *A Treatise Concerning the Principles of Human Knowledge*. Ed. by Jonathan Dancy. Oxford/New York: Oxford University Press.　ジョージ・バークリ『人知原理論』大槻春彦訳、岩波書店、1958年

Bernasconi, R. (2006), *How to Read Sartre*. London: Granta.

Bernstein, J. M. (ed.) (2002), 'Oldest Programme for a System of German Idealism' in *Classic and Romantic German Aesthetics*. Cambridge: Cambridge University Press.　「ドイツ観念論最古の体系プログラム」『現代思想　総特集=ヘーゲル』(第6巻16号）加藤尚武訳、青土社、1978年

Blumenberg, H. (1985a), *Work on Myth*. Tr. by R. M. Wallace. Cambridge, MA/London: MIT Press.　ハンス・ブルーメンベルク『神話の変奏』青木隆嘉訳、法政大学出版局、2011年

— (1985b), *The Legitimacy of the Modern Age*. Tr. by R. M. Wallace. Cambridge, MA/ London: MIT Press.　ハンス・ブルーメンベルク『近代の正当性』斎藤義彦ほか訳、法政大学出版局、1998-2002年

— (1989), *The Genesis of the Copernican World*. Tr. by R. M. Wallace. Cambridge, MA/London: MIT Press.　ハンス・ブルーメンベルク『コペルニクス的宇宙の生成』座小田豊ほか訳、法政大学出版局、2002-2011年

— (1998), *Paradigmen zu einer Metaphorologie*. Frankfurt/Main: Suhrkamp.

Boghossian, P. (2006), *Fear of Knowledge: Against Relativism and Constructivism*. New York/Oxford: Oxford University Press.

Bowie, A. (1993), *Schelling and Modern European Philosophy. An Introduction*. London: Routledge.

— (1994), 'Introduction', in Schelling (1994), pp. 1–40.

Brachtendorf, J. (2008), 'The Notion of Being in Fichte's Late Philosophy', in D. Breazeale and T. Rockmore (eds), *After Jena. New Essays on Fichte's Later Philosophy*. Evanston: Northwestern University Press, pp. 151–161.

Brandom, R. B. (1994), *Making It Explicit. Reasoning, Representing, and Discursive Commitment*. Cambridge, MA: Harvard University Press.

— (2000): *Articulating Reasons. An Introduction to Inferentialism*. Cambridge, MA.: Harvard University Press.

— (2005), 'Sketch of a Program for a Critical Reading of Hegel. Comparing Empirical and Logical Concepts', *International Yearbook of German Idealism*, 3, pp. 131–161.

Breazeale, D. (1995), 'Check or Checkmate? On the Finitude of the Fichtean Self', in K. Ameriks and D. Sturma (eds), *The Modern Subject. Conceptions of the Self in Classical German Philosophy*. Albany: SUNY Press.

ヤ行

ラ行

ワ行

索引

カント、シェリング、フィヒテ、ヘーゲルについては、頻出するため掲載していない。

マルクス・ガブリエル（Markus Gabriel）
一九八〇年旧西ドイツ生まれ。
哲学者。二〇一五年現在、ドイツ・ボン大学教授。
後期シェリングを専門としつつ、ピュロンら古代懐疑論からヴィトゲンシュタイン、
ハイデガーに至るまで西洋哲学の広い範囲を対象に精力的に執筆を行っている。
近年では新実在論というプロジェクトの旗手として知られる。
著書に、『なぜ世界は存在しないのか』、『認識理論の限界』、『古代における懐疑論と観念論』他多数。

スラヴォイ・ジジェク（Slavoj Žižek）
一九四九年旧ユーゴスラヴィア生まれ。哲学者・文芸批評家。
二〇一五年現在、スロヴェニア・リュブリャナ大学教授。
ラカンとドイツ観念論の独創的な統合に基づく理論を軸に、
資本主義、映画、文学などについて積極的に発言を行っている。
邦訳された主な著書に、『否定的なもののもとへの滞留』（筑摩書房）、
『仮想化しきれない残余』（青土社）、『パララックス・ビュー』（作品社）他多数。

大河内泰樹（おおこうち・たいじゅ）
一九七三年生まれ。一橋大学大学院社会学研究科教授。
専門は哲学、ドイツ観念論、批判理論。
著書に、Ontologie und Reflexionsbestimmungen. Zur Genealogie der Wesenslogik Hegels, Würzburg, 2008.
共著に、Logik und Realität. Wie systematisch ist Hegels System? München, 2012、
『マルクスの構想力――疎外論の射程』（社会評論社、二〇一〇年）、
『労働と思想』（堀之内出版、二〇一五年）など。

斎藤幸平（さいとう・こうへい）
一九八七年生まれ。ベルリン・ブランデンブルク科学アカデミー客員研究員。
共著に『労働と思想』（堀之内出版、二〇一五年）など。

飯泉佑介（いいずみ・ゆうすけ）
一九八四年生まれ。東京大学大学院人文社会系研究科博士課程。

池松辰男（いけまつ・たつお）
一九八八年生まれ。東京大学大学院人文社会系研究科博士課程。

岡崎佑香（おかざき・ゆか）
一九八二年生まれ。一橋大学大学院社会学研究科博士課程。日本学術振興会特別研究員。

岡崎　龍（おかざき・りゅう）
一九八七年生まれ。一橋大学大学院社会学研究科博士課程。日本学術振興会特別研究員。

Νύξ叢書　01

神話・狂気・哄笑
――ドイツ観念論における主体性

二〇一五年十一月二五日　第一刷発行

著　者　マルクス・ガブリエル／スラヴォイ・ジジェク
監訳者　大河内泰樹／斎藤幸平
訳　者　飯泉佑介／池松辰男／岡崎　龍／岡崎佑香

発行所　株式会社　堀之内出版
〒一九二―〇三五五
東京都八王子市堀之内三―一〇―一二
フォーリア二十三　二〇六号室
TEL　〇四二―六八二―四五三〇

印刷製本　株式会社シナノパブリッシングプレス
造本設計　大崎善治（SakiSaki）

©2015 Printed in Japan　ISBN978-4-906708-54-3
落丁・乱丁の際はお取り換えいたします。
本書の無断複製は法律上の例外を除き禁じられています。